新编21世纪高等职业教育精品教材

市场营销系列

客户服务与管理

主　编／杨叶飞　柳　娟
副主编／杜宇婵

中国人民大学出版社
·北京·

图书在版编目（CIP）数据

客户服务与管理 / 杨叶飞，柳娟主编．-- 北京：中国人民大学出版社，2024.7

新编 21 世纪高等职业教育精品教材．市场营销系列

ISBN 978-7-300-32672-6

Ⅰ.①客… Ⅱ.①杨… ②柳… Ⅲ.①企业管理-销售管理-商业服务-高等职业教育-教材 Ⅳ.①F274

中国国家版本馆 CIP 数据核字（2024）第 059059 号

新编 21 世纪高等职业教育精品教材 · 市场营销系列

客户服务与管理

主　编　杨叶飞　柳　娟

副主编　杜宇婵

Kehu Fuwu yu Guanli

出版发行	中国人民大学出版社		
社　　址	北京中关村大街 31 号	**邮政编码**	100080
电　　话	010 - 62511242（总编室）		010 - 62511770（质管部）
	010 - 82501766（邮购部）		010 - 62514148（门市部）
	010 - 62515195（发行公司）		010 - 62515275（盗版举报）
网　　址	http://www.crup.com.cn		
经　　销	新华书店		
印　　刷	北京密兴印刷有限公司		
开　　本	787 mm×1092 mm　1/16	**版　　次**	2024 年 7 月第 1 版
印　　张	14.25	**印　　次**	2024 年 7 月第 1 次印刷
字　　数	308 000	**定　　价**	45.00 元

前言

客户服务与管理是高等职业院校财经类专业核心课程。该课程的内容体系随着信息技术的发展程度、市场结构的特点、企业竞争水平及客户特征变化而不断更新和调整。尤其是在数字经济时代，从普通到卓越的客户服务与管理成为企业追求的目标，也是新时代对企业提出的新要求。

党的二十大报告指出："全面贯彻党的教育方针，落实立德树人根本任务，培养德智体美劳全面发展的社会主义建设者和接班人。"鉴于此，本教材着眼于网络时代和服务经济时代的变革，扎根中国大地，总结中国企业在客户服务与管理方面的创新实践，以社会主义核心价值观为引领，以现代企业客户服务岗位工作过程为主线，从企业如何基于客户需求以持续创造价值这一根本问题出发，结合大数据、人工智能等新技术和工具，通过客户全生命周期管理所覆盖的服务活动和实际服务工作流程，打造与客户进行价值共创的优秀企业，培养推动企业数字化转型的高素质技术技能人才，从而服务于加快世界一流企业建设任务和经济高质量发展的需要。

本教材在编写过程中，依据高等职业院校最新的专业教学标准、人才培养方案和课程教学大纲，遵循职业教育规律，强调培养学生的科学思维和创新精神。同时，本教材重点突出了以下特色。

1. 遵循"体系结构完整、文字通俗易懂、案例典型实用、内容详略得当"的基本原则，突出了客户服务的中国特色和价值引领，在各项目"案例导入"中总结我国优秀企业的创新实践，帮助读者在理解概念的实际运用的同时，树立文化自信和爱国情怀。

2. 整合了客户服务与客户关系管理两大内容体系，同时兼顾了消费端和产业端客户服务与管理的一般规律，以客户生命周期为时间轴，形成一条完整的客户服务与管理链条，设计了走近客户服务、认识客户服务技术与工具、识别潜在客户、开发目标客户、管理客户信息、沟通客户需求、管理客户投诉、培养客户忠诚、恢复客户关系九个学习项目，从而帮助读者培养相关体系思维模式，使其更好地将知识运用于实际问题解决中。

3. 项目设计注重理实一体化的职业教育教学特色。在理论部分以数字时代客户服务岗位不同业务阶段必备的业务知识和服务技能为主线，将内容整合为项目解析、案例导入、任务知识等模块；在实践部分设计了课堂讨论、同步案例和项目实训等，引导学生“做中学、学中做”，在循序渐进的总结和分享中提升服务素养、改善沟通技巧、创新客户价值，逐步实现客户服务岗位职业角色的转换。同时，本教材为关键知识点配套了二维码资源，旨在通过信息技术构建立体化的教学空间。

4. 紧跟科学技术进步，面向企业未来发展，阐述了数字经济时代下技术与营销融合的重要性，突出了数字化技术（人工智能、大数据、新媒体等）及其广泛应用背景下的最新客户服务实践，强化了内容的实践性和时代性。

本教材由深圳职业技术大学的杨叶飞、柳娟担任主编，广东新安职业技术学院的杜宇婵担任副主编。具体编写分工是：杨叶飞和柳娟负责全书架构和统稿，柳娟编写了项目一、项目二、项目三、项目四、项目五和项目七，杜宇婵编写了项目六、项目八和项目九。

本教材在编写过程中得到了深圳市灵当软件技术有限公司蔡海保先生、深圳职业技术大学窦志铭教授、中国人民大学出版社编辑的大力支持。此外，在编写过程中编者参阅了大量的教材、文献、培训资料、行业网站等，在此对相关作者表示衷心的感谢。

由于编者水平及时间有限，本教材中难免存在差错和不足之处，恳请广大读者批评指正，以使其日臻完善。

编者

目录

项目一　走近客户服务 / 1

任务一　认知客户 / 3
任务二　认知客户服务 / 11
任务三　认知客户服务工作 / 16

项目二　认识客户服务技术与工具 / 27

任务一　认识新技术及其应用 / 28
任务二　认识客户关系管理系统 / 38
任务三　认识呼叫中心 / 48

项目三　识别潜在客户 / 57

任务一　明确潜在客户 / 58
任务二　寻找潜在客户 / 62
任务三　细分潜在客户 / 69

项目四　开发目标客户 / 79

任务一　认识客户开发 / 81
任务二　掌握客户开发的策略 / 86
任务三　实施数字时代的客户开发 / 93

项目五　管理客户信息 / 103

任务一　建立客户数据库 / 105
任务二　管理客户数据库 / 113
任务三　分析客户信息 / 116

项目六　沟通客户需求 / 127

任务一　认识客户沟通 / 129

任务二　选择沟通方式 / 136

任务三　挖掘客户需求 / 144

项目七　管理客户投诉 / 151

任务一　识别客户抱怨 / 153

任务二　分析客户投诉 / 159

任务三　处理客户投诉 / 162

项目八　培养客户忠诚 / 171

任务一　认识客户满意度 / 173

任务二　调查客户满意度 / 183

任务三　认识客户忠诚度 / 189

任务四　提高客户忠诚度 / 194

项目九　恢复客户关系 / 203

任务一　识别客户流失 / 205

任务二　挽回流失客户 / 215

参考文献 / 222

项目一 走近客户服务

学习目标

知识目标

- 熟悉客户的含义、类型与价值；
- 理解客户服务的含义和作用；
- 理解客户服务的类型；
- 理解客户服务标准的基本要素；
- 理解企业服务理念的变化；
- 理解客户服务岗位的工作内容和职责及职业素质要求。

能力目标

- 能够正确区分客户的内涵和类型；
- 能够对客户进行分类和价值判断；
- 能够以客户服务标准分析服务质量的高低；
- 能够掌握客户服务工作的内容与流程；
- 能够以规范的服务礼仪为客户提供服务。

素养目标

- 具备良好的服务意识和服务礼仪，树立“客户至上”的职业价值观；
- 培养良好的心理素质和独立的工作处理能力，增强抗压能力和情绪调节能力；
- 培养创新的时代精神，勤于探索，勇于实践，永不言败；
- 具备较强的标准化能力，养成细致、严谨的工作作风及持之以恒的态度。

项目解析

根据客户服务与管理职业学习活动顺序，本项目可以分解为以下三个学习任务。

案例导入

海底捞极致服务的来路和归途

海底捞，相信大家都不陌生。海底捞品牌自 1994 年创建以来，一直以极致的服务而闻名海内外。作为餐饮业的标杆，它是业内竞相效仿的对象。

那么，海底捞极致服务是如何产生的？2011 年经管类畅销书《海底捞你学不会》，以及后来大量的相关报道，对这一问题进行了充分回答。海底捞的极致服务主要归因于公司采取了以下四条服务标准。

第一，以客户为中心。很多企业将其视为企业经营理念，海底捞将该理念通过“细微极致的服务”，贯穿在“顾客进门、等待、就餐、离开”的整个消费过程，使海底捞客户的满意度远远高于同行业，并形成了口碑传播效应。

第二，以员工为中心。作为劳动密集型的餐饮行业，员工在其中发挥着重要的作用。海底捞认为，只有当员工对企业产生认同感和归属感时，才能真正快乐地工作，用心做事，并将海底捞的价值理念传递出去。因此，海底捞通过一系列的企业文化、福利授权制度和晋升机制，培养了一批具有强烈服务意识和热情的员工，由此打造了极致服务的形象。

第三，标准化生产管理。支撑人性化管理的是火锅产品的标准化管理。作为一家连锁的餐饮服务企业，海底捞具有高质量的供应链管理体系：火锅底料和原料辅料的采购、制作、配送以及洗碗等一系列后厨工作都已经标准化、流水线化和信息化；后台生产完全是按照量化管理来操作的；配送中心有一整套现代化的清洗、加工、检验、冷藏或冷冻设备，通过标准化的生产链条，每天向分店输送菜品。这样的标准化生产极大地简化了海底捞门店后厨工作。

第四，独特的考核机制。绝大多数企业对于管理者和员工的考评指标都是营业收入和利润，而海底捞的考核指标只有两个：一是顾客的满意度，二是员工的工作积极性。由于考核的内容并不是量化的指标，因此，为了保证服务质量以及对员工的服务做出正确的评价，公司制定了“总部下分店检查制度＋外部评价机制”（海底捞通过微博等方式，从顾客里挑选一些神秘嘉宾到海底捞门店用餐，他们会对海底捞的服务做出各方面的评价并提出建议）。

未来，海底捞极致服务还能一直走下去吗？自2020年起，海底捞的经营逐渐陷入困境，有分析称，该困境部分归因于创始人快速扩张决策的失误，还有外部环境的变迁导致海底捞坚持的“极致服务”已不适用。过去，海底捞的极致服务切中了80、85后这批核心用户群体的需求和消费偏好。而2020年以后，整体消费主力正转变为95后年轻群体，在他们眼里，海底捞的“细微式服务”变成了压力和“过度服务”，而且他们对产品口味、用餐环境、装修风格、尝鲜心理等方面都有新的需求。

留给海底捞思考的现实问题是：当过去的极致服务已经不是核心竞争力时，应该如何创新服务、拥抱新时代消费者，才能推动企业在竞争充分的大环境中走下去？

思考：

（1）海底捞围绕客户的消费过程，提供了哪些类型的极致服务？其中哪些服务是标准化服务？

（2）海底捞的考核机制是否与其经营理念相一致？

（3）面对新消费主力，海底捞的极致服务是否还符合“以客户为中心”的理念？

任务一 认知客户

随着国内外市场竞争的加剧，企业经营管理模式逐步由以产品为中心转向以客户为中心。由于传统市场营销活动趋于同质化导致效果不佳，因此企业面临着老客户流失严重、新客户开发难度加大的困境。从表面上看，许多曾经优秀的企业是被竞争对手打败的，但分析深层次的原因，正因为这些企业的客户不断流失，才导致其最终被市场抛弃。因此，客户资源是企业生存与发展的前提，而卓越的客户服务与管理是企业与客户建立长期、稳定业务关系的基础。

然而，客户服务的价值往往不取决于服务本身，而取决于客户的需求。对客户及其需求的理解程度，将决定企业服务质量的好坏。那么，什么是客户？如何理解客户？

一、理解客户的内涵

（一）客户的定义

微课：走近客户

一般而言，客户是相对于产品或服务的提供者而言的，客户是所有接受产品或服务的组织和个人的统称。

对于不同行业、不同企业，客户可以有不同的理解。例如，制造型企业、服务型企业和零售企业的客户内涵就不同，它们分别侧重于中间商或组织、个人和顾客。

为了深刻理解客户的概念，需要厘清与客户相关的一些概念，如消费者、用户、顾客等，以及这些概念与客户之间的差别与关系。

1. 消费者

消费者是以个人消费为目的购买商品或服务的个体，消费者的权利由国家特定法律保护。因此，客户不一定是消费者，如组织客户就不是消费者。

2. 用户

用户是正在使用产品或服务的消费者，无论是否付费，都算用户。因此，客户不一定是用户。例如，处于供应链下游的批发商、代理商及零售商是生产商的客户，只有当他们消费这些产品或服务时，他们才是用户。

3. 顾客

顾客是（可能）付钱购买产品或服务的人或组织。顾客不一定是真正的用户或消费者。顾客比消费者的概念范畴大，顾客购买的对象不仅包括用于消费者生活的物品和服务，而且包括用于企业生产的各类生产资料和服务。因此，客户有时和顾客是一致的。

但需要注意的是，由于顾客与客户都是购买或接受企业产品或服务的组织或个人，在实际生活中常常被混用，因此需要特别加以区分。具体可以依据以下四点标准进行区分。

（1）在企业内部是否存有相应的资料。企业内部没有顾客的相关具体信息，双方更多是一次性交易活动，企业很难主动联系顾客。而客户的资料被详尽地保存在企业数据库中，双方是一种往来关系，企业可以主动联系客户，为客户提供更好的个性化服务。

（2）是否有专人提供服务。顾客可以由任何个人或机构来为其提供产品或服务，而客户则主要由专门的人员来为其提供产品或服务。也就是说，客户是针对特定的某一类人群或者某一个细分市场而言的。

（3）购买的稳定性。客户购买具有长期稳定性，而顾客购买则可能是偶尔购买或一次性购买。

（4）购买的数量及次数。顾客多是小批量购买甚至是一次性小批量购买，而客户则是大批量重复采购。

从这个意义上来讲，企业与客户的关系比与顾客的关系更为密切。顾客和客户的不一致性常常体现在卖方眼里，客户的层次比顾客要高。企业与顾客间强调消费关系，而企业与客户间除了消费关系外还有洽谈商议的关系，企业会关注与客户间未来的再次交易、合作和交往。

随着信息技术的发展，企业开始有意识地收集、记录顾客信息，并加以研究，以便提供更加优质、高效的服务。此时，“顾客”已变身为“客户”，其影像是生动且具象的，由一个个鲜活的数据信息组成，完整记录在企业的信息库中。

（二）客户的类型

由于客户的价值、需求、偏好等方面都存在差异，因此在实际中，企业会根据客户消费行为、客户购买方式、客户规模、客户忠诚度等不同标准将客户划分不同类型，进而为不同客户提供有针对性的产品和服务，以提高客户满意度。

常见的客户分类标准有三种，即依据客户与企业的商业关系、客户对企业的价值、客户与企业的关系状态对客户分类（见表 1－1）。

表 1－1 客户主要类型及其释义

分类标准	客户类型	详细解释
客户与企业的商业关系	消费者客户 中间商客户 内部客户 公众客户	(1) 消费者客户购买企业最终产品或服务，通常是个人或家庭，又称“终端客户”。 (2) 中间商客户包括供应链上下游的企业以及合作伙伴，是处于企业与消费者之间的经营者。 (3) 内部客户是企业内部的个人或业务部门，如采购部门、生产部门和销售部门三者间就是客户关系。 (4) 公众客户包括政府、行业协会、社区、新闻媒体等特殊利益群体。
客户对企业的价值	重要客户 普通客户 小客户	(1) 重要客户是指那些大宗、大批量消费企业产品或服务的客户，对企业销售贡献的价值最大。这类客户的数量相对较少。 (2) 普通客户是指数量众多、消费总量也较大，能给企业带来较高利润的客户。 (3) 小客户是指那些数量众多，但消费总量不大，给企业带来的利润并不多的客户，其还会占用企业一定的资源，甚至可能会给企业带来负利润。
客户与企业的关系状态	非客户 潜在客户 目标客户 现实客户 流失客户	(1) 非客户是指那些与企业没有直接的交易关系，不购买企业的产品或服务的组织或个人。 (2) 潜在客户是指那些对企业的产品或服务有需求且具备购买能力的待开发客户。 (3) 目标客户是企业经过挑选后确定的力图开发为现实客户的人群。 (4) 现实客户是指接受了企业产品或者服务的客户，是企业通过开发获得的客户。现实客户又分为初次购买客户、重复购买客户和忠诚客户三类。 (5) 流失客户是指那些曾经是企业的客户，但由于各种原因现在不再购买企业产品或服务的客户。

需要注意的是，依据上表中按“客户对企业和价值”和“客户与企业的关系状态”进行分类的结果不是固定的，因为客户与企业的关系状态始终处于变化中。为了深入理解这些客户类型，我们需要了解客户关系的概念。

客户关系是指企业为达到其经营目标，主动与客户建立起的某种长期联系。客户关系是远超短期的交换和交易关系，可能是通信联系或特殊接触机会，抑或买卖合同、联盟关系。客户关系的形成与发展需要经历一定的过程，就像人与人之间的相识，也会经历一个从陌生到开始接触，到慢慢熟悉，再到关系日益稳定、成熟的发展过程。客户关系形成过程中双方关系越来越紧密，信任关系也逐渐建立，当然客户也随时可能终止购买行为。由此可见，客户关系的变化会伴随着客户状态和客户价值的转换。

首先，客户状态转变是逐步过渡的（见图1－1）。

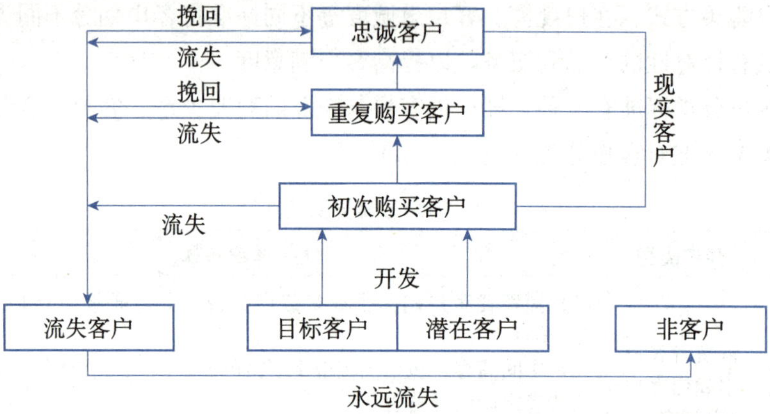

图1－1　客户状态的转变过程

在图1－1中，非客户由于业务转型有可能成为潜在客户，潜在客户一旦采取购买行为就变为初次购买客户，初次购买客户如果经常购买或接受同一企业的产品或服务，就可能发展为重复购买客户，甚至成为忠诚客户；同时，初次购买客户、重复购买客户、忠诚客户也会因其他企业的诱惑条件或对企业的产品或服务产生不满而成为流失客户；另外，流失客户如果被挽回，又会成为重复购买客户或忠诚客户，如果无法挽回，就会成为企业的“非客户”。

其次，客户的价值也会发生相应的变化，而这种变化往往直接关联着客户与企业的关系状态变化。例如，随着客户关系的深化，客户的价值也会从低到高变化。

二、认知客户生命周期

（一）客户生命周期的定义

客户关系的变化具有大部分生命体的生命特征，会经历诞生、成长、成熟、衰老直至死亡的过程，这个过程被称为客户生命周期（customer lifetime）。从定义上看，客户生命周期是指企业与客户从建立关系到完全终止关系的全过程，代表了客户关系的长度，是客户关系水平随着时间变化的发展轨迹，动态体现了客户关系在不同阶段的总体特征。

在客户生命周期的定义中包含三层含义：

（1）在具体时间上，客户生命周期并不是指客户作为自然人或组织的生命存续时间，而是指个人或组织成为企业的客户直至不再具有这种身份的整个过程存续的时间跨度。

（2）在具体阶段上，客户生命周期的概念与产品生命周期、组织生命周期等的概念并不相同，因而针对不同阶段的管理方式有其自身特点。

（3）在判断标准上，客户生命周期以企业所设定的标准为判断依据，因而标准不同，所得出的客户生命周期结论就不一致。

随着互联网技术的普及与推广，客户生命周期的特征随之发生了巨大变化，主要体现为客户生命周期普遍缩短。主要原因包括以下两点：

（1）新技术使得交易中供求双方的沟通与对接变得更加直接、快捷和便利，客户可以自由地在线上和线下多元化销售渠道中快速切换，导致客户的忠诚度与专注力快速下降。

（2）技术快速变革和市场环境的变迁，不断推高了客户的需求和消费期望，使得企业必须紧跟客户消费需求的变化趋势，并尽快调整产品种类，否则客户很容易流失。

课堂讨论

为进一步理解不同行业的客户生命周期之间的区别，以小组为单位，尝试分析在某英语培训机构和中国联通公司这两类不同企业中，其客户生命周期具体包括哪些过程、这些过程的时间跨度通常是多久。

（二）客户生命周期阶段

在客户生命周期中，客户关系的发展是分阶段的。一般将客户生命周期划分为潜客期、考察期、形成期、成熟期和衰退期5个阶段（见图1-2）。

1. 潜客期

在潜客期，客户在形式上主要是以潜在客户出现的。企业能够做的工作主要是关注这些潜在客户的行为和态度。潜在客户一般会出现在企业的各种促销活动和接触点中，也许他们对企业的产品或服务仅局限于感兴趣，还没有产生真正的购买意图。但是这种感兴趣的心理状态极有可能向着真实购买行为转变，因此企业必须在这个阶段投入足够的时间和精力来研究潜在客户的兴趣点。

2. 考察期

在考察期，客户与企业正尝试建立联系，对企业及其产品或服务尚未建立信心，需要

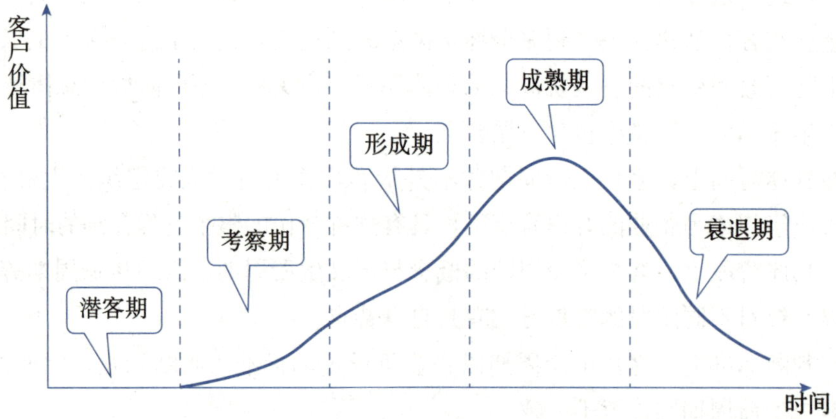

图 1-2　客户生命周期的五阶段模型

花费大量成本和精力来寻求信息，让自己打消顾虑并做出决策，这个时期的客户交易量一般较小。因此，在考察期，企业的投入较多，企业一般会以较低价格吸引客户，而客户给企业带来的价值贡献很小甚至是负利润。

在这个阶段，企业往往需要投入大量人力和物力获取客户，同时还要进行调研，确定哪些客户是目标客户，以及是否具有开发潜力。

3. 形成期

在形成期，随着交易或互动逐渐增加，客户与企业之间已经建立了一定的信任度和依赖度，客户对企业信心增强，也愿意承担一部分风险，对价格的敏感度有所下降，对企业的产品或服务的需求进一步扩大，交易量快速上升。企业从客户身上获得的收入逐渐大于投入，客户带给企业的价值逐渐增加。

在这个阶段，客户需求波动较明显，客户受外界影响较大，因此企业需要建立和完善客户档案资料，并积极向客户传递企业文化和价值观，进一步赢得客户对企业的信任。

4. 成熟期

在成熟期，客户和企业之间已经建立了长期的关系，客户对企业的产品或服务需求稳定，交易量已稳定在一个高水平，对价格敏感度降低，对企业产品或服务有了信心，还愿意主动尝试购买企业其他的产品或服务，并主动为企业介绍和推荐其他客户，为企业带来的价值达到最大。

在这个阶段，企业重点是保持和维护客户，培养客户忠诚度。具体来说，企业除做好对外的市场营销工作外，还要重视内部员工管理，努力提高员工满意度和忠诚度。

5. 衰退期

在衰退期，客户的交易或与企业的互动水平下降，企业维护客户关系的成本出现回升，客户带给企业的价值逐渐减少。需要注意的是，衰退期并不总是出现在成熟期之后，在任何一个阶段都可能衰退。

在这个阶段，企业要及时做好客户流失管理，分析客户流失的各类原因，并利用这些信息改进产品或服务，最终与客户重新建立信任关系，争取恢复正常的业务关系。

（三）客户生命周期的应用价值

作为服务与管理客户的主体，企业逐步认识到客户生命周期的重要性及不同阶段的特征。在实践中，企业不仅应从长远视角来审视企业与客户的关系，衡量客户在整个生命周期的价值，而且要形成全生命周期管理理念，针对不同生命周期阶段的客户采取有效的服务与管理策略。

全生命周期管理理念是指对从客户考虑购买哪一商家的产品或服务，到客户购买后对收入的贡献和成本的管理，再到客户离开倾向的预警和挽留，直到客户离开后进行赢回的整个过程的全流程管理。

全生命周期管理理念非常符合数字经济时代的服务趋势。在数字经济时代，新型消费呈现出多元化、个性化、自由化的特征。移动互联技术使得消费者在较短的时间内即可捕获大量的产品知识，其中包括不同卖家的折扣力度、最新销量、产品质量等。这为消费者进行多样化选择提供了极大的便利。因此，在当今的消费市场上，客户满意并不代表其会绝对忠诚于某家企业。如果企业想让客户持续购买自己的产品，企业就必须主动地进行客户全生命周期管理，帮助客户养成重复购买的习惯。

在数字经济时代，客户生命周期管理是从潜客阶段开始的，在这一阶段企业将投入人力、时间、物力等来激发客户的兴趣点，使客户留意并关注企业。例如，当当网在新用户注册时就会要求客户填写阅读意向，然后主动推荐给客户相关的书籍，激发其购买欲望。紧接着，企业会花费大量的人力、物力来获取客户，关注与客户发生交互的接触点，与客户建立良好的联系。当客户有离开或者退网倾向时，企业就会通过派发优惠券等一系列的方式进行挽留。当客户彻底离开企业时，企业对这一客户的生命周期管理宣告结束。

三、认知客户价值

考虑到客户本身是有差异的，因此对客户进行细分有助于企业为其提供差异化服务，从而实现双赢。然而，如何确定差异化服务的标准是个难题，如果仅根据客户性格和行为差异等进行区别对待，反而容易引起客户的反感和不满。

事实上，对企业而言，客户各方面的不同归根到底是为企业创造的价值不同。因此，客户价值是客户细分的基本依据。那么，什么是客户价值？客户价值是如何体现的？

在市场营销学概念中，客户价值可从两个角度定义。

第一个角度：企业为客户创造或提供的价值。由于市场营销的本质是价值交换，因此这种价值必然是企业与客户在完成价值交换并相互获得的各自所需价值。衡量这种价值的方式有两类：一类是依据主观的客户感知，即客户感知价值；另一类是客观的总价值货币差值，即客户让渡价值。这个角度为企业优化营销活动和经营活动从而构建核心竞争力提供了思路与方法。

第二个角度：客户为企业创造的价值。企业应衡量客户在整个业务关系存续期间为企业贡献的利润，即客户终身价值。这个角度为企业制定战略、引导客户价值向长期价值潜力最大化方向发展提供了方向。

（一）客户感知价值

客户感知价值就是客户所能感知到的利益与其在获取产品或服务时所付出的成本进行权衡后，对产品或服务效用的总体评价。其计算公式为：

客户感知价值＝客户感知总价值－客户感知总成本

客户感知价值体现的是客户对企业提供的产品或服务所具有价值的主观认知，而区别于产品或服务的客观价值。因此，客户感知价值不仅包括产品或服务的质量，感知成本也不仅包括产品或服务的价值。企业可以在市场营销活动中努力为客户提供优质的感知价值，从而构建企业竞争优势。

（二）客户让渡价值

客户让渡价值是企业转移的、客户感受到的实际价值。它一般表现为客户总价值（客户获得的全部利益，包括产品价值、服务价值、人员价值和形象价值）与客户总成本（客户支付的全部成本，包括货币成本、时间成本、精力成本和体力成本）之间的差额（见图 1-3）。因此，客户是否会购买某一产品或服务，以及客户满意程度都取决于客户让渡价值的大小。

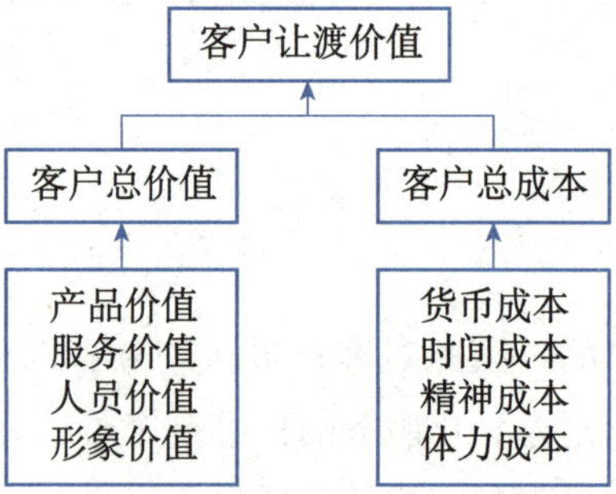

图 1-3　客户让渡价值的构成

因此，在实践中，解决客户让渡价值增加的问题，能为企业优化经营方向提供如下分析思路。

（1）客户支付的不仅是货币成本，还包括购买时消耗的其他成本。从这些成本概念出发，企业可通过提高服务意识，从而降低产品的非货币成本，让客户获得较大的价值和满足。

（2）产品创新可增加客户总价值。

（3）优化服务能增加客户总价值。企业可以在各种附加服务方面下功夫，在提供优质产品的同时，向客户提供完善的服务。

（4）提高人员价值能增加客户总价值。企业应重视对员工综合素质和能力的培养，员工直接决定客户总价值的大小。

（5）提升形象能增加客户总价值。企业可致力于建立其在社会大众心中的良好形象，从而赋予产品更高的价值，为客户带来满足感和信任感。

（三）客户终身价值

客户终身价值是以客户在其生命周期过程中给企业带来的收入和利润贡献来看待客户价值的概念或计算方法。企业希望了解客户终身价值，以便决定获得和保留客户所付出努力的程度。通过计算客户终身价值，企业可以有效识别最有利可图的客户群，相应地调整营销和服务策略，以获得尽可能多的具有较高终身价值的客户。

客户终身价值是指经过折现的、（某个）客户在未来的整个生命周期内对企业利润的贡献总和。通常而言，客户终身价值是通过预估该客户未来的全部购买量，再将其转化为折现值来计算的。计算客户终身价值时，需要知道获取客户的成本、来自客户的收入、客户保留成本、客户保留率以及基于资金时间价值的折现率。

客户终身价值在客户细分、客户选择、客户资源分配等方面具有重要的指导作用。以客户终身价值为基础对客户进行细分是服务营销和服务计划开展的基础，企业通过为不同终身价值的客户提供不同产品或服务，不仅可以满足不同客户的需求，而且能使企业收益达到最大化。客户终身价值经常作为企业获得客户所需费用的上限。对特定客户分配恰当的资源，能给企业带来长远利益。

任务二 认知客户服务

一、解读客户服务的含义和作用

客户服务主要体现了一种“客户至上”的经营理念，企业通过为现实客户和潜在客户提供良好的服务，从而提高客户满意度，维持稳定的客户关系，最终实现客户忠诚和企业竞争力提升。

微课：认识客户服务

（一）客户服务的含义

客户服务是一个过程，是企业在合适的时间和场合、以合适的价格和方式向目标客户提供合适的产品或服务，满足客户的适当需求，使得客户和企业的价值均得到提升的活动过程。

企业的客户服务工作贯穿于产品或服务的售前、售中和售后的全过程。实际上，这个过程是由四个阶段构成的一个没有终点的服务循环，即接待客户、理解客户、帮助客户、留住客户。因此，除了常见的客服行业外，客户服务的内容还涉及产品或服务咨询、服务与技术支持以及客户投诉受理等各项专业化活动。由于客户需求既有相似性也有差异性，因此客户服务过程中要兼顾程序性和个体性。最重要的是，良好的服务活动都离不开具有人性化、有情感的沟通与交流。

客户服务包括三个层次（见图 1-4）。第一层是基础服务，这是客户假定自己必须获得的服务，是客户满意的基础。企业可以通过多种策略做精基础性服务，从而提升客户价值，如尊重客户、关注和及时响应客户需求、持续提供高品质服务等。第二层是附加服务，这是企业可通过主动调查而获得的客户所希望得到的服务，能使客户产生精神愉悦，如向客户提供的各种增值服务、定制服务和差异化服务等。值得注意的是，差异化服务只是硬件设施上的区别和服务内容的多少，并非服务态度的好坏。第三层是超值服务，这是客户没有预期或“没有意识到有需求”的服务，需要企业超前地从多方面和小细节中挖掘客户的潜在需求，如向竞争对手的客户提供服务等。

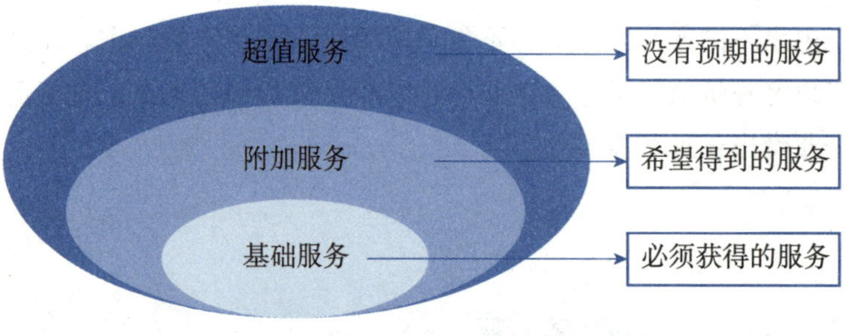

图 1-4　客户服务的三个层次

上述三个层次的客户服务之间的关系表现为：基础服务是客户满意的基础和前提，附加服务和超值服务是基础服务的延伸，是赢得客户信任和忠诚的关键。因此，企业应努力做精基础服务，做足附加服务，做好超值服务。

当然，客户服务是很复杂的，如果企业暂时没有能力做到面面俱到，可通过规定业务范围或提高门槛来锁定部分客户，让其他客户主动退出而非驱逐。因为主动退出的客户将来仍有可能成为企业的客户，而被驱逐的客户永远也不会回来。

为更好地理解客户服务过程的复杂性，应注意客户服务具有以下六个特征：

（1）无形性。客户服务贯穿于售前、售中和售后的全过程，虽然服务是无形的，但客户可以感受到并对服务质量进行评价。

（2）不可分离性。区别于有形产品的先生产后销售和消费，客户服务的生产与消费是同时进行的，客户和服务提供者须直接发生联系，服务提供者的素质直接影响服务质量。

（3）有价性。客户服务的有价性，既包括客户为获得服务所付出的费用、支出等代价，也包括客户服务能提升企业和客户的价值。

（4）独特性。不同企业为客户提供的服务具有不同特色，而不同客户对企业服务有不同的要求。

（5）互动性。一方面，客户服务人员应主动了解、掌握和提供客户需要的服务；另一方面，客户服务人员应尽可能满足客户主动提出的需求。

（6）不确定性。一方面，客户对服务需求的程度、时间地点等具有不确定性；另一方面，客户服务人员的服务态度、服务水平以及服务人员调配等存在不确定性，后者会让客户产生不安全感，需要企业采取多样化措施加以避免。

总之，客户服务的本质是传达企业对于客户的关爱和感激，真心实意为客户更好地使用产品或服务付出更多的情感和努力。

课堂讨论

以小组为单位，围绕“我眼中的惊喜服务”话题，每位同学分享自己作为客户时，曾遇到过什么样的惊喜服务。

（二）客户服务的作用

在市场竞争日益激烈而产品越来越同质化的今天，服务越来越重要。客户服务已从过去的维修保养等战术层面上升到为客户创造价值的战略层面。良好的客户服务对企业和员工个人的长远发展都有着非常重要的作用。

1. 有效防止客户流失并赢得新客户

在当前市场竞争激烈且客户选择变多的情况下，客户忠诚度变得越来越低，客户流失现象会变得越来越普遍。因此，企业提供优质服务使客户不愿意冒险尝试其他企业的产品，这样一方面能有效防止客户流失，另一方面可以维系目标客户，并通过核心客户带来新客户。

2. 为企业创造经济效益

良好的客户服务所创造的经济效益表现在多个方面：

（1）维系老客户可降低营销成本。据调研，开发一个新客户的费用是保持现有客户的7倍，而若流失一名大客户，企业要花费更大的精力寻找一名替代客户，或者寻找更多的普通客户来弥补业绩及利润的损失。

(2) 老客户在为企业带来持续利润的同时，新客户的增多会促使企业扩大生产，规模效应不断增强，促进企业利润的增加。

(3) 良好的客户服务有助于培养更多优秀的人力资源，任何服务都是以人为本，客户服务人员能在实践活动中不断提高自身的素质和服务水平，提升营销能力。

(4) 提高企业对市场的灵敏度，有利于创造企业的新业务领域。良好的客户服务与沟通，不仅能为企业的业务调整提供信息，而且能为企业开辟新业务提供信息，最重要的是有助于企业挖掘潜在的需求，开发出客户乐于接受的新产品或新的服务项目。

3. 树立良好的品牌形象

客户服务不是企业的短期行为，而是企业长期的、持续的经营活动。企业通过优质的客户服务使客户满意并形成口碑传播，赢得更多客户对企业及产品的认可和信任，从而提高企业影响力和美誉度。

因此，企业想要留住核心客户和创造新客户，以实现较高的经济效益和长远发展，就必须以客户为中心，提高服务质量。

二、理解客户服务的类型与标准

客户服务的类型很多，企业为客户提供服务的方式也多种多样，但总体来说，卓越的服务都有相应的标准。在服务标准的指引下，在识别不同服务类型的基础上，企业能有效提升服务质量。

（一）客户服务的类型

按照不同的分类标准，客户服务可分为不同类型（见表1-2)。

表1-2　客户服务的类型

分类标准	客户服务的类型	具体内容
按照服务的过程	售前服务	销售产品或服务之前提供的服务，如客户需求调查、广告宣传、布置销售环境、提供各种便利服务（技术咨询和产品咨询等)、社会公关服务等
	售中服务	在销售产品或服务过程中提供的服务，如传递产品信息、现场示范产品使用、帮客户挑选、满足客户合理需求、处理订单、提供代办服务（如邮寄）等
	售后服务	在产品或服务完成销售后提供的服务，如送货上门、产品安装、咨询指导、售后维修和检修、回访、客户关怀、处理投诉等
按客户接触的媒介	人工客服	由客服人员提供的一对一的面对面或在线的服务
	电子客服	基于软件技术提供的不受时间和地域限制、融合“客户服务、商品导购、市场营销、投诉受理”于一体的服务，如微信客服

续表

分类标准	客户服务的类型	具体内容
按照服务是否收费	免费服务	附加的、义务性服务，如服务台、休息室等
	收费服务	需要付费使用的服务，如产品价值之外的加价服务等
按照服务的次数	一次性服务	一次性提供完的服务，如送货上门、上门安装等
	经常性服务	需要多次提供的服务，如产品定期检修等
按照服务的性质	技术性服务	由企业相关专业技术人员提供的与产品的技术与效用有关的服务，如安装、调试、维修、技术咨询和培训等
	非技术性服务	企业提供的与产品的技术和效用无关的服务，如产品广告宣传、送货上门、分期付款等
按照服务的地点	定点服务	设立固定服务点提供的服务，如维修服务网点、零售门店等
	流动服务	不设固定服务点，由销售人员或维修人员定期或不定期在不同客户分区内巡回提供的服务，如上门销售、巡回检修等

（二）客户服务的标准

制定一套有效可行的客户服务标准是企业开展客户服务的基础和依据。服务标准不仅能让企业和员工明确客户服务目标，而且是企业开展客户服务质量评价的依据。

客户服务标准包括 3 个要素，分别是服务硬件、服务软件和服务人员（见表 1－3）。这些要素共同构成服务标准的内容。

表 1－3　客户服务标准的三个要素

标准三要素	含义	指标	标准内容
服务硬件	企业开展客户服务所必需的各种物质条件，决定客户的第一印象	服务地点	距离近，使客户能更方便、更快捷地购买产品或获得服务
		服务设施	服务设施和工具的质量过硬和数量充足，工具的质量和先进性决定了服务的好坏，数量决定服务能力的大小
		服务环境	在售中影响客户服务体验的空间环境等各种因素
服务软件	开展客户服务的程序性和系统性，包括客户服务工作所涉及的全部程序和系统	时间性	为客户提供服务时完成服务的时间标准
		流畅性	为客户提供服务时企业内部各部门之间要相互配合、相互合作，使得服务流程能顺利有效地完成
		预见性	为客户提供服务时能对客户的需要进行准确的预测，并在客户还没有提出时就能主动为客户提供该项服务
		沟通渠道	为了保证企业客户服务系统的正常运行，及时了解客户的实际需要以便向客户提供优质的服务，企业内部以及企业与客户之间必须保持通畅的沟通渠道

续表

标准三要素	含义	指标	标准内容
服务软件	开展客户服务的程序性和系统性，包括客户服务工作所涉及的全部程序和系统	客户反馈	建立有效的、可观测的客户信息反馈系统，及时了解客户对产品或服务的满意情况及意见
服务人员	客户服务人员的服务意识、服务水平直接影响客户服务质量的好坏	个体形象	在仪容仪表、态度等方面，制定能给客户留下良好印象、创造和谐气氛、产生良好情绪的符合仪表要求的外在指标，如女性客户服务人员适当化淡妆，着装统一等
		关注	指满足客户独特的需求，企业要指导以何种方式向客户表示关注，如何才能使客户感受到特别对待
		指导	客户服务人员如何帮助客户，如何指导客户做出购买决定，为客户提供建议等方面，明确客户服务人员需要具备什么知识水平才能为客户提供所需的正确的指导

在建立完善的客户服务标准之后，企业需要结合自身业务特征制定衡量服务质量好坏的标准。服务质量是服务工作能够满足客户需求的程度。服务质量一般从可靠性、响应性、保证性、移情性和有形性五个方面来衡量。为了提高服务质量，企业应提前设计标准服务协议和服务关键考核标准，指导员工提供优质的服务。

课堂讨论

以小组为单位，针对有人认为“服务标准一般是固定的，让人觉得很僵化，会限制员工的主观能动性发挥”的观点，分析为什么企业还要开展服务标准化工作。

任务三 认知客户服务工作

一、解读客户服务体系

企业开展客户服务时只有全员参与，才能收到良好的整体效果。客户服务体系正是由以客户为对象的整个服务过程的组织和制度构成的，是企业销售与营销体系的重要构成部分。有效的客户服务体系是保证客户满意的必要条件。客户服务体系是由明确的客户服务理念、合理的岗位设置、规范的客户服务流程等一系列要素构成的。

(一) 客户服务理念

客户服务理念反映的是人们对服务活动的理性认知，体现为站在客户的立场真心为客户提供帮助、解决问题的“以客户为中心”的服务意识。正确的客户服务理念和良好的服务意识将从两个方面提升客户满意度。

(1) 良好的服务理念会外化于员工日常行为，让客户直接获得需求的满足。由于服务是以人为载体，因此服务理念的展现依靠员工的认知、角色、态度、专业技能。虽然每个公司的服务理念有差异，但都离不开坚持以客户需求为导向。客户需求主要体现在以下五个基本方面：为客户提供更多便利；满足客户对价格的关注；对及时获取专业信息的需求；对舒适环境的需求；情感上获得理解和认同的需求。当然，企业要想赢得市场和客户，同时应明确客户群体会随着时代的变化而改变。

(2) 良好的服务理念会对员工产生潜移默化的影响，进一步提升客户价值。服务理念的强化能使员工思想发生改变，使其形成对工作、对客户负责的理念，这有助于产品价值、服务价值、人员价值和形象价值的极大提升，同时可以减少客户的时间成本、体力成本和精力成本。

(二) 客户服务相关岗位

随着“以客户为中心”理念的普及，客户服务与管理已经成为企业经营管理活动的一项重要职能。在该理念指导下，客户服务与管理工作会涉及客户识别与选择、客户获取、客户保持、客户关系维护等全部商业过程。

1. 企业中的客户服务部门

由于客户服务贯穿于产品或服务的售前、售中和售后的全过程，因此客户服务与管理工作具体由三个部门落实，即市场部、销售部、客服部。其中，市场部主要负责新客户的开发与获取，属于售前客户管理；销售部主要负责与客户交易的实现，属于售中客户管理；客服部主要负责现有客户关系的维护与升级，属于售后客户服务。这三个部门相互配合，为客户提供全方位、全流程的客户服务。关于客服部的具体组织结构和岗位职能设计，企业会根据行业特性和企业规模大小的不同进行调整。

2. 客户服务与管理岗位及其工作内容和人员要求

常见的客户服务与管理岗位主要有：客服专员、客服主管、售后技术支持专员、客服经理、销售员、客户经理等（见表1-4）。由于企业所在行业和企业文化不同，因此这些岗位的称谓会有差异，但工作内容和人员要求基本相同。

表 1-4　企业客户服务与管理不同岗位的工作内容及人员要求

岗位名称	工作内容	人员要求
客服专员、客服主管和售后技术支持专员	负责售前咨询和售后服务工作，目的是通过客户关系的建立与维护，使客户能够感受到来自企业的支持，从而建立对企业的信任与情感，促进企业销售	具有较强的服务意识、沟通和应变能力，良好的心理素质；善于发现客户需求并能加以引导；善于处理客户投诉；具有较强的产品专业知识，熟悉服务流程和服务工作的改进策略；熟悉计算机操作与互联网应用
客服经理	负责建立与完善服务标准和服务体系，处理棘手的客户问题，以树立企业形象、提高客户满意度为目标	具有一定的管理经验，能够面对形色各异的客户和处理各种各样的客户要求
销售员、客户经理	负责售前和售中的工作，主要通过开发与维护客户关系，将企业的产品或服务销售出去，并帮助企业建立可靠、持久的客户关系	拥有丰富的客户资源；具有较强的公关能力、销售意识；善于与客户沟通和维护良好的业务关系；能撰写客户问题解决方案，制定整体营销战略

如今，越来越多的企业采取客户经理制，设置客户经理岗，目的是更好地规范客户管理的行为，增进企业与客户之间的关系，提高服务的水平与质量。客户经理制从制度设计、人力资源安排、服务内容和流程等方面系统规划客户经理的工作内容与行为。每个企业客户经理负责的内容不同，因而归属于不同部门。一般情况下，企业会为大客户、关键客户或有发展潜力的客户配备专职客户经理。

（三）客户服务流程

企业的组织模式和工作流程应以客户为中心，围绕客户需求而设置，因此不同企业和岗位的服务流程也会不同。常见的服务流程划分方式有两种。

（1）按企业与客户接触的过程环节，企业可设置三类服务流程：售前服务流程、售中服务流程、售后服务流程。

（2）按具体的接触点，企业可设计专门流程，诸如上门服务流程、送寄维修服务流程、退换产品流程、疑难问题解决流程、热线接听流程等。例如，某物业管理公司的报修流程为：客服部接到业主来电→值班人员登记→客服部开出工作维修单并派送到工程部→工程部接单后通知贴心管家→贴心管家随同工程部人员前往维修→维修完毕后前台值班人员回访。

科学、合理的服务流程不仅可以减少客户的时间成本、体力成本和精力成本，还可以提升企业的服务价值和形象价值。例如，对同一个项目进行审批时，一些企业会有多个部门与客户发生联系，客户在办事时往往需要与不同的部门接触，增加了办事难度，降低了效率和满意度。此种情况下，客户服务部门要对客户服务流程进行分析，优化服务流程，尽可能简化服务环节。

课堂讨论

以小组为单位，结合小组成员共同体验过的某类服务经历（如理发店、零售店或医院等）进行分析，尝试采用流程图的形式初步绘制该项服务流程的步骤和顺序。

二、分析客户服务工作的发展趋势

（一）客户服务的变化

“客户至上”理念下的客户服务与传统客户服务有明显的区别，尤其表现在主动性、对待客户的态度、服务与营销的关系三个方面（见表1-5）。

表1-5　“客户至上”理念下的客户服务与传统客户服务的区别

要素	“客户至上”理念下的客户服务		传统客户服务	
	特性	示例	特性	示例
主动性	高	主动询问和跟踪客户产品的使用情况，积极解决客户问题，询问客户可能的后续购买行为	低	客户没有问题，就没有客户服务，关怀仅限节日问候
对待客户的态度	视客户服务为一种获利来源	抱怨客户有意继续使用企业产品，须尽力化解客户的不满与失望，并不断与客户保持接触和联络。客户疏离则代表着客户流失	视客户服务为不必要的负担和额外的麻烦事	只有当产品有问题、客户使用有疑问或者需要催款和通知时，才电话联系客户
服务与营销的关系	融为一体	客户服务是“后端营销”，客户服务中心通过网络、电话等成为企业的协调中心、新产品的开发中心、试卖点，与前端营销和客户形成闭环	相互分离	仅靠拥有说服技巧的业务人员开展营销工作，客户服务多依赖于维修工程师或总机

由此可见，客户服务理念已发生了根本性变革。如今以客户为中心的新时代下，客户服务应被视为一种商机，客户服务是否主动在很大程度上决定了客户是否忠诚。

（二）客户服务发展新趋势

随着信息技术和社会的发展进步，客户的服务体验已不再局限于使用企业的产品或服务，而是向着科技化、专业化等方向延伸，出现了以下四种趋势。

1. 服务科技化

客户服务部门与客户间的互动沟通日趋明显地依赖于科技手段，如智能客服、服务电话答复中心、广播传真、呼叫中心、声讯邮件、在线表单、视频电话服务等。

2. 服务产业专业化

客户服务外包业务也正在兴起，更多的企业将客户服务工作外包给专业公司来做。

3. 服务亲情化

随着客户需求从关注产品质量和价值延伸到心理满足感，企业亲情化服务所展现的个性化和精确化，更有利于提高客户满意度，从而实现企业的营销目标。

4. 服务柔性化

在客户需求多样化的时代，成功的服务需要动态地适应需求特性和数量的变化。柔性化服务注重凸显客户价值，使企业更快速地回应客户的需求，让客户参与服务的生产过程，最终满足客户需要。

同步案例

海尔的一个即将取消的订单

一个星期五的下午2时许，德国一位经销商史密斯先生打来电话，要求海尔两天之内发货，否则订单自动失效。要满足客户的要求，意味着当天下午货物就要装船出运，而海关等部门下午5时下班，此时时间只剩下3个小时。按照一般的程序，货物当天装船根本无法实现。

但是，海尔员工的销售理念是："订单就是命令，保证完成任务，海尔人绝不能对市场说'不'。"于是，几分钟后，船运、备货、报关等部门的工作同时展开，确保货物能按客户的要求送达。执行这项任务的海尔员工全都行色匆匆，全身心地投入与时间的赛跑中。

当天下午5时30分，海尔员工向经销商发出了"货物发出"的消息。这位经销商了解到海尔发货的经过后，十分感动，便发来一封感谢信，信中写道："我从事家电行业十几年，从没给厂家写过感谢信，可是对海尔，我不得不这么做!"

在这个案例中，遇到上述特殊情况，一些企业员工的常见做法可能是置之不理，或因遇到多方阻碍而等待之后处理。海尔的员工却从客户的根本利益出发，全力以赴地为客户排忧解难。因为他们知道，与客户间良好关系的建立并不是一件容易的事情。只有为客户提供了满意的产品和服务，企业才会得到更好的回报。

请查找资料并总结和分析：

(1) 海尔的服务理念是什么？赢得此次订单与海尔的服务理念有关系吗？

(2) 面对上述特殊情况，一些企业的员工会选择忽略或等待，但海尔员工克服了哪些障碍，成功完成订单并获得客户口碑？

三、洞悉客户服务变化背后的理念

客户服务活动的变化是有一定的时代背景与理论支持的。从事客户服务工作的人员只有了解客户服务相关理念，才能有明确的工作态度与工作方法从事客户服务工作。

（一）关系营销理念

关系营销的概念于1983年由美国学者伦纳德·L. 贝里（Leonard L. Berry）提出。之后在营销理念变革和信息技术发展的双重影响下，关系营销理念在20世纪80年代后期快速发展，并成为一种营销理论。

1. 关系营销的含义

关系营销从根本上改变了传统营销“达成交易是营销活动的关键”这一狭隘认识，将营销活动看成一个企业通过多种接触点与消费者、供应商、分销商、竞争者、内部员工、政府机构及其他公众发生持续互动的过程，其核心是建立和维护与这些客户的良好关系，并在此基础上寻求企业的长期发展。

关系营销与传统交易营销的区别，主要体现在对待客户方面（见表1-6）。

表1-6 传统交易营销与关系营销的对比

传统交易营销	关系营销
通过开展交易而获利	通过建立良好合作关系而获利
关注目标顾客群	关注更广范围的客户
强调获得新顾客并完成一次交易	强调保持现有客户并实现长期交易
较少强调客户服务	高度重视客户服务
有限的客户承诺	高度的客户承诺
适度的客户联系	高度的客户联系和客户参与
质量是生产部门所关注的	质量是所有部门所关注的

关系营销理念的出现，使得市场营销活动的中心由企业产品转向客户服务与价值创造。这正好契合新时期市场营销发展的实际情况，即客户需求日益个性化，并从物质需求逐渐延伸到心理和情感需求。

2. 关系营销的特征

现代信息技术的发展为关系营销提供了低成本、高效率的沟通工具，使得企业的市场营销活动不再仅局限于产品交易市场，而是参与到整个社会经济的大循环之中。企业只有让客户体会到营销的互利性，才能使客户与企业建立牢固的交易关系。

（1）沟通的双向性。建立关系是一种信息沟通的过程，其过程是双向的。广泛的信息沟通，可以使企业赢得客户的支持与合作。新技术的应用丰富了沟通渠道，大大降低了企业与客户接触的成本。

（2）过程的协同性。在竞争性的市场上，营销管理者应与利益相关者建立长期的、彼此信任的、互利的关系。关系双方可以通过取长补短、协同合作实现对彼此有益的共同目标。

（3）营销的互利性。关系营销是建立在互利的基础上的，包括物质利益和情感的满足。关系营销要求双方互相了解对方的利益诉求，寻求双方利益的共同点，并努力实现双方的共同利益。

（4）反馈的及时性。企业通过反馈可以及时了解外部环境及客户需求的变化，这不仅有助于企业根据这些变化不断改进产品或服务以满足客户需求，而且有助于企业挖掘新的市场机会。

（二）精准营销理念

1. 精准营销的含义

精准营销是指依靠信息技术手段，对客户数据进行收集和研究，掌握每一位客户的消费倾向，再通过多种新媒体手段或平台对其开展的个性化的、有针对性的、互动性的营销活动。

显然，精准营销需要借助先进的数据库技术、网络通信技术及现代高度分散物流等手段保证企业和客户的长期个性化沟通，使营销活动达到可度量、可调控等精准要求，最终建立稳定的企业忠实客户群。

精准营销的产生是为应对企业和客户面临的一个共同挑战，即在信息爆炸的互联网世界，如何从呈指数级增长的巨大数据中快速挖掘有用信息。在应对该挑战上，精准营销具有四个优势：一是能真正贯彻客户导向的基本原则；二是在产品设计和周密服务上提高了客户总价值；三是在价格和便利等方面降低了客户总成本；四是采取最短的直线式沟通，强化了沟通的效果。

2. 精准营销的特征

（1）市场定位精准。精准营销突破了传统营销只能定性的局限，企业可以通过可量化的精确市场定位技术对市场进行准确细分。企业可对客户的消费行为进行精准衡量和分析，并建立相应的数据体系，通过数据分析优选客户并进行验证和调整定位。

（2）传播沟通体系的个性化。基于清晰的定位，为了精准触达客户、开展精准推荐或会员营销等，企业会利用先进的客户寻找工具，如电话短信、呼叫中心、邮件广告、网络推广等。

（3）销售组织的一对一分销。这一模式颠覆了传统的框架式营销组织架构和渠道限制。开展精准营销的企业会建立两个核心系统：一是全面、可靠的物流配送及结算系统，二是基于客户个性沟通的主渠道呼叫中心。

（4）产品的个性化。企业通过精准定位、精准沟通挖掘大量的、差异化的需求，并设计、制造、提供个性化的产品或服务，最大限度地满足有效需求，并获得较大的经济效益。

（5）客户增值服务的建立。对企业而言，完善的质量和服务只有在售后阶段才能实现，企业精准的客户服务体系能留住老客户、吸引新客户，并形成链式反应。

课堂讨论

以小组为单位，围绕促销秒杀活动设置的问题，请小组成员打开某一个共同的购物平台 App，查询该平台的促销秒杀活动设置，并开展讨论：这些秒杀活动在时间和内容的设置上有什么特点？这样设置的依据是什么？将讨论结果在班上分享。

（三）体验营销理念

体验营销是于 1998 年由美国某战略咨询公司的两位创始人约瑟夫·派恩和詹姆斯·吉尔摩提出的，并在 21 世纪初传入我国的一种新型的营销活动。体验营销的快速发展与多个因素有关：物质文明进步和消费者生活水平提高、产品或服务的同质化趋向、科学技术的飞速发展、先进企业对人们消费观念的引导和示范。

1. 体验营销的含义

体验营销是一种新的营销理念，是指通过看（See）、听（Hear）、用（Use）、参与（Participate）的手段，充分刺激和调动消费者的感官（Sense）、情感（Feel）、思考（Think）、行动（Act）、关联（Relate）等感性因素和理性因素，重新定义、设计营销的思考方式。这种思考方式突破了传统“理性消费者”的假设，认为消费者消费时是理性与感性兼具的。体验营销是在对消费者个性心理特征的认真研究和充分了解后建立的，是以满足消费者的需求为目的的。体验营销通过激发消费者的情感，达到营销的目的，它使得整个营销理念更加完善。

体验营销的开展，就是企业以客户为中心、以产品为道具、以服务为舞台，以满足客户的心理与精神需求为出发点，通过对事件、情景的安排以及特定体验过程的设计，让客户在体验中产生美妙而深刻的印象或体验，获得最大限度的精神满足的过程。

互联网上有很多可以让商家直接与消费者对接的体验接触点，如浏览体验、感官体验、交互体验、信任体验。上述这些体验活动给了消费者充分的想象空间，最大限度地提升了消费者参与和分享的兴趣，提高了消费者对品牌的认同。

2. 体验营销的特征

从体验营销的内涵可以看出，相对于传统营销，它具有以下特征。

（1）主动参与性。在传统营销中，消费者一般只作为“观众”，没有完全主动地参与到企业的营销活动中。消费者在亲自体验每一个消费细节的过程中，加深了对产品或服务的认识，培养了与企业的感情，渐渐形成了忠诚。

（2）互动性。在体验营销中，企业十分重视对消费者的感情投入。企业与消费者之间在进行信息和情感交流的基础上，达到行为的相互配合和关系的相互促进，在实现双赢的同时形成良性的双向互动关系。

（3）人性化及个性化。在体验营销中，由于个体的差异性，每个人对同一刺激所产生的体验不尽相同，同时体验又是无形的，因此，企业应通过与消费者沟通来发掘他们内心的渴望，基于体验的角度，审视自己的产品或服务能否在物质和精神上满足消费者人性化、个性化的需求。

（4）延续性。体验作为一种消费者所有的独特的感受，并不会马上消失，具有一定的延续性，以记忆的形式而存在。所以，体验营销的效果具有一定的延续性。有些消费者甚至会在事后对这种体验进行重新评价，产生新的感受，而这种评价可能对其他消费者产生影响。美好的体验往往会使得消费者对企业产生高度忠诚，建立与企业的长期联系。

项目小结

本项目的主要训练内容是解决初学者对客户、客户服务以及客户服务工作的认知问题。首先，围绕客户的内涵、客户生命周期、客户价值以重新认识客户。其次，通过梳理客户服务的含义和作用、类型与标准以增加对生活中客户服务的理解。最后，剖析基于企业实践所形成的客户服务体系、客户服务工作的发展趋势以及趋势背后的理念，形成对客户服务工作的整体理解。

理论知识测试

一、单选题

1. 在客户的类型中，以下四个选项中与另外三项属于不同类别的是（　　）。

A. 消费者客户　　B. 渠道分销商和代理商

C. VIP 客户　　D. 内部客户

2. 客户服务是指企业为目标客户提供适当的产品或服务，满足客户的适当需求，使企业和客户的（　　）都得到提升的活动过程。

A. 满意度　　B. 体验　　C. 需求　　D. 价值

3. 在日益激烈的市场竞争环境下，企业仅靠产品的质量已经难以留住客户，（　　）成为企业竞争制胜的另一张王牌。

A. 产品　　B. 服务　　C. 竞争　　D. 价格

4. 关系营销认为产品的价值既包括物质实体价值，也包括（　　）。

A. 产品的包装　　B. 附在实体产品之上的服务

C. 附产品的广告价值　　D. 产品的使用价值

5. 客户让渡价值是指客户购买的总价值与（　　）之间的差额。

A. 客户购买的货币成本　　B. 客户购买的精神成本

C. 客户购买的体力成本　　D. 客户购买的总成本

二、多选题

1. 按照服务的过程，可把客户服务划分为（　　）。

A. 一体化服务　　B. 售前服务　　C. 售中服务　　D. 售后服务

2. 优质的客户服务标准包括的三个要素是（　　）。

A. 服务硬件　　B. 服务体系　　C. 服务软件　　D. 服务人员

3. 客户服务工作主要包括（　　）。

A. 客户接待　　B. 客户投诉响应　　C. 客户满意度管理　　D. 售后服务

4. 随着信息技术和社会的发展进步，客户的服务体验呈现出（　　）的趋势。

A. 服务亲情化　　B. 服务柔性化　　C. 服务科技化　　D. 服务产业专业化

5. 下列说法正确的有（　　）。

A. 实施关系营销并不是以损害企业利益为代价的

B. 通过数据库的建立和分析，精准营销可以帮助企业准确了解客户信息，确定企业目标消费群，提高营销的个性化、针对性和互动性

C. 精准营销是保证企业和客户的长期个性化沟通的营销方式

D. 体验营销和传统营销相比，客户的角色已由观众转向主动参与者

三、判断题

1. 附加服务和超值服务是赢得客户信任和忠诚的关键。（　　）

2. “以客户为中心”的服务观念是指不仅要开发新客户还要维护老客户。（　　）

3. 客户服务只是在产品销售之后才存在的行为。（　　）

4. 客户就是消费产品或服务的个人或机构。（　　）

5. 每一位客户服务人员都代表着企业形象和企业的服务意识。（　　）

项目实训

调查并展示某机构的客户服务岗位的工作内容及其变化

实训要求：

以小组为单位，调查学生所在城市某个机构的客户服务相关岗位（如物业服务、销售导购、地铁巡逻员等）的工作内容以及服务方式等的变化，并收集1个典型案例，将机构

的客户类型、客户服务的内容及其变化展示出来。

实训内容：

1. 针对所选的客户服务岗位人员进行调查，列出该机构的客户类型、客户服务标准的达成情况。

2. 基于该公司服务岗位的调查，运用表格的方式列出该岗位所属的客户服务类型。

3. 收集 1 个典型案例，借助案例说明该岗位客户服务的工作流程和变化。

成果及评价：

1. 每组提交一份包含 1 个典型案例的客户服务岗位分析报告。

2. 教师对每组学生的报告评定成绩，并对有代表性的报告进行点评。

项目二 认识客户服务技术与工具

学习目标

知识目标

- 了解大数据的特点，以及大数据技术在客户服务与管理中的应用；
- 了解人工智能服务的特点、作用，以及提供人工智能服务时的注意事项；
- 掌握新媒体平台的特点，以及新媒体平台在客户服务与管理中的应用；
- 了解客户关系管理系统的作用、类型；
- 掌握呼叫中心的作用、类型、岗位设置及职责与绩效管理。

能力目标

- 能够辨识客户关系管理系统的各个功能模块与类别；
- 能够依据企业特征判断选择合适的客户关系管理系统类型；
- 能够熟练掌握呼叫中心的岗位工作流程和标准。

素养目标

- 把握新时代的发展方向，养成辩证思维、系统思维和创新思维；
- 培育科技创新精神，增强民族自豪感和文化自信；
- 增强数据安全意识，避免商务数据泄露；
- 培养耐心、细心和专业的职业素养。

项目解析

根据客户服务与管理职业学习活动顺序，本项目可以分解为以下三个学习任务。

案例导入

美的集团用户交互中心

美的集团早在2004年就设立了用户交互中心，设立初期座席规模约80个；随后美的集团用户交互中心先后整合了其他多个品牌的呼叫中心，并建立了合肥分中心；2011—2014年，美的集团构建了互联网在线客服、微信客服、微博客服、电商客服等多个新媒体客服模块。

目前，美的集团用户交互中心设有电商客服、互联网在线客服、物流客服、热线等服务模块，实现了400热线、微信公众号、美居App、官方网站等全媒体多渠道统一接入交互。用户交互中心业务涵盖美的集团旗下100多个产品品类，座席规模在1 500个以上，日处理业务在15万条以上。

在战略规划方面，美的集团用户交互中心采用智慧客服系统，实现了全触点用户体验的迭代和升级。用户交互中心通过应用智能语音导航、智能机器人、智能知识库、智能质检等智能技术，既让用户获得了智能、快捷、全新的服务体验，又有效提高了员工的工作效率。

在运营管理方面，美的集团用户交互中心建立了呼入与呼出协同联动机制、热线客服与商城及物流客服的促销协同联动机制、现场办公与家庭办公的应急协同联动机制、顺德与合肥双中心的容灾互备联动机制，以保障任何情况下用户服务业务无间断。

在全链路价值输出方面，作为用户与企业的重要交互触点，美的集团用户交互中心一直以沟通服务、传递价值、推动全链路改善为使命，持续不断地为集团的事业部、售后服务部等部门提炼并输出涉及用户痛点的问题与建议。近年来，美的集团用户交互中心向各事业部反馈的用户建议达上万条，建议内容涵盖了产品的性能改进、外观设计改进、操作便捷性提升、服务改进、创新建议等多方面内容，为美的集团的产品研发、服务体验改善提供了重要决策依据。

思考：

（1）企业为何会积极将先进技术应用于客户服务中？

（2）美的集团用户交互中心在进行客户与企业互动中运用了哪些技术？

任务一 认识新技术及其应用

数字经济时代，（移动）互联网、新媒体、大数据、人工智能以及区块链等技术蓬勃发展，这些技术越来越多地应用在客户服务与管理中，使得企业和客户的行为模式随之发生变化。有的新技术能够使企业的客户互动更加便捷，有的新技术能够使客户数据分析更加准确，还有的新技术能够代替企业员工的工作。这些新技术的普及与应用，有助于客户服务与管理工作更加方便、快捷，提升客户服务质量。

一、大数据技术及其应用

客户数据的爆发式增长与企业获取数据手段的进步，使得数据分析与处理的难度越来越大，如何处理海量数据成为客户服务与管理在新时代亟须解决的问题。大数据技术（包括大数据分析与数据挖掘）为这一问题的解决提供了可行的方案。

（一）认识大数据技术

1. 大数据的特点

大数据（Big Data）是指无法在一定时间范围内用常规软件工具进行捕捉、管理和处理的数据集合，一般指 10TB 规模以上的数据量。大数据具有数据量大、类型多样、价值密度低和时效性强 4 个特点，企业只有在短时间内完成对大量复杂数据的分析，才能及时发挥大数据的价值。

2. 大数据分析技术

大数据分析技术是指挖掘数据中有价值的信息并加以利用，从而将数据的深层价值体现出来。大数据分析技术具有 5 个方面的基本内容，包括可视化分析、数据挖掘算法、预测性分析能力、针对非结构数据的语义引擎、数据质量和数据管理。

3. 数据挖掘技术

通俗地说，数据挖掘就是寻找数据的深层价值，将深层价值从“表象”背后“挖掘”出来。例如，银行从客户数据中发现某客户订阅了汽车杂志、经常浏览汽车论坛，判断其有买车的打算，于是向其推销优惠利率的购车贷款。

数据挖掘技术的应用过程分为确定目标、数据准备、实施挖掘和评估调整 4 个阶段。

（1）确定目标。数据挖掘必须指向一个目标。在这一阶段，企业通常会将待解决的问题转化为数据挖掘需要解决的问题。例如，“客户流失”这一问题可以转换为“识别高价值客户”“建立预测客户流失可能性的模型”“基于流失倾向和客户价值为每个客户指定等级”等数据挖掘目标。

（2）数据准备。数据准备包括数据选取、数据预处理和数据转换等环节。

（3）实施挖掘。根据目标，企业按照预设的挖掘算法，使用聚类分析、关联分析、序列分析、趋势分析等方法分析数据，最终建立数据模型。

（4）评估调整。企业在小范围内应用数据模型对其他数据进行分析，核验该模型分析出的结果，衡量该模型的价值，并进行修改。

4. 大数据技术的优势

大数据技术有助于对客户需求的识别和预测。企业在客户服务中引入大数据技术后，能够获得独特的三大优势。

（1）精准性。依靠大数据，企业能够更科学、有效地分析数据，从而确定科学的营销策略。例如，互联网广告体现了精准性。在大数据营销思维的指导下，企业可将广告定向投放给目标客户，并了解、监测、追踪、评测广告效果，使企业的广告投放策略更加有效，能吸引到更多客户并取得较高的客户转化率。

（2）预测性。预测是大数据分析的核心价值。传统的数据分析只能进行“事后分析”，而利用大数据分析，企业能从客户的真实交易数据中预测其下一次的购买行为。例如，企业能动态地更新并丰富客户的数据，并利用数据挖掘等技术及早预测客户下一步或更深层次的需求，从而进行有针对性的推广，向最适合、最需要产品的群体推广产品。

（3）低成本性。大数据分析能够帮助企业降低营销成本，借助大数据对潜在客户群体的精准定位，企业可仅对小部分人群进行营销，其成本自然低于对全部人群进行营销。例如，降低个性化营销的成本。通过大数据相关性分析，企业可以将客户和产品进行有机串联，对客户的产品偏好等进行个性化定位，进而反馈给企业的品牌推广、产品研发和生产部门，并推出与客户个性相匹配的产品。

同步案例

沃尔玛的意外发现

“啤酒与尿布”的现象发生于20世纪90年代的美国沃尔玛超市中。沃尔玛超市的管理人员分析销售数据时，发现了一个令人难以理解的现象：在某些特定的情况下，“啤酒”与“尿布”这两种看上去毫无关系的商品会经常出现在同一个顾客的购物篮中。这种独特的销售现象引起了管理人员的注意。沃尔玛超市通过对客户数据库的数据挖掘与分析，发现这种现象通常出现在年轻的父亲身上。

年轻的父亲在购买尿布的同时往往会顺便为自己购买啤酒，这样就会出现啤酒与尿布这两种看上去不相干的商品经常会出现在同一个购物篮的现象。如果年轻的父亲在卖场只能买到两种商品之一，则他很有可能会放弃购物而到另一家卖场，直到可以一次同时买到啤酒与尿布为止。沃尔玛超市发现了这一独特的现象后，开始在卖场尝试将啤酒与尿布摆放在相同的区域，让年轻的父亲可以同时找到这两种商品，并很快地完成购物。沃尔玛超市通过方便这些客户购买这两种不同的商品，从而获得了销售收入的提升。

一般而言，啤酒和尿布有完全不同的客户群。沃尔玛超市建立了客户数据库，用于记载客户的交易数据和背景信息。通过对客户数据库的数据挖掘，沃尔玛超市能发现购买某一商品的客户特征，从而面向那些具有同样特征却没有购买的客户推销这类商品。

请查找资料并总结和分析：

(1) 分析销售数据和挖掘客户数据库对沃尔玛超市的经营发挥了什么作用？

(2) 基于数据挖掘的结果，沃尔玛超市可以对产品销售做出哪些调整？

(二) 大数据技术的典型应用

对于任何希望吸引和留住客户的企业来说，懂得如何应用大数据技术是至关重要的。大数据使得企业能够更广泛地收集、更有效地解读客户信息，使企业能够有更多的机会了解客户及其真正的需求。精准服务有效提升了服务效率和质量。

在客户服务与管理中，大数据技术的应用主要体现在以下 4 个方面。

1. 构建客户画像

企业可以运用数据挖掘技术，从各类数据库中收集客户信息，如客户使用终端信息、位置信息、消费信息等，并运用各类数据分析方法对收集到的客户信息进行分析，然后为每个客户贴上人口统计学特征、兴趣爱好、消费行为等标签，形成客户画像，从而深度了解客户行为偏好和需求特征。

2. 实施精准营销

通过构建和分析客户画像，企业能够深入了解客户，推测客户的消费偏好，从而在了解客户需求的基础上对客户实施精准营销，向客户推送符合他们兴趣和爱好的营销信息、产品或服务信息等，最大限度地挖掘市场机会。通过实施精准营销，企业能够为客户创造更好的消费体验，提高客户的满意度和忠诚度。

3. 实施客户生命周期管理

客户生命周期包括潜客期、考察期、形成期、成熟期和衰退期 5 个阶段。在客户生命周期的各个阶段，企业都可以运用大数据技术对客户实施管理。例如，在潜客期，企业可以运用大数据技术挖掘和发现潜在客户；在形成期，企业可以运用大数据算法进行交叉销售，从而提高客户人均消费额；在成熟期，企业可以运用大数据技术，采取聚类分析、RFM 模型等分析方法对客户进行分类，并对不同类型的客户实施精准营销；在衰退期，企业可以运用大数据技术设计客户流失预警，提前发现流失风险较高的客户，并及时采取相应的措施开展客户关怀，避免客户流失以及挽回客户。

4. 实现客户服务与管理的半自动化

企业运用大数据技术搭建客户数据库，并运用客户数据库增强自身为客户提供跟踪服务和自动化服务的能力，能准确认识每一位特定的客户，使客户享受到更快捷、更周到的服务，即使有员工调离岗位也不会出现业务中断的情况，从而提高客户的满意度。

目前，很多基于大数据的营销模式已经得以实现并获得了良好的市场反馈。

第一个应用是在生活服务类软件行业，实现基于位置信息与行为偏好的精准推荐。例如，人们想要寻找美食，但是对当地的情况不了解，就会使用大众点评 App，上面会显示附近的餐饮商家、人均消费和评价等信息，为人们的选择决策提供支持。这类 App 还包括提供打车服务的嘀嗒出行、提供住宿服务的飞猪、提供导航服务的百度地图等。这些 App 无一例外都使用了基于位置信息与行为偏好的大数据分析技术。用户使用得越多，数据仓库中的数据就会越丰富，对用户行为偏好的分析就会越精确。至此，软件得以为用户推荐满足其需求、符合其喜好的服务。

第二个应用是航空公司的智能选座，可实现基于客户画像的智能选择。例如，某航空公司通过对客户的调查发现，很多客户都认为飞机的旅程比较无聊、体验感较差。如果能够让客户在这段旅程内和自己的邻座愉快地聊天，就能够大大提升客户的旅程体验。为了有效解决“如何将合适的客户搭配在一起”的问题，该航空公司引入了大数据技术，实现了智能选座。具体而言，就是通过对客户社交媒体、过往数据、基本信息等数据进行分析，对客户进行 360°画像，然后根据客户画像为客户打上标签。客户在选座时，可以选择“我希望邻座拥有哪些标签”，系统就会根据客户的选择结果自动为其安排座位，使客户能和意向者成为邻座。在该航空公司开通智能选座之后，客户可登录航空公司官网或官方微信公众号进行选座，客户可以选择 3～5 个标签，并为其设置优先级。当大部分客户都完成选座后，系统就能根据客户的选择自动分配座位。依靠智能选座，客户获得了更好的体验，该航空公司也形成了独特的竞争优势。

二、人工智能技术及其应用

（一）认识人工智能技术

1. 人工智能的定义

人工智能（Artificial Intelligence，AI）是研究、开发用于模拟、延伸和扩展人的智能的理论、方法、技术及应用系统的一门新的技术。作为计算机科学的一个分支，人工智能领域的研究包括机器人、语言识别、图像识别、自然语言处理和专家系统等。人工智能可以对人的意识、思维的信息过程进行模拟。大数据是人工智能的基础——大量的结构化和非结构化的信息提供表面图形和预测的输入。人工智能自诞生以来，理论和技术日益成熟，应用领域也不断扩大。

2. 人工智能服务的特点

人工智能服务能够为客户带来极大的便利。在具体应用中，人工智能服务具有以下 3 个特点。

（1）高依赖技术。人工智能的应用需要先进技术的支持。人工智能设备的生产和落地应用都是以技术为基础的。在人工智能服务中，企业和客户是以技术为媒介实现服务的生产和消费的。

（2）极大的便利性。人工智能服务打破了传统服务存在的时空和人际接触的限制，它基本能够为客户提供全天候服务，客户可以通过网络平台、移动客户端等渠道随时随地自由地享受服务，这就为客户带来了极大的便利。

（3）标准化服务模式。人工智能服务采取的是标准化服务模式。企业可预先设定好服务规则和服务流程，客户在使用人工智能设备时可按照自己的需要选择相应的功能和模块，并按照预设流程来进行操作，从而让自己的需求得到满足。

3. 人工智能服务的作用

人工智能服务在企业客户服务与管理中的应用具有以下 4 个作用。

（1）为客户提供稳定的服务。为了保证服务水平的稳定性，由机器负责部分客服工作可以克服由于客服人员能力不同、服务时间不同、服务地点不同、人员状态不同等因素造成的服务水平差异的问题。例如，现在很多饭店都使用微信小程序让消费者自助点菜，通过使用小程序避免了在点餐过程中由于服务员个人过失引起服务水平不稳定的现象。

（2）提高客户服务效率。人工智能服务能够提高客户服务的效率。例如，北京大兴国际机场应用智能旅客安检系统，不仅有效提升了空防安全等级，而且科学地为旅客提供了全方位、方便、快捷的服务。

（3）智能分析客户问题并提供服务。例如，智能语音客服主要运用了语音识别技术和语音数据挖掘技术。当客户提出的问题比较简单时，智能语音客服可以直接为客户做出解答；如果客户提出的问题比较复杂，智能语音客服就会转接人工客服为客户解答。再如，智能文字客服会记录客户在网上银行和电子银行上的操作，通过后台系统智能分析客户可能遇到的问题。当客户点击“客服”按钮时，智能文字客服可以智能地为客户提供问题以及最近客户提到的热点问题。只要客户选择热点问题或者提问其他内容，智能客服就会迅速为其解答。

（4）降低企业的人工成本。智能机器能持续性地更好、更快地完成多种工作，并能进行大规模定制，有效降低了企业在人力布局上的花费。例如，银行通过安装自动存取款终端、部署人工智能台而减少了人力资源成本；机场通过设立自助终端为旅客提供办理登机服务，减少了人工客服的布局；大型商超将一些常规服务内容转移至互联网，让客户通过自助的方式满足自己的需求，从而减少了一线客户服务人员的人数设置。

（二）人工智能技术的典型应用

大数据和机器学习算法的快速发展，缩短了人工智能走向现实应用的路径。我们正在迈向数据智能时代。单向的产品设计、营销传播和服务提供方式变成以人机互动为主的方式。数据成为驱动人工智能应用的核心基础，企业利用获得的数据不断迭代更新产品设计、创新营销交互内容、优化服务交付方式，向客户提供更适合的产品、服务、内容和体验。

随着人工智能技术的发展，越来越多的企业开始应用电子自助设备、人工智能“刷脸”、智能导览机器人等人工智能技术为客户提供服务。客户通过使用人工智能设备，按照相应的流程操作设备，就可以在没有客户服务人员直接参与的情况下，自行购买或消费。

在客户服务与管理中，人工智能技术的应用主要体现在以下 4 个方面。

1. 开展智能分析

在智能分析领域，随着人工智能技术的兴起，在结构更加完整、产生更加快速和融合更加容易的数据环境下，基于机器学习算法的智能分析技术能够提供更有价值的服务。以客服人员工作优化为例，AI 技术可以在客户服务、办公安排、客户资源分配等方面发挥重要作用。AI 技术通过抓取客户属性、来电地区以及之前的服务记录，分析客户的购买力、喜好等信息，并智能分配到最佳营销人员手中，无论是及时性还是响应速度都要比人工处理更好。以金融服务行业为例，人工智能分析应用或将替代专业分析师提供更具价值的金融服务。人工智能所提供的市场分析预测与金融产品配置的合理建议或将服务于更广泛的客户群体。

2. 提供智慧服务

在智慧服务领域，得益于更加全面和实时的数据、更加丰富的内容信息和更加智能的交互技术，越来越多原先依赖物理环境设施和人员交互的服务场景将转向数字化。随着自动化服务交互应用的成熟，客户更加自主地参与到服务过程中，未来的服务模式也因此而变得更加实时、简单、高效和智能。

当前，AI 技术应用于呼叫中心的成功实现了语气分析、智能客户评分、智能语音客服三大功能。语气分析帮助企业了解用户的情绪、态度等信息；智能客户评分是基于客户价值模型，对潜在客户和新客户进行价值评分；智能语音客服在自动语音应答基础上，还能够根据客户的描述自主分析问题，并在数据库中寻找答案，反馈给客户，能大大提高客户的满意度。

例如，2020 年 7 月，兴业银行的智能语音客服正式上线。兴业银行的智能语音客服机器人具备可视化多轮对话管理、高精度智能常见问题应答、高效快速的自主学习模式、情感分析等核心功能。在上线不到两个月的时间内，它实现了日均处理客户来电 4 万多通、端到端识别率达91%以上、语音转文字准确率达93%以上的效果，获得了客户好评。

3. 丰富智能体验

在智能体验领域，数字化技术不断产生新的客户交互场景，促进新的产品和服务形态的出现，带来了创新的客户体验。随着数字连接技术的发展和智能穿戴设备的广泛应用，会有更多的体验场景不断进入人们的生活。

4. 助力智慧营销

在智慧营销领域，数字技术应用带来了新的营销思维，促进了营销方法和营销工具的升级。一方面，移动互联和社交媒体带来了连接红利，客户的接触和交互产生了大量的行为数据，更多的营销能够通过客户交互式参与的方式来实现；另一方面，智能技术的应用使得实时洞察客户的行为与即时满足客户的需求变得可能，营销更加关注如何在为客户创造价值的基础上实现商业价值。

未来，人工智能的计算能力、感知能力、认知能力和创造能力等还将进一步提升，将会涌现出更多的应用，使客户服务与管理迈上一个新台阶。

三、新媒体平台及其应用

（一）认识新媒体平台

1. 新媒体的定义

新媒体是指在各种数字技术和网络技术的支持下，通过计算机、手机、数字电视等各种网络终端，向用户提供信息和服务的传播形态，其特点是一种媒体形态的数字化。

新媒体是与传统媒体相对应的一个概念。与传统媒体相比，新媒体更偏重于为受众提供个性化的服务。在注重个性化的同时，它也为传播者和受众提供了一个可以交流的平台，如微博、微信等。

2. 新媒体平台的特征

与传统媒体平台相比，新媒体平台不仅具有信息载体功能，还具有信息识别、信息处理功能，在信息传播方向、传播内容、传播行为、接收方式、传播形态等方面具有鲜明的特征。

（1）传播方向双向化。新媒体平台改变了传统媒体传播者单向发布信息、用户被动接收信息的状态，使每个用户既是信息的接收者，又可以成为信息的传播者。这样就增强了信息的互动传播，提升了信息的传播效果。

（2）传播内容多元化。新媒体平台在传播内容上呈现出多元化的特点，包括文字、图片、视频等多种形式的内容。这种多元化增加了传播内容的信息量，同时也在一定程度上拓展了传播内容的深度和广度。

（3）传播行为个性化。新媒体平台的传播行为具备很强的个性化特征。新媒体平台上，每一个用户都可以定制自己喜欢的栏目，充分满足了不同用户千差万别的喜好。微博、微信、短视频、网络直播等新媒体平台的传播方式使每一个人无论是作为信息的传播者还是接收者，都可以自由地表达自己的观点，传播自己感兴趣的信息。

（4）接收方式移动化。移动互联网的发展大大促进了新媒体平台的发展。在移动互联网技术的支持下，用户可以自由地通过随身携带的手机和其他移动设备，随时随地利用新媒体平台获取、接收信息，使其摆脱了固定场所对信息发布和接收的限制。在快节奏的生活状态下，移动化的接收方式更能满足用户碎片化的消费需求。

（5）传播形态实时化。在互联网技术的支持下，新媒体平台的信息传播速度比传统媒体的传播速度要快，新媒体平台能够让用户实时接收信息，还可以让用户对信息做出实时反馈，每个用户都可以成为信息的生产者和发布者。

（二）新媒体平台的典型应用

新媒体平台为企业开展客户服务与管理提供了新的渠道和方式，企业可以借助新媒体平台对客户信息进行分类汇总，根据客户的需求和消费喜好对客户进行精准营销；企业可以在新媒体平台上发布带有文字描述、图片及视频的产品推广信息，让产品推广信息的表现形式更加丰富多样，更容易吸引客户的关注，从而提高产品宣传的有效性和时效性。

微信和微博是企业比较常用的开展客户服务与管理的新媒体平台，下面就来介绍这两个新媒体平台在客户服务与管理中的应用。

1. 微信在客户服务与管理中的应用

微信具有非常强的社交属性，它很好地满足了人们情感交流的需要，加强了人与人之间的人际关系。对于企业来说，微信是一个具有强大联系功能的平台，它能够帮助企业加强自身与客户之间的联系，增强客户对企业的信任。企业基于微信开展的客户服务与管理主要围绕以下方面。

（1）为客户贴标签。企业可以使用贴标签的方式来对微信客户进行分类。企业可以为同一个客户贴上多个不同的标签，从多维度来定义客户。例如，某个客户的标签是重点客户、男性、上海、喜爱×产品等。为客户贴上明确的标签后，企业就可以针对客户实施精准营销和管理。

（2）对客户实施不同营销策略。企业可按照一定的标准将微信中的客户分为不同的类型，为后续实施精准营销做准备。例如，按照来源渠道划分，企业可将客户分为线下来源客户和线上来源客户；按照到店客户是否消费划分，企业可将客户分为消费过的客户和未消费过的客户。企业还可将线下实体门店微信客户分为没到店客户、到店并消费过的客户、到店未消费过的客户、重点客户。完成客户分类后，企业要对不同类型的客户实施不同的营销策略。

（3）做好微信群运营。微信群能将同类型客户聚集到一处，让他们在特定的活跃周期内进行快速的交流。很多企业会将微信群作为开展客户服务与管理的辅助性工具。

一般而言，企业从客户圈层及深度服务两个方面运营微信群。

首先，客户圈层运营。客户圈层是一个微信群发挥运营价值的开端。做好客户圈层运营，就是以数据分析及客户分析为基础，定向邀请具有同类标签的客户进群，并且在群内设置合理的客户结构。例如，企业借助特定的主题活动定向邀请具有相同需求的客户加入群，在群内设置不同的客户角色。企业设置角色时，要有第一批参与活动的体验客户，他们可以发挥解答问题与邀请更多的人入群等作用；要有管理员，他们可以发挥引导活动的作用。

其次，深度服务运营。微信群的深度服务需要结合微信群特定阶段的运营目的来进行。为避免因缺乏深度服务导致微信群消失的问题，企业在微信群完成前期客户圈层的建设后，需要根据微信群的属性及运营目标为不同属性的群定制不同的深度服务运营方式。当然，深度服务运营的核心是群利益的运营。例如，对于一个汇集首次购物客户的微信群，企业可以将培养种子客户或刺激客户重复购买作为自己深度运营该群的方向。企业根据客户首次购买的产品与客户源属性，可以向客户推送相应的关联购物优惠信息，或者重复购物优惠信息等。此外，企业想要运营一个提供深度服务的微信群，不能只有交易，还需要设置有效的群规则并做好群互动。

2. 微博在客户服务与管理中的应用

微博是一种互动强、信息传播速度快的工具。微博可以帮助企业实现品牌传播，企业可以通过微博与客户进行沟通，为客户提供服务，进而树立或提升品牌形象。微博在客户服务与管理中的应用主要表现在以下 3 个方面。

（1）利用微博收集客户信息。首先，企业应详细分析现有"关注"了企业微博账号的客户的特征，了解他们的人口属性、喜欢浏览什么类型的内容等，然后根据客户特征创作微博发布内容，让微博内容更好地契合客户的兴趣爱好，从而提高客户对企业微博账号的关注度。

（2）利用微博开展客户营销。微博是企业开展营销推广的有效工具。企业可以在微博上发布营销类博文、策划营销类活动，从而宣传企业产品和品牌文化，加深客户对企业的了解，提升企业的知名度。

（3）利用微博提高客户满意度。企业可利用微博建立线上答疑通道，针对客户在微博评论中提出的问题，及时做出回复，保持与客户的有效互动，提高客户的满意度。企业可通过客户留言或评论收集客户对产品或服务的意见或建议，用以完善和提高企业客户服务水平。

任务二 认识客户关系管理系统

客户关系管理系统（Customer Relationship Management，CRM）是指利用软件、硬件和网络技术所建立的客户信息收集、管理、分析和利用的信息系统。它以客户数据管理为核心，实时记录企业在市场营销与销售过程中与客户发生的各种交互行为以及各类相关活动的状态，为企业提供各类数据模型，并为企业后期的分析和决策提供支持。

微课：认识客户关系管理

一、客户关系管理系统的解读

（一）客户关系管理系统的特点

实质上，客户关系管理系统是现代信息技术和管理思想的合体，它以信息技术为手段，对以客户为中心的业务流程进行组合与设计，进而形成一套自动化的解决方案，从而提高客户的忠诚度，最终实现业务操作效益的提高和企业利润的增长。

一般而言，一套完整、有效的客户关系管理系统具有综合性、集成性、智能性和高技术性等特点。

1. 综合性

客户关系管理系统是企业各个业务单元的集成，实现了营销、销售、服务与支持职能的信息化和自动化。

2. 集成性

客户关系管理系统的集成性具体体现在以下几个方面：客户关系管理理论与信息技术的融合，内外部信息的集成性，营销、销售、服务等功能的集成性。

3. 智能性

客户关系管理系统的智能性主要体现在商业智能化方面。

4. 高技术性

客户关系管理系统涉及数据仓库、在线联机分析、数据挖掘、互联网和多媒体等多种信息工程和数据处理等专业领域的先进技术。

（二）客户关系管理系统的构成

1. 客户关系管理系统的结构

客户关系管理系统的一般结构如图 2－1 所示。图 2－1 说明了客户关系管理系统的主要过程是对营销、销售、客户服务 3 个业务流程的信息化。具体来说，产品开发和质量管理过程分别处于客户关系管理过程的两端，为客户关系管理系统提供必要的支持。客户关系管理系统的结构反映了客户关系管理系统中目标客户、主要过程以及任务功能之间的相互关系。

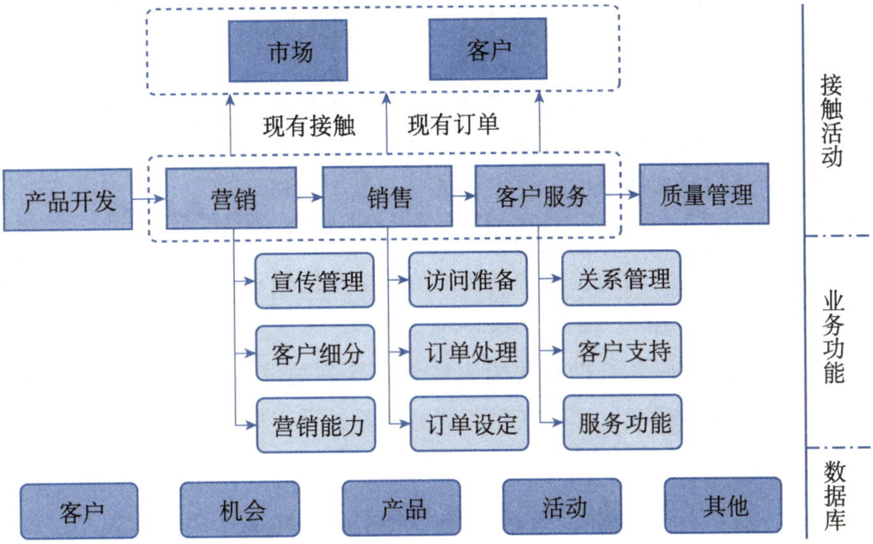

图 2－1　客户关系管理系统的一般结构

根据客户关系管理系统的一般结构，客户关系管理系统可分为接触活动、业务功能及数据库三个部分。

（1）接触活动。客户关系管理系统支持各种各样的与客户的接触活动，典型的接触方式有呼叫中心、面对面沟通、电话、传真、电子邮件、移动互联网以及其他营销渠道（如金融中介或经纪人等）。这些接触方式能使企业采取更为方便或友好的方式与客户随时进行沟通，保证信息的及时性和一致性。随着通信技术的迅速发展，以及客户关系管理系统与移动互联网紧密结合，移动互联网已成为企业与外界沟通的重要工具。

（2）业务功能。营销、销售和服务部门与客户的接触和交流最为频繁，客户关系管理系统应主要对这些部门予以支持。客户关系管理系统的业务功能模块主要包括销售管理模块、营销管理模块、服务管理模块、呼叫中心模块、电子商务模块等。

（3）数据库。随着营销、销售、服务工作的逐步开展，大量有价值的客户信息会应运而生。企业可以利用这些信息进行各种分析，在此基础上形成客户关系管理智能方案，从而帮助管理者及时做出正确决策。

2. 客户关系管理系统的三大核心模块

（1）销售管理模块。在客户关系管理系统中，销售管理模块主要是针对商业机遇、销售渠道等进行的管理，包括线索管理、商机管理、合同管理、收款管理。该模块将企业所有的销售环节结合起来并形成统一的整体。销售管理模块不仅有助于缩短企业的销售周期，提高销售的成功率，而且为销售人员提供包括企业动态、客户、产品、价格和竞争对手等大量的最新商业信息。

销售自动化是销售管理模块的重要组成部分。销售自动化将销售人员所从事的具体销售活动尽可能信息化和标准化，并实现销售人员分配的合理化。企业通过对客户信息、后台业务信息的高度共享以及销售流程的规范化，可以极大地提高企业整体的销售业绩。

（2）营销管理模块。营销管理模块可以对客户和市场信息进行全面的分析，在此基础上再进行市场细分，这样可以提高市场营销活动的有效性。

营销自动化是营销管理模块的重要组成部分，属于操作型应用，是帮助营销人员开展各类市场活动的管理工具。营销自动化可以为营销活动提供一些独特的功能，如营销活动计划的编制和执行、营销活动的控制和结果的分析、营销活动预算及其结果预测、营销资料管理等。

（3）服务管理模块。服务管理模块能为客服人员提供易于使用的工具和有用的信息，从而提高客服人员的服务效率，增强其服务能力。服务管理模块包括客户服务与支持、关系管理等多个方面。

客户服务与支持是服务管理模块的重要组成部分。企业主要通过呼叫中心和互联网实现客户服务与支持。将客户服务与支持与销售、营销功能相结合，可为企业提供更多的商机，帮助企业向已有的客户销售更多的产品。客户服务与支持的典型应用包括客户关怀、投诉、调货、订单与跟踪、现场服务管理、客户账号、服务协议和合同管理、服务请求管理、联系活动管理及客户调查管理等。

（三）客户关系管理系统的作用

客户关系管理系统既是一套软件，也是一套管理体系，旨在为企业吸引新客户、保留老客户以及将已有客户转化为忠实客户，增加企业在市场上所占的份额。具体来说，客户关系管理系统的作用主要表现在以下 5 个方面。

1. 改善企业服务，提高客户满意度

企业运用客户关系管理系统能够实现与客户多种渠道和方式的沟通，从而有效提高对客户的响应速度，使客户的提问得到快速反馈。企业运用客户关系管理系统能够收集客户信息，并对这些信息进行深度分析，从而可以更敏锐、快速地发现客户的需求并采取相应措施满足客户需求，最终提高客户满意度。

2. 开拓市场，发现有价值的潜在客户

企业运用客户关系管理系统能够有效地收集和管理客户信息，并利用这些信息找到有价值的潜在客户。企业高价值客户对其他人的推荐，能够帮助企业有效地将潜在客户发展为实际客户。企业还可以运用客户关系管理系统维系客户，提高客户对企业的终身价值，降低客户流失率。

3. 规范企业的管理

客户关系管理系统为企业提供了统一的业务平台，企业通过半自动化、自动化的工作流程将多项业务紧密地结合在一起，工作人员在工作中产生的各项业务信息也将被存储在统一的数据库中，可避免产生重复性工作，以及因工作人员流失而造成的损失。

4. 优化企业业务流程

客户关系管理系统能够帮助企业分析客户行为对企业收益的影响，有助于企业对业务流程进行优化。同时，客户关系管理系统可以应用新技术手段，如信息技术等，提高业务流程的自动化程度，实现企业范围内的信息共享，对客户信息、数据进行有效的分析，为企业的决策提供参考依据，总体上保障企业能够进行恰当的资源配置。

5. 提高企业工作效率，降低运作成本

客户关系管理系统能让企业在产品销售、客户关怀、企业员工协作等方面实现半自动化，甚至全自动化运作，可大大提高办事效率。此外，很多重复性的工作（如批量发送邮件）可以由系统自动完成。

客户关系管理系统的运用提高了企业工作人员的工作效率和准确率，在提升服务质量的同时，也缩短了工作时间，减少了工作人员的工作量，这些都在无形之中降低了企业的运作成本。

二、客户关系管理系统的类型

客户关系管理是一种以客户为中心的业务模式，是由多种技术手段支持的，通过以客户为中心达到提升企业竞争力的策略。为此，客户关系管理的实现不仅需要企业应用多种技术手段，而且需要不同级别的客户关系管理系统支持。从这个角度出发，一般将客户关系管理系统划分为以下三种类型：运营型客户关系管理系统、协作型客户关系管理系统以及分析型客户关系管理系统。这一分类已得到业界的公认。

（一）运营型客户关系管理系统

运营型客户关系管理系统，又称操作型客户关系管理系统，包括销售自动化、营销自动化与服务自动化，主要功能有客户服务、订购管理、发票和账单管理、销售和营销自动

化管理等。运营型客户关系管理系统本身可以为客户提供相对较简单的服务，同时确保客户服务人员能够通过多种渠道来收集客户的各类信息，并建立数据文档存到数据库中，以便在后期需要的时候随时共享和调用。

运营型客户关系管理系统可以借助 IT 技术提高企业的运作效率、降低运行成本。运营型客户关系管理系统有助于企业建立一套以客户为中心的运作流程和管理制度，有助于培养员工的服务意识。

运营型客户关系管理系统主要供销售人员、营销人员和现场服务人员使用，他们会用到该系统中的不同功能。例如，销售人员需要方便、及时地获得与生产、库存、定价和订单处理等有关的信息，需要使用销售信息管理、销售过程监控、销售预测、库存信息管理等功能；营销人员制定市场和产品策略时，需要使用营销活动信息管理、计划预算、项目追踪、成本明细、效果评估等功能；现场服务人员需要使用自动派单工具、设备管理服务合成及保质期管理、维修管理等功能。

（二）协作型客户关系管理系统

协作型客户关系管理系统是一种客户关系管理系统的网络化互动管理，是指企业通过建立客户服务中心，将电话、电子邮件、QQ、微博、微信等会与客户发生接触的所有渠道整合在一起，并与企业的网络系统连接起来，实现资源共享，让企业内部的各个部门都能迅速获得有关客户咨询、投诉以及订单等方面的信息，让客户享受一站式服务。

（三）分析型客户关系管理系统

分析型客户关系管理系统侧重于对企业数据的综合分析，利用数据技术和数据建模技术来发现客户数据的变化趋势和关系，进而判断客户的需求和行为。

分析型客户关系管理系统是一种决策支持工具。运用分析型客户关系管理系统，企业可以对客户数据进行捕捉、存储、提取、处理与分析，从中找出重点客户、销售波动周期、畅销产品以及客户需求等，让企业在客户作出决策之前为客户提供符合其需求的产品或服务，让企业更好地满足客户，真正地抓住客户、抓住市场，挽回流失客户并与现有客户保持良好的关系。

需要注意的是，虽然客户关系管理系统分为 3 种不同类型，但它们彼此之间是紧密联系、相辅相成的（见图 2-2）。处在企业前台的运营型客户关系管理系统利用其敏锐的触角为分析型客户关系管理系统提供基本的数据支持，而分析型客户关系管理系统的进一步工作则需要协作型客户关系管理系统提供功能支持。在分析型客户关系管理系统给出分析结果之后，协作型客户关系管理系统会自动地将相关的客户联络方式传送到客户呼叫中心，再通过呼叫中心进行客户互动、提供客户关怀。这样，三大系统彼此之间分工明确、相互支持、互联互通，有机地组成了客户关系管理系统的整体。

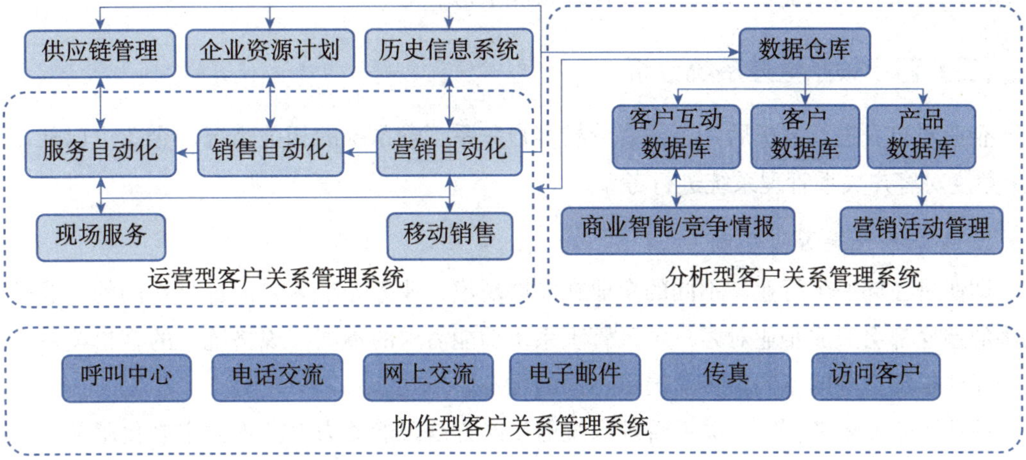

图 2-2 三种客户关系管理系统的关系

三、客户关系管理系统的选择与应用

客户关系管理系统既是一种管理理念，又是一种软件技术，能帮助企业实现以客户为中心的管理模式。当前市场上存在很多由专业开发机构研发的客户关系管理系统，企业可以根据自己的需求来选择和使用。企业在选择客户关系管理系统时，需要从企业自身和客户关系管理系统两个角度来进行分析。

（一）企业自身分析

企业在选择客户关系管理系统时，首先要对自身进行分析，在充分了解自身的前提下选择系统。企业进行自身分析可以从两个角度来切入，即明确自身需求和企业发展规模。

1. 明确自身需求

当前市场上各类客户关系管理系统产品的功能非常丰富，而且功能侧重点有所不同。有的系统侧重于对企业运营过程中市场、营销、售后服务等流程的管理；有的系统侧重于外勤管理，对于企业管理销售人员外出拜访客户有很好的效果；还有的系统更擅长处理企业的业务信息，有利于降低企业业务成本。不同企业的商业模式和发展需求不同。企业在引入客户关系管理系统之前，首先要考虑自身运营特点和对客户关系管理系统的需求。企业可以将自身所需的功能详细地罗列出来，然后有针对性地选择客户关系管理系统。

2. 明确企业发展规模

企业的发展规模不同，对客户关系管理系统的需求也会有所不同。以餐饮企业为例，小餐馆规模较小，业务相对简单，对客户关系管理系统的功能要求就相对简单；而规模更大的餐饮企业业务较为复杂，就要求客户关系管理系统的功能更加丰富。因此，企业所选择的客户关系管理系统要与企业的发展规模相适应。

（二）客户关系管理系统分析

企业对自身进行分析后，还需要分析客户关系管理系统的相关情况。企业可以从以下4个角度对客户关系管理系统进行考察。

1. 考察系统是否可定制

即便是在同一个行业，不同的企业在发展规模、业务需求等方面也是不同的，业务中微小的差异都会造成企业对客户关系管理系统功能需求的不同。规格统一的客户关系管理系统无法根据业务的不同为企业提供不同的服务。

因此，企业要考察客户关系管理系统的生产方是否能够为自己提供定制化服务，具有高度定制性的客户关系管理系统更能契合企业业务的实际需求。企业可以要求系统生产方根据企业的业务需求开发相应的客户关系管理系统，让系统更符合企业的个性化需求。

2. 考察系统的扩展性和集成性

企业在选择客户关系管理系统时要考虑系统的扩展性，系统的某些功能可能一开始不需要，但随着企业不断发展壮大，企业的业务会越来越复杂，这些功能可能就会被用到。如果客户关系管理系统没有很好的扩展性，企业可能需要更换系统，并进行需要耗费大量时间和精力的数据迁移。此外，企业还要考虑客户关系管理系统的集成性。很多企业除了会应用客户关系管理系统外，还会应用财务管理系统、ERP 等其他系统。如果客户关系管理系统没有很好的集成性，容易造成业务流程重叠，导致重复性工作，从而浪费企业资源。如果客户关系管理系统具有较强的集成性，能与财务管理系统、ERP 系统等其他系统实现数据互动，将有利于提高企业的运作效率。

3. 考察系统的运行环境

系统运行环境是指客户关系管理系统支持的操作系统和硬件配置。很多系统不支持跨平台运作，同一个操作系统会有不同的版本，可能会因为硬件配置不同而出现不兼容的问题。企业在选择客户关系管理系统时要进行多次测试，确保系统能正常运行。

4. 考察系统使用的难易程度

一款简单易用的客户关系管理系统能够让员工更容易接受并使用。如果员工使用客户关系管理系统时需要付出过多的学习成本，无疑会降低员工的积极性，使客户关系管理系统难以得到有效的实施。

（三）客户关系管理系统的应用

虽然现在市面上有很多客户关系管理系统可供企业选择，但企业不能一味地模仿和照搬其他企业的成熟系统，否则可能导致客户关系管理系统与企业生产经营实际脱节，不仅无法帮助企业增加效益，反而会对企业的正常经营产生负面影响。因此，企业应根据自身的实际情况选择合适的客户关系管理系统应用模式。客户关系管理系统应用模式可以分为以下 4 种类型。

(1) 客户行为主导型。企业建立以客户行为分析为中心的业务流程，准确识别出关键、有价值的客户，以便进行精准营销。对于这类企业来说，客户关系管理系统的主要工作是建立客户数据库，对客户数据进行科学分析，以便促进客户长期及交叉购买。

(2) 市场风向主导型。企业建立以所掌握的市场信息为中心的业务流程，依靠分散在全国各地的经销商或销售人员来获得市场信息并完成销售任务。对于这类企业而言，客户关系管理系统的作用是加强管理，将分散在经销商或销售人员手中的信息转变为企业的资源，同时协助对销售人员的绩效考核。

(3) 销售过程主导型。企业建立以管理销售机会与销售过程为中心的业务流程，通过直接销售的方式完成各种销售任务，并促进客户长期购买。这类企业期望通过客户关系管理系统为销售人员提供资源支持，借助完善的服务管理系统加快订单的生成和成交，并将销售人员的客户资源转变为企业资源。

(4) 售后服务主导型。企业建立以售后服务为中心的业务流程，以便快速获取客户的售后记录并响应客户的各项服务请求，同时监督管理售后过程，做到任务资源的顺畅调配。这类企业主要是应用客户关系管理系统来建立低成本、高效率的呼叫中心，并使之与企业的售后维护保障执行体系相协调。

课堂讨论

A 公司是一家直销商，销售网络遍及全国各地，但是最近 A 公司发现销售队伍出现了争地盘、单独行动、恶性竞争等情况，于是想借助客户关系管理系统规范销售行为。请以小组为单位，分析 A 公司应该选择何种模式应用客户关系管理系统。

四、社会化客户关系管理

社会化客户关系管理（Social Customer Relationship Management，SCRM）是近年来客户关系管理发展的新趋势，其技术基础是移动互联网和社交媒体。随着市场上社交媒体数量的增多及其对客户体验、品牌忠诚度等企业关键绩效指标所产生的重要影响，基于社交媒体的社会化客户关系管理逐渐发展成为新的热门主题。

（一）社会化客户关系管理的定义

社会化客户关系管理是指企业通过社交媒体与客户建立紧密联系，在社交媒体中与客户互动，并通过社交媒体为客户提供更加快速和周到的个性化服务，从而吸引和保持更多的客户。社会化客户关系管理体现了企业对客户主导权的一种反应。借助社交媒体，企业能够在网络上公开发声、塑造良好的网络形象和声誉，通过沟通互动与客户建立起紧密联系，以个性化服务来吸引和挽留更多客户。

社会化客户关系管理的核心主体在于：参与的个体和交互的话题。具体来看，企业通过社会化客户关系管理对其社会关系网络进行智能化管理，甄别并衡量网络中每一位个体客户的需求和价值，对这些个体所构成的社会化网络结构形成一定的认知并进行管理，尽可能地选择最合适的社交媒体，通过不断地创造新颖且有趣的话题，凝聚众多的客户与企业进行互动，最终通过满足个体的个性化需求，实现社会关系的转变和忠诚度的提升。

企业在与客户进行交互的过程中，对社会化客户关系管理提出了以下几个方面的要求：

（1）必须跟随社交媒体的条件而不断变化发展。

（2）始终与企业的业务需求相匹配，并能够进行快速定制。

（3）由于客户关系管理与云技术密切相关，SaaS 基础设施必须适应数据库中的标准化过程，使得客户可以利用不同的云计算数据服务。

（4）由于社群随时在改变，因此企业应做好知识管理，及时更新和同步相关数据。

（5）不论使用哪一种方法分析收益，企业必须跟踪关键性能指标，掌握收益的详细情况。

（6）需要将相关统计数据和详细的解释分析提供给决策者。

社会化客户关系管理问世不过数年，但大多数企业都在积极开展社会化客户关系管理的实践，其中最典型的莫过于企业的微博运营。微博是我国主流的社交媒体和网络平台之一，拥有大量的用户。企业可以将微博视为基于复杂网络的人际实时交互关系网络。很多企业都运营了自己的官方微博账号，在微博上发布各种信息，如新品上市、打折促销、联名合作、节日祝福等，同时也在微博上与客户进行留言互动，这样既能保持和客户群体的高密度接触，又能够进行营销、客户服务、客户关怀，有利于企业吸引新客户与维持老客户。除微博外，微信公众号、小红书、知乎、抖音等也是企业开展社会化客户关系管理的主要平台。一些客户关系管理系统也开发了相关功能，如能够绑定企业社交媒体账号、自动获取相关信息等。

（二）社会化客户关系管理的特点

传统的客户关系管理往往以消费为导向，企业主要对客户的相关资料进行整理，并持续跟踪记录后续的消费情况，而对客户与企业之间或者客户与客户之间的关系和互动重视不足。与传统的客户关系管理相比，社会化客户关系管理具有明显的优势，主要体现为以下 4 个特点。

1. 基于互动的双边和网状沟通

借助社交媒体工具或平台，实施社会化客户关系管理的企业与客户以及客户与客户之间的实时的、真实的个性化互动日渐增多，进而逐渐交织成复杂的网状结构。

2. 系统开放且规则透明

由于社会化客户关系管理是基于网络的社交媒体，因此要求其必须保持系统的开放性。除此之外，社会化客户关系管理中所形成的复杂社会网状结构，还必须依靠公开透明的规则来保障和约束。

3. 支持客户大规模定制和个性化定制的需求

通过有效管理客户资源的相关信息，以及基于 Web 的产品协同设计工具，客户能够真正参与到企业产品的设计和制造过程中来，从而真正高效地实现由客户驱动的大规模定制和个性化定制。

4. 基于社群的跨渠道管理

社会化客户关系管理需要企业对多个渠道的客户数据进行整合，并结合大数据技术和特定算法对客户数据进行挖掘和分享，对多渠道中的同一客户进行细致的分析，以便勾勒出更为清晰的客户画像。此外，通过对客户进行定位、形成画像并细分为不同社群，企业还可以根据所属群组的特征进行资源的最优配置，通过精准的个性化沟通和服务充分挖掘客户的价值。

（三）社会化客户关系管理的具体实施过程

1. 建立自媒体窗口，将客户的现有渠道与新型的社交媒体渠道相集成

在选择社会化媒体时，企业要充分考虑自身的实际能力。例如，资源有限的中小企业可以选择本企业客户相对集中的 1～2 个媒体。在具体实施过程中，企业可以采取一定的激励机制引导客户关注企业的公众号，基于最初的种子客户逐步进行拓展，进而形成更广大的客户群体。

2. 选择合适的社会化客户关系管理系统工具

这一步是实施社会化客户关系管理战略的核心环节。在决策过程中，企业需要考量以下 4 个方面：

（1）供应商的社会化客户关系管理系统已有成功的应用案例。在对现有案例综合分析的基础上，企业判断该系统是否与自身的业务需求、资金能力相匹配。

（2）供应商团队必须拥有强大的技术能力，以保障客户对企业运营的社会化媒体以及接入的外部系统的个性化开发需求，并且持续不断地及时更新以满足客户需求多变的特性。

（3）利用社会化媒体和线下活动积极主动地参与互动，全方位地了解客户的个性化需求，及时解决客户的问题，促使客户更有意愿与企业之间形成联系。

（4）社会化客户关系管理系统实施之后，企业仍须对经营范围内的每项活动效果实施监控和评估，并根据评估结果持续改进。

课堂讨论

请以小组为单位，讨论社会化客户关系管理对建立客户关系、维护客户关系和客户关系营销有哪些帮助。

任务三 认识呼叫中心

呼叫中心（Call Center）在日常生活中并不陌生，“热线电话”就是呼叫中心的典型形式。如电信行业的客户服务中心，用户只需拨打特定的号码，如10086（中国移动）、10000（中国电信）或者10010（中国联通），就可以获取需要的服务。呼叫中心有助于实现高效率的客户服务与管理，因为它解决了“客户如何便捷地联系到企业”的问题，是客户和企业之间的桥梁，是企业获知客户诉求与态度的重要渠道。

一、呼叫中心的功能、典型业务流程与作用

微课：中国客服变迁史

（一）呼叫中心的功能、典型业务流程

呼叫中心，又称客户服务中心，它是充分利用现代通信与计算机技术，如互动式语音应答（Interactive Voice Response，IVR）、自动呼叫分配（Automatic Call Distribution，ACD）系统等，自动、灵活地处理各种不同的电话呼入和呼出业务并提供相应服务的运营操作场所。

呼叫中心与企业连为一体，形成了一个完整的新型综合信息服务系统。呼叫中心利用现有的各种先进的通信手段，可以有效地为客户提供高质量、高效率、全方位的服务。

1. 呼叫中心的功能

最早的呼叫中心仅有通话功能。随着时代的发展，各种新技术被应用于呼叫中心，呼叫中心已经逐渐从电话营销中心向计算机通信集成（Computer Telecommunication Integration，CTI）综合呼叫中心转变，将电话、计算机、互联网等多种媒介综合应用于电话营销、电话客户咨询服务等多领域。最终，呼叫中心成为一个专业化、交互式、集成式的客户服务窗口。

现代呼叫中心除了最基本的通话功能外，一般还具有以下功能。

（1）来电弹屏。客户来电时，呼叫中心系统将自动弹出客户资料及历史服务记录，以

便于人工座席（人工应答人员+应答设备）为客户提供更好的服务。若是新客户来电，呼叫中心系统也将弹出提示信息，便于人工座席添加客户资料。

（2）客户资料管理。客户资料是设立呼叫中心的基础，呼叫中心系统会提供多样化的资料管理手段。人工座席可对客户信息记录、客户跟踪、客户行业、客户类别、客户归属等信息进行管理。同时，很多呼叫中心系统支持客户数据的批量导入与导出。

（3）电话录音。呼叫中心系统将自动对客户与人工座席的通话进行录音，录音将长期保留，以方便事后查询听取。

（4）自动来电分配。呼叫中心系统可以成批处理来电，自动将来电分配给合适的人工座席。

（5）自动语音应答。呼叫中心系统支持自由编辑各种语音文件，设定自动语音应答流程，以实现 24 小时自动语音咨询服务。

（6）电话排队管理。当来电过多时，呼叫中心系统会智能地为各个客户排队，待有人工座席空闲时依次接入来电。同时，呼叫中心系统还具备队列位置告知、队列通告等功能。

（7）服务评价功能。通话完毕后，呼叫中心系统将提示客户对本次通话服务进行评价打分，使企业可以掌握客户对服务的满意度。

2. 呼叫中心的典型业务流程

呼叫中心会按照流程处理客户来电，现代呼叫中心的典型业务流程如图 2－3 所示。除此以外，一些企业的呼叫中心系统还有为重要客户提供的专属座席，一些呼叫中心系统会在无空闲座席时提示客户选择留言或选择智能客服。

课堂讨论

以小组为单位，选择某个通信运营商的客户服务热线接受服务，并尽可能通过不同问题来梳理呼叫中心的业务流程，并以流程图的方式呈现出来。

（二）呼叫中心的作用

呼叫中心最大的优点就是如果同时有很多客户呼入，系统会将客户自动分配到相关工作人员的服务行列之中。具体来说，呼叫中心的作用主要有以下 3 个。

1. 提高客户服务效率

呼叫中心能够跨越时空限制，提高客户服务响应速度，优化企业资源配置，从而提升客户服务效率。

（1）呼叫中心的自动语音功能可以让客户在任何地点和任何时间都获得礼貌、热情的服务，而且自动语音功能回复问题的速度较快，大大减少了客户在线等候的时间。

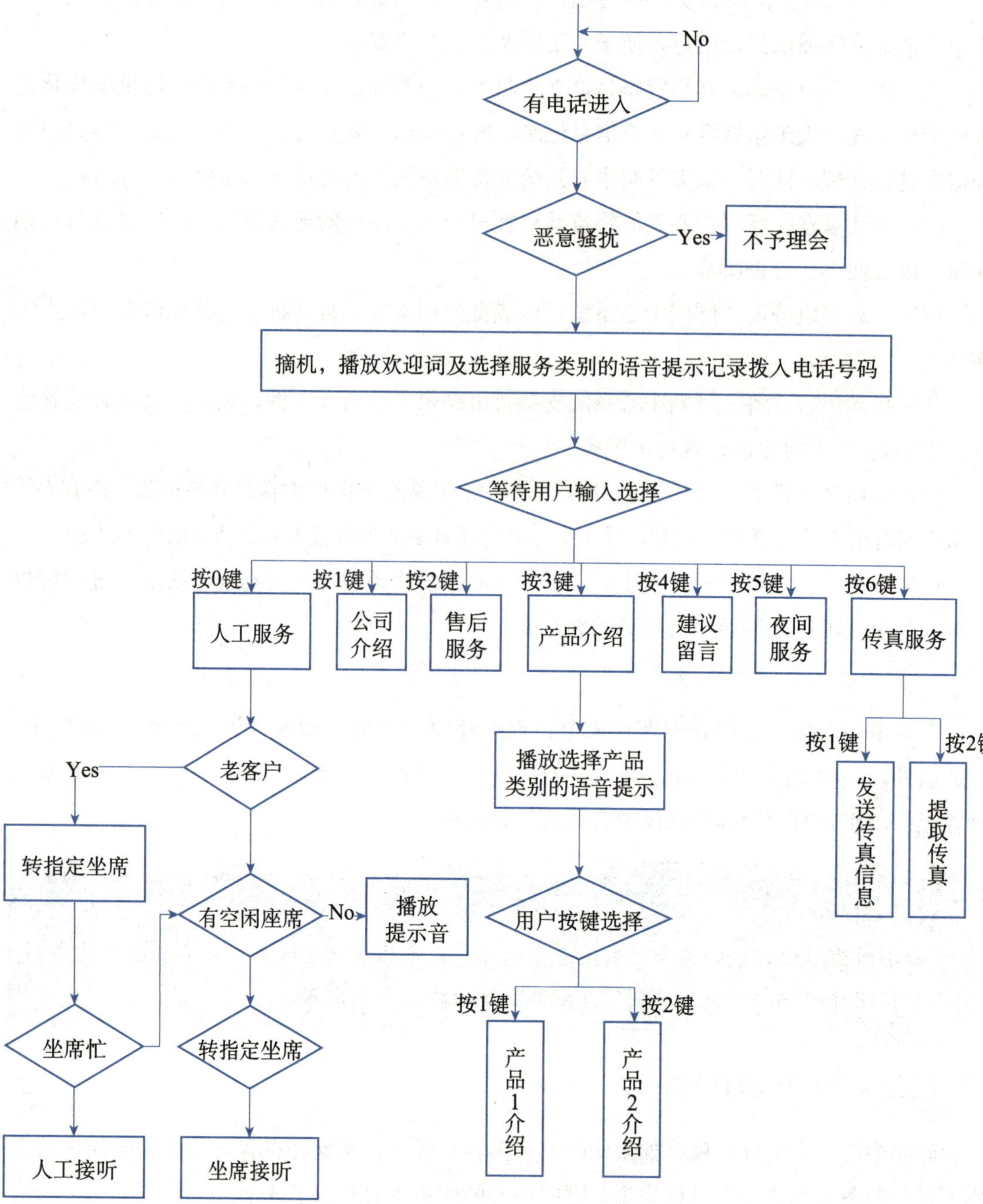

图 2-3　现代呼叫中心的典型业务流程

（2）呼叫中心能够为客户提供个性化服务。在呼叫中心运营端，座席人员接到客户电话后，呼叫中心就可以根据客户的呼叫号码，提取到客户资料和该号码已经解决的问题与尚未解决的问题，有利于座席人员快速为客户提供个性化服务。呼叫中心还可以根据这些信息智能地处理呼叫，将呼叫转移至相关专业人员的座席，这样客户就可以马上得到专业人员的帮助，从而使问题尽快解决。

(3) 呼叫中心能降低运营成本。不同于以往设置大量服务网点或通过信件联系等高成本的服务方式，智能语音应答可将大量简单程序化的常见问题进行自动化处理，让人工处理非常规的复杂问题，从而提高客服人员工作效率。

2. 挖掘客户需求

企业利用呼叫中心可以全面地接近市场，满足客户需求。例如，企业可以通过呼叫中心联系客户收集其意见和建议，并将收集到的意见和建议定期整理集中交给相关部门，将其作为企业改进产品或服务的重要依据。例如，企业运用呼叫中心收集客户的资料，以及客户偏好与关心的问题，有助于企业建立客户数据库并且借助客户数据库分析市场消费倾向，了解市场动向，调整市场营销活动等。

3. 提高客户忠诚度

一般而言，留住老客户比开发新客户更为经济、有效。企业借助呼叫中心能更加合理地分配企业资源，为老客户提供优质的产品或服务以及贴心的客户关怀，可以提高客户的满意度和忠诚度。

客户的忠诚度往往和享受到的服务成正比。企业借助呼叫中心可以快速响应客户的抱怨、协助客户解决其遇到的难题、向客户发送生日祝福和节日问候等人文关怀信息等，这些都可以提高客户对企业的满意度和忠诚度，促使客户回购更多的产品或服务。呼叫中心有助于企业在售后阶段与客户保持联系，保证客户可以获得更为贴心的服务，使他们成为企业的忠诚客户。

二、呼叫中心的岗位设置及工作职责

呼叫中心的主要作用是帮助企业实施客户服务和客户关系管理工作。成熟、高效的现代企业呼叫中心首先需要清楚地定义岗位设置及工作职责（见表 2－1）。

表 2－1 呼叫中心的岗位设置及工作职责

岗位名称	工作职责
呼叫中心经理	呼叫中心经理是对整个呼叫中心的发展和产出负有全面责任的人，负责整个呼叫中心的建设和运营，是整个呼叫中心的最高决策人，负责在不降低呼叫中心服务水平的同时降低成本。其主要职责如下： (1) 预测来电需求； (2) 确定实现呼叫中心目标所需的资源； (3) 负责服务水平和资源的占用率等，确保在合适的时间、合适的位置有合适的人； (4) 鉴别影响呼叫中心商业目标的关键数值驱动； (5) 分配完成呼叫中心目标所需要的关键职位和职责； (6) 确保政策和程序支持任务、目标和关键驱动。

续表

岗位名称	工作职责
呼叫中心主管	(1) 雇用人员以满足呼叫中心运营需求，对面试人员进行测试，确保呼叫中心雇用优秀员工； (2) 为新座席员提供初步接听话术、来电控制、情绪调节等培训； (3) 为呼叫中心座席员和管理人员提供技术提升培训； (4) 负责驱动工作绩效方面的管理工作； (5) 帮助和指导一线座席员。
IT 维护人员	IT 维护人员负责维护呼叫中心使用和获得系统使用的流量信息或数据源。其主要职责如下： (1) 为呼叫中心配置保证工作正常运行的可靠设备； (2) 为呼叫中心的运营提供维护和故障排除帮助； (3) 维护电话系统及与外部电话网络的连接； (4) 预测电话系统和网络的负载量； (5) 负责呼叫中心软硬件的定期检查维护，确保呼叫中心稳定运行； (6) 解决呼叫中心主管提出的问题和建议； (7) 负责呼叫中心数据库的定期备份； (8) 负责公司 IVR 语音流程的更改和编写等。
报表数据分析师	报表数据分析师是经济模型和绩效驱动与商业目标之间关系的记录者。通过对规律的学习和研究，报表数据分析师可以为呼叫中心鉴别并推荐一些能改进呼叫中心运作程序及提高呼叫中心绩效的工具。其主要职责如下： (1) 提供商业目标和关键绩效驱动的统计反馈； (2) 通过对关键驱动的统计分析，鉴别提高运作效率及个人绩效的时机； (3) 分析呼叫中心座席员的电话报表。
质检分析师	(1) 检查座席员工作并根据呼叫中心标准对座席员进行考核； (2) 质检座席员的通话质量； (3) 审核数据条目，确保数据的精确性、完整性。
班长座席	(1) 监督并管理普通座席员的操作； (2) 监督并管理呼叫中心的运作，保证完成任务； (3) 监督并评估小组座席员的工作质量及绩效考核； (4) 指导呼叫中心座席员的服务质量及日常操作的实施； (5) 处理和解决来自普通座席员的客户投诉及复杂的客户咨询； (6) 向呼叫中心主管推荐改进建议和方案； (7) 负责呼叫中心设备的管理及完成其他主管分配的任务。
一线座席	(1) 负责客户咨询售后服务、客户投诉、疑难问题的电话处理工作； (2) 及时记录客户来电时间、客户联系方式、客户问题，明确答复时间，并填写相应的工单转交直接的上级处理； (3) 在受理客户求助及投诉业务时，使用服务用语做好解释工作，对客户提出的问题及要求做好记录并及时按公司业务流程反馈给相关部门，并做好跟踪处理工作； (4) 按时完成呼叫中心主管和经理下发的临时项目工作。
二线座席	二线座席一般由资深的技术人员、专业人员组成，主要处理一线座席无法解决的业务问题。

三、呼叫中心的绩效管理

呼叫中心是一种劳动密集型产业。一个呼叫中心少则几个人，多则成百上千人。企业为了对呼叫中心工作人员进行有效管理，通常会通过一些量化技术指标来设定各种关键绩效指标（Key Performance Indicator，KPI），将其作为衡量座席代表工作效果的指标。

每个呼叫中心会根据其具体的业务类型、企业要求来设定自己的 KPI，其数量和标准也不尽相同。常见的 KPI 有接通率、呼入项目占有率、呼出项目工作效率、服务水平、客户满意度、平均振铃率、监听合格率、一次性解决问题率等（见表 2－2）。一般而言，这些指标的得分越高，绩效就越好。

表 2－2　呼叫中心 KPI 及其释义

KPI	释义
接通率	对于以呼入业务为主的呼叫中心来说，接通率是指 IVR 终极服务单元的接通量与人工座席接通量之和与进入呼叫中心的呼叫量之比；对于以呼出业务为主的呼叫中心来说，接通率是指座席呼出电话后的接通量与呼出电话总量之比
呼入项目占有率	衡量呼入项目座席工作负荷的指标，是指在某一统计时间段内，人工座席处理呼入电话的总时长与实际登录系统时长的比率
呼出项目工作效率	衡量呼出项目座席工作负荷的指标，是指在某一统计时间段内，人工座席处理呼出电话的总时长与实际登录系统时长的比率
服务水平	衡量呼入项目的一个技术指标，是指在某一统计时间段内应答呼叫数量占呼叫中心接入呼叫数量的百分比
客户满意度	客户满意度是指接受电话服务的客户对于呼叫中心所提供服务的满意程度。一般通过定期对客户进行满意度调查，或在每一次电话服务结束后系统自动对客户满意度进行调查获得数据
平均振铃率	呼入业务类型的呼叫中心在某一统计时间段内，客户听到 IVR 或人工座席接起电话之前所听到的振铃次数之和与总呼叫次数的比率
监听合格率	在某一统计时间段内，质检人员通过监控、电话录音等手段抽检座席员的服务质量的合格率
一次性解决问题率	在某一统计时间段内，不需要客户再次拨打呼叫中心电话，也不需要座席员回拨或转接电话就可以解决客户所提出问题的电话量占座席员接起电话量总数的比率

项目小结

本项目的主要训练内容是使得初学者了解在有效实施客户服务与管理过程中所需的技术与工具：首先，介绍了大数据、人工智能、新媒体平台等新技术及其在客户服务与管理中的应用；其次，解读和分析了客户关系管理系统的特点、构成、作用、类型及应用，并介绍了社会化客户关系管理理念；最后，介绍了呼叫中心的作用以及相关岗位职责设置及绩效管理问题。

理论知识测试

一、单选题

1. 大数据与过去的海量数据有所区别，其基本特征不包括（　　）。

A. 数据体量巨大　　B. 数据价值密度高

C. 时效性强　　D. 数据类型多样

2. 在客户关系管理系统的功能中，以下哪项管理功能不在客户关系管理的范畴之内？（　　）

A. 销售管理　　B. 采购管理　　C. 呼叫中心　　D. 数据挖掘

3. 以下不属于社会化客户关系管理的特点的是（　　）。

A. 以产品消费为导向，主要对客户的相关资料以及消费情况进行整理和跟踪

B. 基于互动的双边和网状沟通

C. 依靠透明的规则对形成的社会网状结构进行约束和保障

D. 支持客户大规模和个性化定制的需求

4. 客户关系管理系统主要分为运营型、分析型和（　　）。

A. 管理型　　B. 数据型　　C. 业务型　　D. 协作型

二、多选题

1. 数据挖掘技术的应用过程包括的阶段有（　　）。

A. 确定目标　　B. 数据准备　　C. 实施挖掘　　D. 评估调整

2. 下列关于运营型、分析型和协作型客户关系管理系统三者之间的关系表述正确的有（　　）。

A. 运营型客户关系管理系统为分析型客户关系管理系统提供基本的数据支持

B. 协作型客户关系管理系统为分析型客户关系管理系统提供功能支持

C. 分析型客户关系管理系统给出分析结果后，系统自动反馈给其他部分

D. 三者之间互不联通，独立工作

3. 客户关系管理系统的功能模块包括（　　）。

A. 销售自动化　　B. 营销自动化　　C. 服务自动化　　D. 商业智能

4. 客户关系管理系统的销售管理模块包括（　　）。

A. 线索管理　　B. 商机管理　　C. 合同管理　　D. 收款管理

5. 与传统媒体相比，新媒体平台的主要特征包括（　　）。

A. 传播方向双向化　　B. 传播内容多元化

C. 传播行为个性化　　D. 接收方式移动化

三、判断题

1. 互联网技术作为交易活动实现的一种途径，改变的可能仅仅是企业运营模式和客户关系管理的方式，企业仍然要以为客户创造价值为使命。（　　）

2. 在实施客户关系管理系统之前，首先得到重视的应该是管理，而并非客户关系。（　　）

3. 客户关系管理系统就是一个软件，本身不具有客户服务价值。（　　）

4. 呼叫中心经理是呼叫中心最高决策人，负责制定呼叫中心的发展方向和政策。（　　）

5. 社会化客户关系管理将社会化媒体与客户关系管理结合在一起，体现了企业对客户主导权的一种反应。（　　）

项目实训

调查并展示学生所在城市“12345”市民服务热线现状

实训要求：

以小组为单位，调查学生所在城市“12345”市民服务热线的功能、特点以及使用情况，并分析该热线利用了哪些新技术。选取 2 个案例分析该服务为城市管理带来的好处。

实训内容：

1. 了解所在城市“12345”市民服务热线的业务流程、功能特点以及使用情况。
2. 分析该热线所运用的新技术。
3. 选取 2 个典型案例分析该服务为城市管理带来的好处。

成果及评价：

1. 每组提交一份包含上述内容的××城市“12345”市民服务热线分析报告。
2. 教师对每组学生的分析报告评定成绩，对有代表性的分析报告进行点评。

项目三 识别潜在客户

学习目标

知识目标

- 了解客户识别的意义；
- 了解潜在客户来源分析的主要思路；
- 熟悉企业产品或服务的定位分析和营销环境分析；
- 理解寻找潜在客户的 MAN 原则；
- 了解挑选潜在客户的具体策略；
- 熟悉客户细分的意义；
- 理解客户细分的方法。

能力目标

- 能够进行潜在客户来源的分析；
- 能够结合实际运用相应的方法及路径寻找潜在客户；
- 能够按照五大策略挑选“优质”潜在客户；
- 能够依据客户细分的步骤进行简单的客户区分；
- 能够针对现实客户争夺现象及其背后原因进行分析和讨论。

素养目标

- 养成主动观察、积极思考、独立分析和解决问题的习惯；
- 树立团队合作的职业精神和实事求是的工作态度。

项目解析

根据客户服务与管理职业学习活动顺序，本项目可以分解为以下三个学习任务。

案例导入

哔哩哔哩的选择

哔哩哔哩（bilibili）网站，简称B站，创建于2009年6月26日，是中国年轻一代高度聚集的文化社区和视频网站，其主要特点在于会员答题和浓厚的弹幕文化。作为B站的主要用户，“Z世代”人群（1995—2009年出生的一代人）一出生就与网络信息时代无缝对接。由于该群体消费水平高、付费意愿强，因而成为大众品牌推广战略中的必争目标人群。

现在的B站已经成为由视频创作者、视频观众、游戏玩家和广告客户等构成庞大的生态系统，其核心价值来自用户、社区和内容。2023年第四季度，B站日均活跃用户超1亿，用户日均使用时长超95分钟。截至2023年底，B站的正式会员超2.3亿人，正式会员第12个月的留存率稳定在80%左右，可见平台用户黏性很强。2023年，B站全年总营收达225.3亿元人民币。

近年来，B站的定位和特色也在逐步调整。首先，在定位上，B站早期以动画、漫画、游戏内容创作与分享（ACG文化）为主，随后开始多元化发展，覆盖游戏、动漫、科技、音乐、时尚、美妆、生活、影视、直播等板块。随着用户年龄的增长，陪伴B站成长的第一批用户的需求也发生了变化。2022年底，B站将自身定位为“品牌成长的加油站”，助力品牌抓住跃入人生新阶段的Z世代。其次，在内容特色和社区氛围方面，过去B站一直以优质的中视频为独特属性，近两三年来持续加大短视频内容占比，越来越多的学习机构和知识型UP主入驻。

然而，这些调整也让B站面临着定位模糊的问题：是应该继续出圈，努力调整用户构成和内容，成为一个综合的视频平台，还是维持以年轻化群体为主要定位，不断吸引一代又一代不同圈层的年轻用户？

思考：

（1）B站的潜在客户群体包括哪些？

（2）在B站多元化发展过程中，客户选择会起到什么作用？

任务一　明确潜在客户

潜在客户是指经营性组织机构的产品或服务的可能购买者。企业要想在激烈的市场竞争中发展壮大，就要设法吸引消费者，使其成为自己的客户，并与其建立长期的良好关系。但并非所有消费者都是企业的客户，而且企业的每个客户并不一定都可以给企业带来效益。因此，客户识别是贯穿于客户服务与管理过程的一条主线。

客户识别是指企业通过一系列技术手段，根据大量客户的特征、购买记录等可得数据，找出谁是企业的潜在客户，区分哪类客户最有价值等，并把这些客户作为企业客户服务与管理的实施对象。

一、识别潜在客户的意义

微课：如何识别客户

识别潜在客户的意义主要表现在两个方面。

（一）影响客户保持

客户是企业利润的源泉，做好客户保持至关重要。然而，有两大因素会影响客户保持。

（1）客户之间是有差异的。这种差异不仅体现在客户的需求上，还体现在客户会给企业带来不同价值。并非所有的客户都会与企业建立并保持长久的合作关系，企业需要有明确定位并主动选择客户。

（2）企业资源是有限的。面对客户的不同需求，企业实施客户保持需要花费一定的成本。

因此，企业通过客户识别，事先识别出对企业价值更大的客户，并对其采取客户保持策略，将有利于达到事半功倍的效果，帮助企业节约客户保持成本。

（二）影响新客户开发

在保持老客户的同时，企业还需要不断地开发新客户，以不断扩大客户的规模。然而，有两大因素会影响新客户开发。

（1）新客户开发成本高。新客户的开发成本要高于老客户的保持成本，主要原因在于企业在新客户开发过程中需要投入大量的成本去吸引、识别、区分客户，而且新客户的反馈率也比较低。如果企业选错了客户，会进一步加大开发成本和难度；相反，若企业在开发客户之前就有效地识别最具潜力价值的客户，并有针对性地实施新客户开发策略，新客户的开发成本就会相应减少，进而提高企业效益。

（2）竞争对手的客观存在限制了新客户开发。任何一家企业都不可能“通吃”所有的客户，每家企业所服务的客户的类别和数量是有限的，市场中只有一部分客户能成为企业产品或服务的实际购买者，其他则是非客户。

因此，正确识别客户有利于企业提高开发客户成功率，避免在非客户身上浪费资源，将资源花费在企业真正的客户身上，让客户为企业带来更大的价值。可见，客户识别是客户开发的第一步，也是最具基础性和关键性的一步。

二、分析潜在客户来源的思路

企业要识别潜在客户并确定目标客户，只有知道客户从何而来，才能了解客户的信息，从而选择合适的客户进行开发。那么客户到底从何而来呢？

潜在客户来源分析的主要思路主要包括两步：首先，企业要了解产品或服务的定位人群，这些定位的目标人群就是企业潜在客户的来源。其次，企业要了解产品送达目标消费人群的路径，并对其中营销关系环境进行分析，进而找出企业的潜在客户群体。客户来源分析示意图如图 3－1 所示。

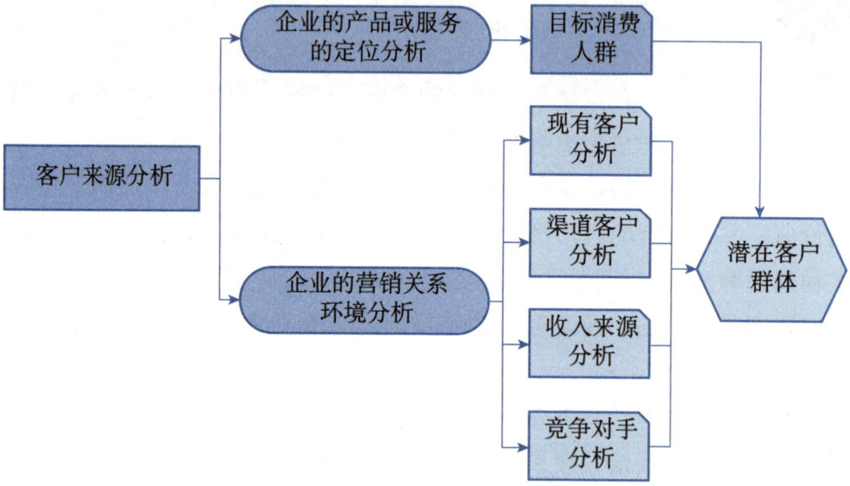

图 3－1　客户来源分析示意图

三、客户来源分析的方法

（一）分析企业产品或服务的定位

对产品或服务知识的分析与研究，不仅应贯穿于企业为客户提供产品或服务的全过程，还会对客户开发工作的成败有决定性的影响。客户开发人员对产品或服务的专业知识的详细了解与完全掌握程度，会直接影响能否给客户专业和踏实的感觉，从而产生信任。

具体来说，企业产品或服务的分析与研究，可以从以下三个方面入手。

1. 产品或服务的性能与特点分析

深入了解产品的性能、特点及使用知识，熟悉不同产品或服务组合给客户带来的价值和利益的差异性，是客户开发工作成败的关键。

（1）熟悉产品或服务的基本知识。这部分主要包括硬件部分、软件部分、种类型号、使用知识、交易条件、功能作用、价格价值、客户利益等方面。只有对产品或服务的基本知识理解透彻，客户才能对客户开发人员及企业建立信任感，企业才有机会开发客户，为客户提供满意的服务。

（2）熟悉产品或服务的选择与使用知识。对于产品或服务知识的掌握，着眼点在于灵活运用所掌握的知识。企业应根据客户的个体特点，帮助客户选购合适的产品或服务组合，以达到企业和客户双赢的效果。

2. 产品或服务的特色与竞争优势分析

（1）产品或服务的特色与竞争优势。产品或服务只有具备区别于竞争对手的特别的功能和特点，具有迎合目标客户需求的特别的价值和利益，才能构成独特的特色与竞争优势。客户开发人员还应当清楚产品或服务的缺陷与不足，以便为外部客户提供切实可行的购买决策及使用指导等信息，并及时在企业内部提出务实可行的改进意见。

（2）明确产品或服务的市场定位。市场定位是指企业针对客户某方面的需求，为企业产品或服务塑造的与众不同、让人耳目一新的形象，并将这种形象传递给目标客户，从而使该产品或服务在市场上确定适当的位置。

3. 行业发展动态及竞争者分析

优秀的客户开发人员不仅要对自己企业的产品或服务有详细的了解，还应该熟知行业和市场的整体情况，从而明确发展方向，抓住本企业产品或服务的特色与竞争优势的关键所在，为客户提供中肯的咨询意见和解决办法。

企业要及时跟踪并准确了解产品或服务的相关行业发展特点，一般可以从以下几个方面入手：

（1）所处行业的内涵及范畴；

（2）相关政策；

（3）发展的主要特点分析；

（4）动态及趋势分析；

（5）竞争者的发展动态及优劣势分析。

（二）分析企业的营销环境

每个企业都有特定的经营范围，所提供的产品或服务都有其合适的、特定的客户群体。因此，只有对企业的营销关系进行分析，继而寻找并识别企业的目标客户，客户开发工作才能有的放矢，达到事半功倍的效果。

企业可以从四个方面分析营销环境。

1. 现有客户分析

对于企业客户开发人员来说，在拓展客户群体及开发新客户之前，应认真分析和研究现有客户（见表 3-1），确定工作重点。例如，企业客户开发人员应判断现有客户是否得到合理的开发，不同区域市场对企业的贡献是否有显著差别，分析客户服务工作是否合适，能否进一步挖掘现有客户的购买力等。对于这一系列问题的深入思考，是挖掘现有客户价值和提高客户开发工作效率的重要途径。

表 3-1 现有客户的分析维度与分析内容

分析维度	分析内容
客户类型分析	总体客户的性别构成、年龄结构、地域分布、消费额度、需求类型、工薪水平、偏好的购物方式等
客户区域分析	年度、客户区域、客户数量、占客户总数比例、占该区域总销售额的比例
客户销售分析	客户名称、每类产品的销售额、销售总额

2. 渠道成员分析

渠道是指产品或服务从生产者向客户转移过程的具体通道或路径，如从生产者经过渠道成员到客户。因此，那些分销产品的企业、组织或个人都是企业的客户。当然，企业也可以思考企业的产品目标定位人群是谁、帮助企业将产品传递给目标客户的对象是谁。

3. 收入来源分析

企业通过研究业务范围、明确收入来源、了解购买产品或服务的决策者及判别产品或服务的受益者等方式，可以了解和识别潜在的客户群体。例如，对于商贸流通领域的企业而言，企业收入来源的资金经过的环节便有可能是企业的潜在客户。

4. 竞争者分析

竞争者是与企业生产同类或可替代性产品的企业，其所针对的目标客户的需求与本企业是一致的或相似的，因此竞争对手所追逐的客户也是企业可以尝试跟进和开发的客户。客户开发人员在进行竞争者客户分析时，要结合企业产品或服务的定位以及企业本身的资源优势，取长补短，抓住机遇。

任务二 寻找潜在客户

企业的客户在不断地发生变化。因此，对于企业来说，寻找客户是一项长期工作，它贯穿于企业生产经营的全过程，企业应该根据自身业务的发展变化不断更新、补充企业的核心客户。

潜在客户的多少关系着企业业绩的好坏。企业应该随时随地地挖掘潜在客户，把它当作一项长期的持续性工作。

一、寻找潜在客户的原则

随着市场竞争越来越激烈，企业越来越注重客户关系构建工作。如何寻找潜在客户群体是构建客户关系的第一步。

企业真正的潜在客户需要同时满足以下三个条件：用得着（有需求）、买得起（有支付能力）、说了算。因此，企业在寻找潜在客户的过程中必须遵循“MAN”原则。

（一）具有购买能力（Money）

企业营销人员在寻求潜在客户时需要考虑：他有支付能力吗？他买得起这些产品吗？

（二）具有购买决定权（Authority）

购买对象要对购买行为具有决定权。很多客户开发人员最后未能与客户成交的原因就是找错了客户对象，即找的是没有购买决定权的人员。

（三）具有购买需求（Need）

不是所有用户都对企业某一产品或服务有需求，有需求的一般是具有一定特性的群体。

潜在客户应该符合“MAN”原则，但在实际分析中会碰到以下情况（见表 3－2）。

表 3－2 潜在客户识别特征分析

购买能力	购买决定权	购买需求
M（有）	A（有）	N（有）
m（无）	a（无）	n（无）

因此，当面临不同情况时，客户开发人员需要依照具体状况采取具体对策。具体来说，识别潜在客户的策略有以下 8 种。

（1）M＋A＋N：是标准的潜在客户，是企业理想的销售对象。

（2）M＋A＋n：进行客户跟踪，一旦客户有需求，由熟悉销售技术的销售人员尽快为客户提供服务。

（3）M＋a＋N：与客户深入沟通，设法找到具有决定权的人。

（4）m＋A＋N：与客户深入沟通，可调查客户业务状况、信用条件等并给予资金解决方案。

（5）m＋a＋N：进行客户跟踪，长期观察、培养，直至其具备条件。

（6）m＋A＋n：进行客户跟踪，长期观察、培养，直至其具备条件。

（7）M＋a＋n：进行客户跟踪，长期观察、培养，直至其具备条件。

（8）m+a+n：非客户，可采取放弃策略。

可见，潜在客户有时欠缺了某一条件，如购买能力、购买需求或购买决定权等，企业仍然可以考虑对其开发，只要应用适当的开发策略，便能使其成为企业的新客户。

当然，在实践中销售还会面临一个问题：如何准确判断客户是否具备购买需求及购买能力？下面一些具体方法可供参考。

首先，为了准确判断潜在客户的购买需求，客户开发人员可检查以下五个要点：

（1）对产品细节的关心程度；

（2）对购入过程的关心程度；

（3）确认是否能符合各项需求；

（4）对产品是否信赖；

（5）对企业和销售人员是否有良好的印象。

其次，为了准确判断潜在客户的购买能力，客户开发人员可检查以下两个要点：

（1）客户信用状况，可从职业、身份地位等收入来源的状况判断；

（2）支付计划，可从客户期望一次付现还是要求分期付款、支付首期金额的多少等判断。

二、寻找潜在客户的方法

如何寻找潜在客户是很多企业关心的话题。因为找到的潜在客户基数的大小在某种程度上决定了发展成正式客户的数量，而正式客户的数量又直接影响企业的盈利能力大小，关系到企业的生存与发展。企业寻找潜在客户的方法如表 3-3 所示。

表 3-3　潜在客户的寻找方法

序号	寻找方法	具体内容
1	资料搜寻法	资料搜寻法是指企业通过内部资料和外部资料的收集寻找目标客户，如通过内部的通讯录、工商企业名录、电话簿、工商企业地图册、统计资料、专业报纸等资料的阅读与搜寻来寻找潜在客户的方法。优点是成本低，企业能较快了解市场需求量和目标客户情况；缺点是时效性较差，企业可能无法实时查到最新的目标客户资料。
2	关系链条法	关系链条法是指利用自己的人际关系寻找客户的方法。企业在寻找潜在客户时，应先了解自己的关系链并进行一系列思考——你是谁？你认识谁？谁是你的客户？谁又能帮你找到客户？例如，企业客户开发人员与其他企业人员进行合作，共享客户资源。
3	中心开花法（又称名人介绍法、中心人物法、中心辐射法）	中心开花法是指客户开发人员在某一特定的开发范围内，取得一些具有影响力的中心人物的信任，然后在这些中心人物的影响和协助下，将该范围内的个人或组织发展成为目标客户的方法。

续表

序号	寻找方法	具体内容
4	逐户访问法（又称地毯式寻找法、扫街法）	逐户访问法是指在所选择的目标客户群的活动区域内，对目标客户进行挨门挨户的访问，从中找到目标客户的方法。一般来说，客户开发人员采用此法成功开发客户的数量与走访人数成正比，要想获得更多的客户，就得走访更多的人。
5	会议营销法	会议营销法是指到目标客户出席的各种会议，如订货会、采购会、交易会、展览会和博览会，并从中捕捉机会与目标客户建立联系的方法。
6	市场咨询法	市场咨询法是指利用市场信息服务机构所提供的有偿咨询服务来寻找客户的方法。一些组织，特别是行业组织、技术服务组织、咨询单位等，往往掌握了大量的客户资料和资源以及相关行业和市场信息。通过咨询的方式寻找客户是一个有效的途径，企业有时还能够在客户联系、介绍、市场进入方案建议等方面获得这些组织的服务、帮助和支持。
7	电话寻找法	电话寻找法是指通过打电话给目标客户的方式来寻找客户的方法。打电话寻找客户是一种方便、快捷的营销手段，但是在采用这种方法时需要注意谈话技巧，否则容易遭客户拒绝，如要把握好通话的时机。由于电话营销仅通过声音联系客户，因此很难取得客户信任，成功率相对较低。
8	信函寻找法	信函寻找法是指以邮寄信函的方式来寻找客户的方法，如向目标客户寄送产品目录、宣传单、插页等，向他们介绍企业的产品或者服务以及订购和联系的方式。企业在给客户发送的信函中，要有说服客户立即采取购买行动的文字，如在某个日期前订货的客户可享受一定的折扣或优惠、前100名购买者可以获得奖励及礼品等。
9	短信寻找法	短信寻找法是指客户开发人员通过发送短信息来寻找客户的方法。随着短信营销在各行业的广泛运用，商家对短信营销越来越重视，但是其所带来的效果却有着很大的差异，原因是一些企业不懂短信营销技巧，而只是按部就班地将营销短信发给客户。企业不应一味地发送促销短信，可以通过“问候＋营销”的形式有针对性地发送短信，这样既能做好产品的推广，也能让收到短信的客户产生好感。
10	网络推广法	网络推广法是指利用互联网平台，借助网络推广手段，吸引潜在客户，搜寻目标客户的方法，包括利用企业网站、搜索引擎优化（SEO）、电子邮件、公众号、微信朋友圈、本地广告、小程序、博客、微博以及抖音短视频平台等互联网方式进行宣传，企业还可以在同城网站发布供应信息或登录专业商务网站。
11	抢夺法	抢夺法是指企业运用各种竞争手段，如通过创新的产品、免费的培训和优惠的价格等方式，与竞争对手抢夺目标客户的方法。
12	观察法	观察法是指通过对周围环境的分析和判断来寻找潜在客户的方法。例如，房产中介人员可以亲自出门寻找门前挂有“出售”字样的人家。这种方法不仅对客户开发人员的观察能力要求比较高，而且要求其在分析判断时也要尽可能客观。

企业在选择这些方法来寻找潜在客户时，一般应遵循“先里后外，由近及远”的

策略。

策略一：先里后外。先里后外，即信息的收集和利用应遵循从内部资料检索到外部资料调研的原则。首先，内部资料检索。这是寻找潜在客户的首要步骤，也是最直接、最有效的步骤。通过内部资料检索，企业能减少资料搜寻的盲目性，确保寻找客户的准确性和针对性，为顺利开展业务增强信心、提高效能。企业主要通过以下几个方面检索内部资料：职工查询表、客户名册、财务部门的往来企业、一线服务部门人员。其次，外部资料调研。除了内部资料检索，企业开拓市场时还需要利用外部资料调研这一重要方式寻找客户。外部资料调研一般包括产品定位调研、现有客户调研、竞争对手调研、环境调研等。

策略二：由近及远。由近及远，即在寻找潜在客户时，企业应充分利用自己的人际关系圈，根据关系由近及远、先易后难。企业要利用现有的客户帮忙推荐新客户，继而利用所有的人际关系圈寻找新客户。

三、挑选潜在客户的策略

对于企业来说，正确挑选客户是成功开发客户的前提。因为并非所有的潜在客户对企业来说都是有价值的。企业应摒弃平均客户的观点，要客观地根据自身的资源和客户的价值对客户进行评估和选择。

企业挑选潜在客户时需要遵循以下五种策略。

微课：客户选择

（一）选择与企业定位一致的客户

企业要从实际出发选择客户，结合企业定位及产品定位，尽量选择与企业定位一致的目标客户群体。例如，在图片处理软件行业，美图秀秀和 Photoshop 的定位不同，因此其功能设计也不同，但二者都取得了成功。

具体来说，该策略能为企业带来三个好处：一是提高客户接受度；二是保证企业经营的一致性，企业无须为迎合客户而过度改变；三是有助于培养客户认同，企业可通过深耕细分客户提升专业度。

（二）选择优质客户

优质客户是企业营销战略中的核心资源。企业只有选择优质客户，才能获得盈利。优质客户是指素质好、能为企业做出较大贡献的客户。与优质客户相对的就是劣质客户，劣质客户会给企业带来负面影响。例如，很多企业会关注大客户，但大客户未必是优质客户，若企业不惜一切代价获得或保持大客户，需要承担一定的财务、利润和流失方面的风险。

那么，如何区分优质客户和劣质客户呢？企业可依据表 3-4 中的标准作出区分。

表 3-4 区分优质客户与劣质客户的标准

客户类型	区分标准
优质客户	具有较强的购买欲望和购买能力，购买量大、购买频率高，尤其对企业高利润产品有足够高的需求度
	保证企业稳定盈利，对企业产品或服务的价格敏感度较低，能够及时付款，有良好的信誉
	服务成本低
	经营风险小，拥有良好的发展前景
	向企业提供有益的意见和建议，以友好的方式帮助企业完善产品或服务，从而提高企业产品或服务的水平
	忠诚度高，合作意愿强，愿意与企业建立长期的合作关系
	具有市场号召力、影响力
劣质客户	购买的产品或服务的数量少，却提出了很多要求，使得企业花费了较高的服务成本，企业为这些客户提供产品或服务花费的成本远远高于这些客户给企业带来的收益
	信誉较差，会让企业产生呆账、坏账
	分散企业的注意力，让企业做自己不擅长的事
	对企业的忠诚度低，甚至没有忠诚度

需要注意的是，优质客户与劣质客户是相对而言的，在一定条件下，优质客户和劣质客户是可能相互转化的。

当然，除了上述标准，企业还可从客户价值角度较快识别高价值优质客户，即基于客户属于交易型还是关系型进行判断。交易型客户是指只关注购买产品或服务的经济性并会花长时间不断做出购买决策的个人或企业。这些交易型客户并不打算长期购买，忠诚度较低，为企业带来的利润也有限。关系型客户是指对某类产品或服务有稳定的、长期的购买需求，希望与供应商建立长期合作关系。

根据交易型客户和关系型客户的特点，可看出高价值客户基本都属于关系型客户。因此，首先企业应将交易型客户区分出来，然后在剔除价值不大的交易型客户后，进一步分析关系型客户中的优质客户。由于客户自身有不同特征差异，企业可将关系型客户分为 3 类，即贡献利润高且利润稳定的客户、贡献利润高但利润正在下滑的客户、贡献利润低但利润正在上升的客户，接着根据不同客户投入不同的营销费用。

（三）选择有潜力的客户

企业选择客户时不应局限于客户当前对企业盈利的贡献，而要用动态的眼光来考虑客户的成长性、资信、核心竞争力及其对企业的长期价值。例如，对于当前对企业盈利的贡献小但有增长潜力的客户，企业要积极为其提供支持和帮助，最终可能培养出忠诚客户。

另外，正确评估客户的发展潜力会在一定程度上影响企业的收益增长潜力。例如，对于工业品客户来说，产业的增长速度、主要细分市场的增长速度、在产业及主要细分市场的占有率变化三个因素决定了其发展潜力。对于消费品客户来说，人口统计因素、购买数量两个因素决定了其发展潜力。

（四）选择与自己实力接近的客户

只有企业和客户的实力和规模相互匹配，双方才具有合作的基础。这种“门当户对”的匹配性涉及诸多方面，如受双方在产业结构中的地位影响而形成的价格谈判实力和价格敏感性、客户的购买需求与企业能力的匹配度等。

总之，匹配性越高，意味着企业越能以更低的服务成本满足客户需求，客户越愿意与企业进行长期合作，从而更容易获得双赢。如果企业和客户的实力过于悬殊，在合作中就无法保持对等地位，有时是企业可能被迫接受客户的苛刻条件和无理要求，有时企业只能降低标准、委曲求全，无论哪种情况，最终双方都会不欢而散。

（五）选择与忠诚客户具有相似特征的客户

市场上没有哪家企业能满足所有客户的需求，但总会有些客户觉得某企业提供的产品或服务比其他同类的更好、更物有所值。对企业的产品或服务感到满意，说明了企业的特定优势能够满足客户的需求，企业就容易与这些客户建立关系并维持关系。

总之，企业可以通过类比分析现有忠诚客户具有的共同特征，并以此来挑选潜在客户，这是寻找潜在客户的一个捷径。此策略可以使后续开发和维系客户关系变得相对容易。

同步案例

星巴克的客户选择

从1971年西雅图的一间咖啡零售店，发展成为国际著名的咖啡连锁店品牌，星巴克创造了一个企业扩张的奇迹。

“星巴克”这个名字来自麦尔维尔的小说《白鲸》中一位处事极其冷静、极具性格魅力的大副，他的嗜好就是喝咖啡。麦尔维尔被海明威、福克纳等美国著名作家认为是美国最伟大的小说家之一，在美国和世界文学史上有很高的地位，麦尔维尔作品的读者多为受过良好教育、有较高文化品位的人士。

因此，星巴克咖啡的名称暗含其最初对客户的定位——有一定社会地位、有较高收入、有一定生活情调的人群。星巴克的成功，表面上源于它令人称道的咖啡、细致周到的服务和温馨的店铺环境，而实际上是它用这些元素向消费者传递了星巴克的品牌核心价值，即提供给客户难忘的消费体验。

星巴克的经营方式取得了巨大的成功，它追求的不是客户的数量，而是客户的质量，是特定人群对于星巴克咖啡的忠诚度。

请查找资料并总结和分析：

(1) 作为一个全球最有价值的餐饮品牌之一，星巴克的成功与其客户选择有什么关系？

(2) 随着市场的发展，星巴克在中国的客户选择是否发生了变化？

任务三 细分潜在客户

企业在识别并挑选出潜在客户后，为了提高客户价值，接下来需要对客户进行细分。客户细分是指企业在明确的战略业务模式和专注的市场中，根据客户价值、需求和兴趣等综合因素对客户进行有效性识别与差异化区分，以此为客户提供有针对性的产品或服务。

有效的客户细分是企业做出是否要开发客户、保持客户，以及与客户终止关系的决定时必经的一个步骤，也是企业深度分析客户需求、应对客户需求变化的重要手段。

一、客户细分的意义

客户细分的根本目的是企业在对客户进行统一、有效的识别和管理的基础上，集中企业有限的人力、物力，满足高价值客户的需要，促进并维持与他们的关系，从他们身上获取更大的价值。围绕这一根本目的，客户细分对企业而言具有以下意义。

(一) 平衡供需矛盾，建立市场竞争优势

对企业而言，客户有大小，贡献有差异。虽然每个客户的重要性不容低估，但是企业既没可能也没必要为所有的客户提供同样卓越的产品或服务，毕竟所有企业都面临着“企业资源有限”与“客户需求不同”之间的现实矛盾。一方面，不同客户的需求不同，不同客户的价值也不同，企业若满足所有客户的需求，不仅需要消耗巨大的资源，而且需要承担高成本和低利润的风险；另一方面，企业的资源是有限的，企业只有保证有限的资源投入能够获得较大回报，才能确保企业的竞争优势和持续发展。

因此，通过客户细分，企业就不会简单地追求客户数量，而会更多地追求客户质量，企业能实现对客户的统一有效识别和管理，为具有不同价值的客户确定有竞争力的定制化管理策略，并力争在客户盈利性和客户服务成本之间求得适当的平衡。

（二）合理分配资源，提高客户整体价值

由于并非所有客户都有与企业建立并发展长期合作关系的价值，因此为了让企业的资源发挥最大的价值，企业需要为不同价值的客户分配不同的资源。通常而言，重要客户希望能得到及时的服务响应，因为他们的采购量大，任何小问题都可能成为大问题。为了与重要客户保持有效的沟通，企业需要向重要客户倾斜资源，诸如开通 VIP 专属服务并配置高素质的客服人员。当不同客户向企业投诉时，企业需要客服部门优先处理高价值客户的投诉，以提高重要客户的满意度。生产型企业为优化产能需要进行生产排程，一般会将高价值客户的订单排在前面，甚至允许重要客户的紧急订单“插队”，这类企业会优先满足高价值客户的需求。

客户细分有助于企业有效识别真正需要企业的产品或服务，并且企业能比竞争对手更有效为之服务的客户，从而集中企业资源以争取该类客户，让资源发挥最大的价值，最终使企业获得最大的收益。

（三）满足客户需求，使客户价值最大化

每个客户为企业带来的价值不同，对企业的需求和期望待遇也会不同。那些为企业带来较大价值和利润的客户往往期望得到特殊待遇，如享受更贴心的服务、更优惠的条件以及更快的服务响应等。那些价值一般的客户则往往期待更低的价格、更合适的性能。例如，航空公司通过将客机进行分舱，采取不同的机票价格和服务等营销组合，以满足不同客户的需求。

企业对区分后的客户数据进行深度挖掘和分析，不但能够节省企业的营销成本，还有助于企业对目标客户的消费行为和心理行为进行分析，便于企业把握客户的潜在需求。企业通过提供个性化、定制化的产品内容和个性化的营销策略，满足不同客户的需求，从而使客户价值最大化。

二、客户细分的步骤

大多数企业已经意识到有效的客户细分是企业的核心竞争力，客户细分是客户分析的基础，企业服务策略的实施离不开有效的客户细分。那么，如何进行有效的客户细分呢？客户细分一般会经过以下五个步骤。

（一）细分客户基本特征

由于客户的需求主要是由其社会和经济背景决定的，因此对客户的基本特征细分，就是对其社会和经济背景所关联的要素进行细分。这些要素包括地理因素（如居住地、行政区、区域规模等）、社会因素（如年龄范围、性别、经济收入、工作行业、职位、受教育程度、宗教信仰、家庭成员数量等）、心理因素（如个性、生活方式等）和消费行为因素（如购买动机类型、品牌忠诚度、对产品的态度等）等。

（二）细分客户价值区间

在经过客户基本特征的细分后，企业需要对客户进行高价值到低价值的区间分隔（如大客户、重要客户、普通客户、小客户等），以便重点锁定高价值客户。划分客户价值区间的标准包括客户信用状况、客户响应力、客户销售收入、客户利润贡献、忠诚度、推荐成交量等。

（三）细分客户共同需求

基于上述两步，企业可选定最有价值的客户群作为目标客户，进一步提炼它们的共同需求，以客户需求为导向精确定义企业的业务流程，为每个细分的客户市场提供差异化的营销组合。

（四）选择细分的聚类算法

目前，多数企业采用聚类算法进行客户细分。常用的聚类算法有 K-means（K 均值）算法、神经网络算法等，企业可以根据不同的数据情况和需要选择不同的聚类算法来进行客户细分。

（五）评估细分结果

在对客户群进行细分之后，企业会得到多个细分的客户群体，但并不是得到的每个细分都是有效的。细分结果的有效性应该结合以下规则来进行判断：与业务目标相关的程度、可理解性和是否容易特征化、客户基数是否足够大且稳定、是否容易开发独特的宣传活动等。

三、客户细分的方法

识别潜在客户和有价值客户的方法很多，本任务介绍三种常用的客户细分方法，即根据客户终身价值划分的客户金字塔模型、根据客户行为划分的 RFM 量化模型以及根据企业-客户相对优势划分的关键客户识别与选择矩阵。

（一）客户金字塔模型

2002 年，美国营销学家瓦拉瑞尔·A. 泽丝曼尔等人提出了客户金字塔模型（Customer Pyramid Model，CPM）。客户金字塔模型是企业为了使资源得到合理配置，根据客户盈利能力的差异对客户进行细分，将为企业创造利润和价值最大的关键客户放于顶部，将为企业创造利润和价值最小的一般客户放于底部，从而形成一个基于二八法则的金字塔。二八法则的意思是，20%的位于金字塔顶部的关键客户会给企业带来 80%的利润价值，而 80%的一般客户只会带来 20%的利润价值。

在企业实际应用中，为了进一步细分关键客户和一般客户，客户金字塔模型常被分为四个层级的客户类型，即铂层客户（高端客户）、金层客户（重要客户）、铁层客户（普通客户）、铅层客户（小客户）四个层次（见图 3-2）。

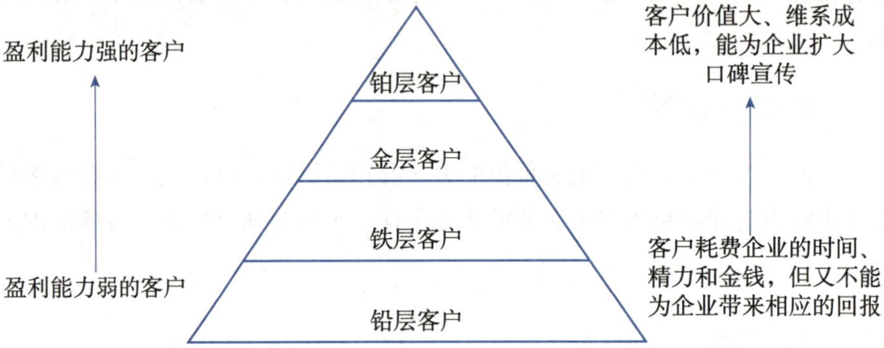

图 3-2　客户金字塔模型

需要注意的是，客户金字塔直观反映了各等级客户的数量关系。客户数量金字塔表现为：顶部客户数量最少，底部客户数量最多。而客户价值金字塔表现为：顶部价值最高，底部价值最低（见图 3-3）。根据客户数量金字塔和客户价值金字塔的对应模型，可以一目了然地看出客户类型、数量分布和创造利润能力之间的关系。

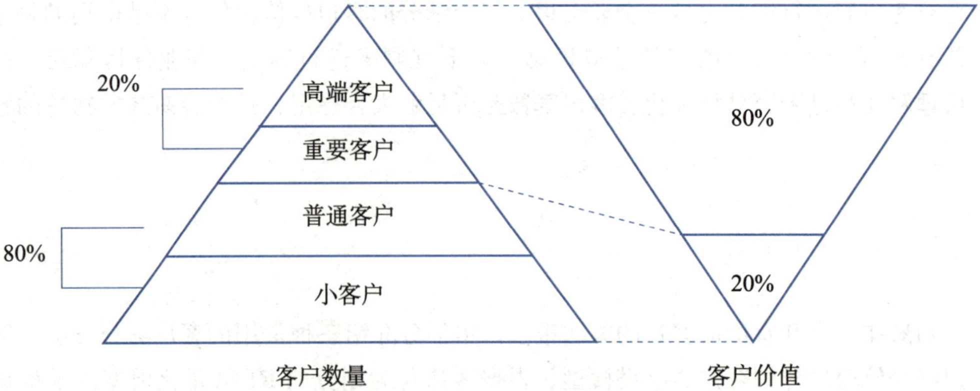

图 3-3　客户数量与客户价值

从客户金字塔模型对客户的分类来看，企业并不需要同等地对待所有的客户，而是应根据客户价值对客户进行等级化区分。企业应基于所识别出的高价值客户，集中资源为利润贡献最大的20%的关键客户提供优质服务，并加强与其的关系，使企业的盈利最大化。

企业可以根据客户特征、交易情况、财务贡献指标综合评估客户价值，找出对企业价值较大的客户群，为企业采取有针对性的营销服务提供量化决策支持。表3-5简单介绍了典型企业对客户的等级设置与服务策略。

表3-5 典型企业对客户的等级设置与服务策略

客户等级	分层依据	客户特点	服务策略
高端客户	利润贡献排名前1%，合计利润贡献占企业总利润的50%的所有客户	贡献了绝大部分利润和长期利润，对价格不敏感，愿意试用新产品，对企业忠诚，会为企业介绍新客户	重视并提供最优质的客户服务与关怀，建立详细的客户跟踪档案，定期主动拜访
重要客户	利润贡献排名前2%～19%，去除高端客户后，合计利润贡献占企业总利润的30%的所有客户	企业产品的中度或重度使用者，对价格比较敏感，忠诚度不如高端客户	重点跟踪，不定时拜访并听取意见，有优惠活动时第一时间通知他们，激励客户提升级别
普通客户	利润贡献排名前20%～50%，合计利润贡献占企业总利润的15%的所有客户	客户数量较多，能消化企业产能，但购买力、忠诚度、盈利能力都较低	不关注具体客户，但关注普通客户的数量及其变动趋势，警惕数量骤减
小客户	利润贡献排名后50%，合计利润贡献占企业总利润的5%的所有客户	客户数量最多，购买量少、忠诚度低，有时服务要求苛刻	复购率极低，提供基本服务即可

客户金字塔模型对大多数行业，尤其是服务业都适用。因为在服务业中，企业更易于了解客户的信息，从而根据客户的详细资料确定客户层级并分析不同的需要，为客户提供不同的产品或服务，从而可以有效地将有限的营销资源集中在最有价值或最有发展潜力的客户上。

当然，客户金字塔模型需要企业定期对客户价值进行评定，因为细分后的客户需要企业进行动态管理。具体的方法包括：

（1）定期审视客户的发展情况。企业根据变化的信息修正对客户终身价值的评估值和所处的金字塔层级。

（2）具体分析处于金字塔不同层级客户的问题，既要采取必要的措施防止高层级的客户下滑，也要激励低层级的客户提升级别。对于价值下滑或处于低层级的客户，企业简单放弃往往并不是明智之举。

随着数据库技术的发展，尤其是数据挖掘、数据仓储和数据处理技术的发展，客户终身价值的评估变得准确、可靠，构建客户金字塔模型的方法会被越来越多的企业认同和运用。

（二）RFM 量化模型

1994 年，美国数据库营销研究所的亚瑟·休斯（Arthur Hughes）基于网店客户消费行为数据提出了 RFM 量化模型。该模型用客户数据库中三个量化指标评估客户的价值，具体包括最近一次购买时间（Recency）、购买频率（Frequency）及购买金额（Monetary）。该模型认为，近期购买时间间隔越短、消费频率越高、消费金额越高的客户，价值就越大（见表 3-6）。

表 3-6　RFM 量化模型的指标说明

指标	解释	意义
R 值（Recency） 近度	客户最近一次购买时间的间隔。 R 值越大，表示客户越久未有交易，客户价值越低； R 值越小，表示客户越近有交易发生，客户价值越高	在移动互联网业务中，可以用 R 值描述用户类型（活跃用户、休眠用户、流失用户），有效的客户营销策略会促使 R 值不断缩小
F 值（Frequency） 频度	客户在最近一段时间内（一般是 1 年）的交易次数。 F 值越大，表示客户交易越频繁； F 值越小，表示客户不够活跃	F 值可用于判别客户的成熟度，体现客户忠诚度及企业品牌的影响力。如果企业产品品类宽度越小，F 值的基数和差异就越小
M 值（Monetary） 额度	客户在最近一段时间内交易金额。 M 值越大，表示客户价值越高； M 值越小，表示客户价值越低	M 值可直观反映一个客户对企业的贡献度。购买金额不一定是收入，可以是任何与收入直接挂钩的指标

课堂讨论

以小组为单位，请同学们结合某个新媒体平台（如今日头条）的业务模式和用户特点，分析 RFM 量化模型每个指标的具体衡量内容，并说明使用 RFM 量化模型对企业识别客户价值的作用。

为方便划分，一般将 RFM 量化模型中每个指标分为高、低两个等级，进而组合得出不同客户类型。依据该模型构建的客户类别通常可以分为重要价值客户、重要召回客户、重要维护客户、重要挽留客户、潜力客户、新客户、一般维持客户、流失客户八个类别，对不同类别客户企业可采取不同的营销策略（见表 3-7）。

表 3-7 基于 RFM 量化模型的客户细分

客户类型	最近一次交易距离现在天数（黏性）	累计成交量（忠诚度）	累计成交额（消费能力）	对应场景
重要价值客户	+	+	+	优质客户，需要维持
重要召回客户	−	+	+	成交量和成交额都很大，但是最近没有交易，需要召回
重要维护客户	+	−	+	成交额大，最近有交易，需要重点识别
重要挽留客户	−	−	+	成交额大，潜在的价值客户，需要挽留
潜力客户	+	+	−	成交量大，且最近有交易，需要挖掘
新客户	+	−	−	最近有交易，是新客户，需要推广
一般维持客户	−	+	−	成交量大，但是贡献不大，黏性也不高，一般维持
流失客户	−	−	−	已经流失的用户
客户划分的标准，可以选择客户 R、F、M 平均值				

注：表中将每个指标的“高”“低”分别用“+”“−”符号表示。例如，“+”的 R 值代表价值高但 R 值数值小，“+”的 F、M 值代表价值高且数值大。

RFM 量化模型一般适合于那些客户数量庞大、消费频率高的企业，如电影院、百货公司、加油站、网店、电信运营商等，因为这些企业往往需要快速判定客户价值大小并快速进行客户细分。企业可利用 RFM 量化模型优化促销活动，如在某次促销活动后，企业对每个客户的 RFM 值进行对比，从而识别出有价值的客户群并开展有针对性的促销。

但是，RFM 量化模型存在以下不足。

（1）企业需要事先建立客户管理数据库，而且分析过程较为烦琐且费时。现实中不少企业并未实施会员制管理，导致客户编码的统一认证无法实现，模型运用受限。虽然缺乏客户编码的统一，但当企业缺乏关键事件数据的情况下，企业运用 RFM 量化模型还是可行的，能有助于评估客户整体质量。

（2）分类效果不稳定。例如，由聚类算法得出的类别数量不确定或者效果不好，因为消费频次和消费总金额二者之间可能存在共线性问题，会影响聚类效果，无法体现客户每次平均消费金额的高低。

（3）对精准营销活动的指导作用不足。RFM 量化模型包含的信息有限，用户类型划分不够具体，企业只能针对某个群体制定营销策略，无法具体到个人需求、偏好。例如，F 值无法反映用户使用了多少不同的产品或服务、使用时间的长短；M 值无法反映历史最大消费金额、历史消费金额的偏度或峰度等一些体现客户价值的重要信息。这会导致如果某个类别的用户（如重要维护客户）对促销活动没有响应，他仍然会在下一次的营销目标人群中，造成了资源浪费。

（三）关键客户识别与选择矩阵

英国 Insight 市场营销与人力管理咨询公司的经理彼得·切维顿在《关键客户管理要点》一书中提出了关键客户识别与选择矩阵（Key Account Identification & Selection Matrix，KAISM）。关键客户识别与选择矩阵使用客户吸引力和企业相对优势两个因素对客户进行分类。其中，客户吸引力是指客户对企业的吸引能力；企业相对优势是指相对于竞争者，企业对客户的吸引能力。该模型不仅有助于了解客户对企业竞争优势的认知，确定需要进一步研究的竞争者优势等，更重要的是，企业可以利用该矩阵有效地分配企业资源、判定客户优先级别和确定客户关系类型。

关键客户识别与选择矩阵将客户分为四种类型：关键客户、关键发展客户、维持客户和机会主义客户（见图 3-4）。企业将客户划分为四种类型并不是为了取此舍彼，只是作为一种决定资源分配方式的手段。

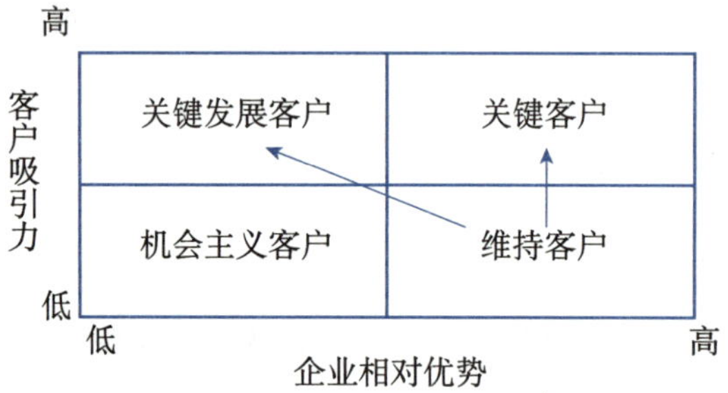

图 3-4　关键客户识别与选择矩阵

图 3-4 展示了企业在四类客户之间分配资源的基本原则。具体来说，企业应该将最有价值的资源、人力和时间投资于关键客户和关键发展客户。同时，企业还要寻找有效的方法服务和管理其他两类客户，以便为维持客户配置一定的资源，对于机会主义客户适当配置基本资源或少部分资源。这样企业不仅可以节省大量的时间和精力，而且提高了企业额外获得的利润。此外，当企业对维持客户或机会主义客户的管理效率提高时，企业可以将由此获取的价值用于关键客户和关键发展客户，从而进一步提高企业客户管理的效率和效果。

项目小结

客户识别工作不是一劳永逸的，它是贯穿整个客户服务与管理运作流程的一条主线，也是企业判断是否进行以及如何进行客户开发、客户保持、客户关系终止等后续活动的根本依据。本项目的主要训练内容是让学生理解客户识别工作所包含的三个部分，即明确潜在客户、寻找潜在客户、细分潜在客户。首先，本项目介绍了潜在客户来源的分析思路和分析方法。其次，本项目阐释了在寻找潜在客户时应遵循的原则和采取的方法，以及挑选潜在客户的五大策略。最后，本项目进一步介绍了客户细分的意义、步骤和方法。

理论知识测试

一、单选题

1. 企业进行客户识别需要考虑的因素不包括（　　）。

A. 企业自身资源的有限性　　B. 客户价值存在差异

C. 不同新客户开发难度存在区别　　D. 客户需求存在差异

2. 在明确的战略业务模式和专注市场中，根据客户价值、需求和偏好等综合因素对客户进行分类，并提供有针对性的产品服务或营销模式，被称为（　　）。

A. 客户战略　　B. 客户细分　　C. 客户质量　　D. 客户搜索

3. 常用的寻找潜在客户的方法不包括（　　）。

A. 网络推广法　　B. 电话寻找法　　C. 资料搜寻法　　D. 直接寻找法

4. 著名的二八法则是指（　　）。

A. 企业 80%的销售额来自 20%的关键客户

B. 企业有 80%的新客户和 20%的老客户

C. 企业 80%的员工为 20%的关键客户服务

D. 企业 80%的利润来自 20%的关键客户

5. 根据彼得·切维顿提出的关键客户识别和选择矩阵，客户吸引力高，但企业相对优势低的是哪一类客户？（　　）

A. 关键客户　　B. 关键发展客户

C. 维持客户　　D. 机会主义客户

二、多选题

1. 除了从企业自身定位出发，为了解潜在客户的来源，企业还可以从营销关系中的（　　）等方面入手。

A. 现有客户分析　　B. 渠道客户分析

C. 收入来源分析　　D. 竞争对手分析

2. 在寻找潜在客户的过程中，可以参考“MAN”原则，“MAN”指的是（　　）。

A. 购买能力　　B. 地位　　C. 购买决定权　　D. 购买需求

3. 优质客户的特征主要有（　　）。

A. 购买量大、购买频率高、服务成本低

B. 具有市场号召力和影响力

C. 经营风险小，具备良好的发展前景

D. 愿意与企业建立长期的合作关系

4. 客户细分的目的是（　　）。

A. 塑造公司形象　　B. 建立市场竞争优势

C. 合理分配资源　　D. 挖掘客户需求

5. RFM 是常用的客户细分工具和数据分析模型，下面关于 RFM 量化模型描述正确的有（　　）。

A. RFM 是一种从交易数据反推用户价值的方法，具有可行性

B. 使用 RFM 时需要确认客户编码的一致性，即分析单元是单个客户而不是客户群

C. 网店销售数据中只需含有客户编码、消费金额、消费日期这三个字段即可使用 RFM 量化模型进行客户分类，无须考虑客户编码是否统一

D. RFM 适合在缺乏关键事件数据的情况下使用

三、判断题

1. 客户识别就是目标客户细分。（　　）

2. 在为客户提供产品或服务的全过程中，都应对企业产品或服务知识进行详细了解和分析。（　　）

3. 大客户未必是优质客户。（　　）

4. 以现有忠诚客户的共同特征为依据进行选择，是识别潜在客户的一个捷径。（　　）

5. 企业通过对客户行为的数据分析，可以帮助其更好地理解客户价值，以指导客户服务工作。（　　）

项目实训

调查并展示某个潮玩产品的客户识别过程

实训要求：

以小组为单位，选择大学生群体所喜欢的某个潮玩产品，分析企业在推出该产品时的客户识别与选择的过程。

实训内容：

1. 针对所选的潮玩产品，结合产品定位与企业营销环境，进行客户来源分析。

2. 搜集相关资料，基于该产品当前的推广实践，列出该企业寻找潜在客户的方法和选择策略。

3. 结合所搜集的现有客户特征和营销策略，推断出该产品的客户分类情况，最后撰写一份分析报告。

成果及评价：

1. 每组提交一份基于某个潮玩产品的客户识别过程的分析报告。

2. 教师对每组学生的报告评定成绩，对有代表性的分析报告进行点评。

项目四　开发目标客户

学习目标

知识目标

- 理解客户开发的定义和原则；
- 描述客户开发的实践意义；
- 熟悉客户开发的方法和流程；
- 了解营销导向的客户开发策略；
- 理解客户接触点。

能力目标

- 能够依据企业定位设计合适的客户开发方案；
- 能够具备根据客户类型选择说服客户策略的能力；
- 能够具备识别和优化客户接触点的能力；
- 能够结合企业实践梳理所使用的用户媒介矩阵；
- 能够找到触达用户的有效途径并实现用户的第一次购买。

素养目标

- 弘扬爱岗敬业精神，倡导“客户至上”的职业价值观；
- 养成与时俱进、锐意进取、勤于探索、勇于实践的态度；
- 树立大局意识和团队合作精神；
- 培养关注并落实企业战略意图的意识。

项目解析

根据客户服务与管理职业学习活动顺序，本项目可以分解为以下三个学习任务。

案例导入

京东"千人千面"

电子商务的快速发展促使互联网公司将精力集中在用户个性化需求上。其中，京东作为中国最大的综合性电商平台之一，京东"千人千面"成为其中的一项重要策略。

京东"千人千面"是将用户按照不同的属性分组，针对不同的用户推送不同的商品和促销活动，其主要目的是降低平台产品的跳失率。

京东持续推动"千人千面"的一个标志性成果是2019年5月18日京东App 8.0的上线。该版本从视觉到算法再到服务都进行了全线升级，使京东的用户获取和挽留功能持续升级。这次京东在启动页、首页等模块都进行了重新设计，给用户营造了焕然一新的氛围。同时，通过提升数字化技术能力，京东精简了频道数量、升级了基于消费者兴趣和场景的聚合页、提升了与用户互动的能力；通过实时分析用户的关注点和兴趣点，京东将用户关注的焦点以聚合页的方式对用户展开场景化营销，以实现企业对消费者浏览页面时的行为做出快速响应。此外，京东对商品详情页也进行了打造和升级，重点凸显了"放心购"服务。实际上，京东App 8.0已经开始探索将消费者的订单详情信息升级成为一个超级售后服务中心，并针对购物车和订单列表等进行了优化。

京东公司App升级也为品牌和商家带来了更加公平、更加富有效率、由开放生态形成的经营环境，实现了用户推荐流量规模的大幅提升，并通过更加精准的流量分配机制提升了用户的转化率，使不同的品牌、商品拥有更多的展示机会，"找到"各自适合的消费者。

随着新零售场景的普及，借助数字化工具，企业与消费者触点的范围和频率都有了极大提升。海量客户数据的积累成为更精准的用户画像和"千人千面"个性化推荐的基础。

当然，“千人千面”不是所有品类都适用。如果企业做定制产品或非标产品，产品本身价格跨度特别大，在这样的品类里面“千人千面”的影响就比较小。

思考：

(1) 京东 App 8.0 是通过什么样的方式来获取客户的?

(2) 京东还可以利用哪些策略或手段来获取客户呢?

任务一 认识客户开发

企业在成功识别优质客户和目标客户之后，接下来需要想方设法使目标客户产生购买欲望并付诸行动，即进行客户开发和获取。在竞争激烈的市场中，能否通过有效的方法获取客户资源往往是企业成败的关键，而且客户越来越明白如何满足自己的需求和维护自己的利益，因此加强客户开发对企业的发展至关重要。那么，什么是客户开发？企业可以采取哪些有效的客户开发策略？数字化时代的客户开发有什么变化？

一、解读客户开发的理念

(一) 客户开发的定义

客户开发是指通过一系列技术手段或方法，使目标客户产生购买欲望并付诸行动，促使他们成为企业现实客户的过程。客户开发的对象主要针对那些尚未与企业发生过交易的新客户，其直接目的是增加新客户数量。

不断开发新客户是每个企业生存和发展的必要条件。新创企业的首要任务就是吸引和开发客户，处于成熟期的企业也需要不断地吸引和开发新客户。原因在于：一是企业每年客户流失率在 10%～30%，为降低客户流失的影响，企业不仅要维系老客户，而且要持续开发和获取新客户；原因二是企业只有不断壮大自己的客户群体，才能逐步实现综合竞争力的提升和可持续性发展。

为成功做好客户开发工作，企业需要从自身资源情况出发，了解竞争对手在客户开发方面的一些做法，制定适合企业的客户开发战略，再落实到一线销售人员执行，这是一项系统工程。

目前，关于客户开发成功与否的判断标准不统一。

(1) 将客户完成了初次购买视为开发成功；

（2）将客户进行了第二次购买视为开发成功。

当然，从企业战略层面来看，客户的成功开发应以再次购买行为作为判断标准。企业只有实施客户开发工作，才能确保客户发生再次购买行为。企业实施客户服务与管理工作往往着眼于长期的客户关系，试图将每一位潜在客户培养成忠诚客户，并留住优质客户。从客户与企业建立关系的过程来看，客户一般会经历被吸引、尝试购买、建立忠诚等关键阶段，客户初次购买属于对企业产品或服务的尝试，此时企业客户开发程度较低，企业和客户关系处于不稳定状态，企业很难保证客户最后会被挽留。

（二）客户开发的原则

对于企业而言，并不是所有的客户都是优质客户。只有持续提升优质客户开发能力，才是企业保持竞争优势的来源之一。企业在客户开发时，可依据以下原则选择优质客户。

1. 原则一：关注客户终身价值

当一个客户在未来收益的折现值超过开发该客户的成本时，企业就应当开发该客户，而不仅仅关注客户当前给企业带来的价值。这项原则要求企业关注长远利益，虽然有些客户的开发成本很高，但是一旦开发成功就能在未来给企业带来长远利益。

2. 原则二：逐步扩大客户开发范围

当企业扩大客户开发范围时，客户开发的成功率就会降低。这项原则与二八法则的内涵一致，有助于企业有层次、有选择性地进行客户开发。企业应先瞄准最有价值的客户，其次是一般客户，以此类推。

企业使用该原则时需要考虑适用情况。企业实践表明，二八法则更适用于处于相对成熟的行业、发展相对稳定且有固定客户来源的大型企业。对于发展尚不成熟、处于创业发展期的中小企业，首要解决的问题是挖掘新客户，但由于其对市场的开发相对不足，客户群往往比较分散，已有客户数量较少且无法保证营销目标的实现，因此高成本、高风险的广撒网、细搜寻的方法是这些企业必须进行的尝试。

3. 原则三：判断客户保留获利

企业从客户保留中获取的利润越多，就越应该在客户开发阶段投入更多。这项原则背后的逻辑是：当一个客户能带给企业更多的未来收益，那么企业就可以支付得起所增加的开发成本，增加了企业在客户保留中的获利，从而形成良性循环。

4. 原则四：缩短客户开发成本回收期

企业收回最初的客户开发成本的时间越短，就越应该加大客户开发投入。客户开发成本的回收期是指客户为企业带来的利润弥补原始投资所需要的时间。早期的投资回报决定了投资风险。客户开发成本的投资回收期越短，企业面临的风险越小。

（三）客户开发的意义

对企业而言，客户开发的意义主要体现在以下三个方面。

1. 有助于企业获得新的市场增长空间

良性发展的企业必然要求新的市场空间，客户开发工作往往意味着企业获得了新的市场，不断发展壮大。

2. 有助于维持企业的客户基础和竞争地位

根据客户生命周期模型，客户与企业的关系周期是有限的。老客户因自身的业务萎缩减少需求，或者选择别的合作商，存在流失的必然性。获得新客户能弥补老客户流失的数量，帮助企业维持市场竞争地位的稳定。

3. 有助于淘汰不合格的老客户

合作建立在双方共赢的前提下，但利润会随着市场发展而有所变动，客户给企业带来的可能是盈利或亏损。企业往往重视新客户带来的潜在风险，却容易忽视老客户带来的风险。例如，有些老客户习惯于要求获得增值服务，但不愿意付费。因此，为了保证收益的稳定增长，企业需要淘汰不能提供利润的老客户。

二、了解客户开发的方法

企业开发并获取新客户的方法也被称为客户获取途径。随着互联网的快速发展，交互式营销渠道的出现使客户获取途径变得更为复杂。根据企业实践总结的客户来源途径，客户开发和获取的方法主要包括以下三种：线下客户获取、线上客户获取和口碑客户获取。

（一）线下客户获取

线下客户获取是指企业通过线下渠道，如门店、展位、传单、户外广告等方式，获取新客户。这是一种比较传统和常见的客户获取途径，需要企业投入更高的成本，容易受时间和空间的制约，客户转化购买率较低，而且线下交易记录成本较高，难以实时追踪和评估客户的轨迹特征。

（二）线上客户获取

线上客户获取是指企业通过线上渠道，如搜索引擎、购物网站、网络广告和在线直播等方式，获取新客户。随着互联网尤其是移动互联网的快速发展，网络购物已经成为人们的一种生活方式。面对庞大的移动互联网用户，不少企业遇到难以精准评估客户的特征、广告投入成本高等问题。大数据技术的发展与应用，逐渐解决了线上营销获客不精准、投放成本高的问题，使得线上客户获取成为企业获取新客户的一种重要途径。

在当前内容经济模式下，流量为王，随着微博、微信、抖音等代表性社交平台的不断发展，企业纷纷建立了自己的公域流量和私域流量。诸如微博平台流量、抖音平台引流、视频平台流量都是属于公域流量，企业建立的微信群、微信公众号粉丝都属于私域流量。

其中，短视频营销因其时间短、成本低、制作简单、生动形象、吸引力强等独特的优势，逐渐发展成为一种新的营销趋势。以抖音、快手为例，由于这些短视频平台坐拥庞大的用户流量，吸引越来越多的企业在该平台上进行产品或品牌推广以获取新客户。

（三）口碑客户获取

口碑客户获取是指企业通过口碑传播的途径获取新客户，也就是常说的“老带新”，即通过对企业的老客户进行口碑营销，让老客户从企业的消费者转化为消费商，为企业带来新客户。对于服务行业而言，口碑的作用更为重要，“老带新”是服务行业企业获取客户的关键途径。

如今，这种口碑获客途径也发生了重要变化。虽然传统的基于产品或服务特征的口碑传播具有较高的精准度，但波及范围较小、涉及的人数较少、效率相对较低。随着移动社交媒体的快速发展，消费者对产品或服务体验的社群分享逐渐成为一种生活方式，新媒体营销（社群营销、平台营销、短视频营销等）开始受到企业的高度重视。一些企业基于事件、热点、话题等制造营销氛围，以老客户分享裂变的方式吸引新客户，并收获了可观的营销绩效。

三、熟悉客户开发的流程

客户开发工作需要基于前期的潜在客户识别工作，然后聚焦于吸引和获取新客户。具体来说，企业可以通过以下四个步骤获取新客户：确定产品定位与赢得客户注意，吸引潜在客户，促进再购买，评估有效性。

（一）确定产品定位与赢得客户注意

在前期的潜在客户识别工作中，企业完成了确定和寻找潜在客户的任务。为开发这些有价值的目标客户，企业的首要工作是确定产品定位，并获得客户注意。

由于市场竞争的存在，企业应赋予产品或服务差异化的定位，以获得目标客户的青睐和偏好。清晰、独特的产品定位能够直接对客户期望与购买兴趣产生影响。接着，企业可以广告方式为主，充分实施针对目标客户的全渠道营销策略，利用线上线下多个接触点触达客户端，使目标客户注意企业的产品或服务，最好能产生互动，最终引导他们做出购买决策。

需要注意的是，广告宣传虽然以刺激、诱导为目的，但不能传播虚假的信息，否则会让客户产生过高的期望值，影响后续产品使用体验。如果企业无法兑现服务承诺，更会影响客户的挽留工作，甚至产生负面口碑。

（二）吸引潜在客户

赢得客户注意后，企业需要采取进一步的促销策略，适度加大力度以吸引客户购买和使用。当客户开始搜集企业产品或服务的相关信息、评估可能的替代选择时，价格就成为一个重要的因素。

企业开展价格促销的方式可以多元化（折扣、代金券等），以满足客户多方面的需求。当前，很多企业是在某一限定的时间内采取渗透定价策略来获取新客户，后续再恢复价格。渗透定价策略是指企业以较低的价格将新产品投入市场，降低客户的购买风险，以吸引大量客户，迅速打开市场，短期内获得比较高的市场占有率，同时通过接近成本的定价，使其他试图进入该领域的竞争者知难而退的一种策略。

需要注意的是，企业促销最大的难点在于制定最有效的试销定价水平以及平衡试销价格和维系价格之间的差异。因为试销定价作为一个参考点，会影响客户的价格期望，进而影响其后续的购买决策。同时，如果维系价格远高于试销价格，客户很难接受这样的差异，也就难以做出重复购买行为。

（三）促进再购买

客户尝试购买之后不代表就完成了获取工作，在初次购买到二次购买之间，客户仍然处于对产品进行评估的试用阶段。

在试用阶段，客户从产生情感开始转向发生实际购买行为，企业无须继续使用促销策略，而应从以下两个方面着手促进再购买。第一，在营销沟通策略上，以推动策略为主，通过劝导性的广告配合渠道的销售。第二，提升客户对产品或服务的体验感和满意度。使用体验与满意涉及企业的产品或服务的设计（研发团队）、产品生产和配送（运营团队）以及售后服务（客户服务团队）。任何一个部门职责的疏漏缺失，都会降低客户的体验感和满意度，从而直接影响客户的重复购买行为。

为提升客户的产品体验，企业可依托客户关系管理系统持续收集、分析过去客户产品使用和服务体验中遇到的各式各样的问题，解决产品使用过程中特别是竞争对手也存在的问题，并提供“一条龙”的配套服务。此时，企业也可以辅以促销策略，如定期或在产品即将更换的日期之前发送优惠券给客户以刺激再购买，但要注意折扣不能以牺牲品牌形象为代价。

（四）评估有效性

企业是以建立长期客户关系为最终目的的。在客户获取阶段，企业应结合市场定位和潜在客户的行为以及客户获取的不同阶段制定营销策略。因为营销策略与客户获取率（可能性）和获取效率（有效性）相关。研究表明，营销组合中的广告、口碑、定价、产品质量等能提高客户获取率，而企业的客户细分、渠道、销售力及数据库营销能力与获取效率息息相关。

需要注意的是，在实践中，企业可能会过于关注提高客户获取率的可能性指标，而忽视了有效性指标。但在复杂的市场环境下，企业既不可能达到100%的客户获取率，也不可能不计成本、无上限地提升客户获取率。因此，企业可依据行业平均水平确定客户获取率，但还需评估不同渠道客户获取的有效性，以降低平均客户的获取成本。

任务二 掌握客户开发的策略

一、营销导向客户开发策略

营销导向客户开发策略是指企业通过适当的产品、适当的价格、适当的分销渠道和适当的促销手段来吸引潜在客户，从而将潜在客户开发为现实客户的策略。

（一）适当的产品

产品本身是客户最为关注的问题，是客户开发的基础。适当的产品是指企业为客户提供的产品在诸多方面能够更好地满足客户的实际需求。这些方面既包括产品的功能效用、质量、外观或规格等特色，还包括品牌、包装、附加服务以及相关的承诺与保证等。

课堂讨论

一些餐厅提供“代客保管余酒”的服务（酒水寄存），即客人对于在某餐厅里没有喝完的酒，可由该餐厅为其提供酒水寄存服务。如果从另一个角度看，保管余酒需要成本，且可能会降低客户下次消费的金额（客户可以喝余酒而不必消费新酒），为什么这些餐厅还要提供这项服务呢？

以小组为单位，请从客户开发的角度分析原因。

（二）适当的价格

客户在选购产品或服务时往往对价格比较敏感，一般都会有一个期望价格。当市场价格高于期望价格时，更多的客户会放弃购买这个产品或服务，或者减少购买量；而当市场价格低于期望价格时，客户可能认为“便宜没好货”而不购买，导致企业利润随之降低。特别是当客户不能客观地鉴别产品质量并且这种产品与其形象和威望相关时，客户就会将价格当作一个质量标准，认定只有贵的产品才会是好的产品。

企业应当根据产品或服务的特点，以及市场状况和竞争状况，为自己的产品或服务确定一个对客户具有吸引力的价格，如折扣定价（常见的有价格折扣、数量折扣和价格折让）、心理定价（常见的有尾数定价、小数定价和整数定价）、差别定价（常见的有时段差别定价、客户差别定价和时间差别定价）、招徕定价、组合定价、关联定价、结果定价等。

（三）适当的分销渠道

企业进行分销时需要建立销售渠道，实现产品从生产商向消费者的转移。分销商包括各种批发商、零售商和代理商等。企业应当通过适当的销售渠道或途径，使客户很容易、很方便地买到企业的产品或服务。

1. 建立适当的分销渠道

企业应建立方便客户的分销渠道。因为分销渠道的方便性决定了客户获得的价值和付出的成本，是客户选择企业的重要参考指标。例如，面对新的市场情况，银行运用技术手段开通了网上银行、手机银行、电话银行等服务方式为客户提供便利；商店、电影院和餐厅等为了吸引和方便客户消费，在选址时倾向于人口密集、人流量大、人均收入高、交通便利的地段。

2. 谨慎选择分销商

分销商是企业和客户的中间商，通过购买产品并转售出去的差价获利。企业应综合考虑分销商的销售能力、声誉、市场覆盖范围、销售绩效、管理能力、财务和信用状况等因素。

（四）适当的促销宣传

适当的促销宣传是企业利用各种适当的信息载体，将企业及其产品的信息传递给目标客户，并与目标客户进行沟通传播活动，旨在引起客户的注意，刺激客户的购买欲望和兴趣，使其产生实际的购买行动。产品或服务的促销手段包括广告、公共关系和销售促进。

1. 广告

广告是促销组合中一个重要的组成部分和有力手段。广告具有丰富的形式和类型，适用于各种场合，因此其覆盖面大、影响力强、费用相对也较高。广告媒介包括互联网、报纸、电视、广播、邮寄、杂志和户外广告等。不同的媒介种类和载体在效率和效果方面都会有差异。企业应该根据广告的目标、预算、信息等因素来选择合适的媒介。

2. 公共关系

公共关系是指企业通过开展公共关系活动或通过第三方在各种传播媒体上宣传企业形象，促进与内部员工、外部公众良好关系的沟通活动。由于企业在生产经营过程中会与消费者、供应商、政府、中间商、股东、金融机构、其他组织等发生一定的联系，企业往往会采取服务性公关、公益性公关或宣传性公关等方式，使自己与公众保持良好的关系。公共关系促销可以在帮助企业建立声誉、改善形象的同时，促进企业产品的销售。

3. 销售促进

销售促进是指企业为刺激消费者购买，由一系列具有短期诱导性的营销方式组成的沟通活动，包括免费试用、免费服务、优惠券、奖金或礼品等。

同步案例

可口可乐与时俱进的获客之道

1886 年 5 月 8 日，可口可乐诞生。130 多年来，可口可乐从美国亚特兰大的一家药房首卖开始，成功走向世界 200 多个国家和地区，成为全球知名的饮料品牌。可口可乐是如何获得如此广泛的客户认可呢？

作为一个百年品牌，营销模式是可口可乐成功的关键之一。可口可乐公司的营销模式以渠道、广告为主，以促销活动为辅，以塑造强势品牌为最终目的。同时，为迎合技术带来的媒介环境变化和消费者的心理与需求变化，可口可乐一直在与时俱进。

具体来说，可口可乐采取了多种营销策略来推广其产品和建立品牌影响力，具体包括以下方面：

● 广告宣传和品牌形象。可口可乐巧妙、感人的广告和营销活动广为人知。可口可乐注重情感共鸣，通过大规模的广告宣传活动来推广品牌，并塑造了积极、愉悦和共享的品牌形象，将产品与快乐和美好时刻联系在一起。可口可乐投放了电视广告、户外广告和网络广告等，利用各种创意和感人的广告创意吸引消费者的关注。可口可乐的广告宣传活动常常引发公众的共鸣，并激发了大量用户生成内容和社交媒体讨论。

● 品牌活动和赞助。可口可乐积极参与各类品牌活动和赞助，以进一步推广品牌。可口可乐赞助了体育赛事、音乐节、文化活动等，与相关领域进行合作，共同创造品牌体验。例如，可口可乐是多届奥运会和世界杯等重要体育赛事的赞助商。

● 社交媒体和数字营销。可口可乐利用社交媒体平台和数字营销手段与消费者进行互动和沟通。可口可乐在各大社交媒体平台上发布了有趣、引人注目的内容，并与消费者进行互动，增强了品牌与消费者之间的亲近感。例如，2023 年，可口可乐利用实拍＋3D＋Stable Diffusion（输入文本生成图像的人工智能技术）制作的魔幻美术馆广告，贯彻了最新的理念“real magic”，被称为神级广告并引起广泛讨论。

● 产品创新和多样化。可口可乐持续不断地进行产品创新和多样化，推出不同口味、包装和系列的产品，以满足不同消费者的需求和偏好。这种产品创新和多样化能够吸引更广泛的消费者群体，并增加销售量。

- 品牌一致性和忠诚度。可口可乐在品牌形象和传播上保持一致性，致力于传递积极、愉悦和共享的品牌价值观。可口可乐在全球范围内建立了品牌的稳定性和信任度，获得了消费者的忠诚度。

请查找资料并总结和分析：

（1）在新消费背景下，可口可乐的广告是如何做到与消费者产生情感共鸣的？

（2）可口可乐实施了哪些营销活动来吸引和获取新客户？

二、推销导向客户开发策略

推销导向客户开发策略是指企业在自己的产品、价格、分销渠道和促销手段没有明显特色或者缺乏吸引力的情况下，通过积极的人员推销形式，引导或者劝说客户购买，从而将目标客户开发为企业现实客户的过程。

推销导向客户开发策略不是盲目的推销，而是将已识别和挑选出的潜在客户作为推销对象，通过接近客户、说服客户两个环节促成客户采取购买行动。

（一）接近客户

接近客户是指销售人员通过电话、直接拜访或信函方式直接或间接地与客户沟通以便进行销售业务洽谈的过程。接近客户是客户开发的一个重要步骤。企业做好这一步，不仅可以拉近与客户的心理距离，而且可以促成交易、成功开发客户。销售人员在接近客户时，既要自信、注重礼仪，同时又要不卑不亢，及时消除客户的疑虑，还要控制接近时间，不失时机地转入正式洽谈。

1. 接近客户的准备工作

（1）发掘客户痛点。客户痛点就是客户没有被满足的需求。成功开发客户的前提条件是挖掘客户的潜在需求，了解客户的需求及其动机。企业只有戳到了客户的痛点，才能激发客户的需求和欲望。例如，对于初次置业的客户，其痛点是没有属于自己的房子，不能给家人一种安全感、归属感。置业顾问可以激发客户的需求——有了属于自己的房子就可以自由布置，让家人有归属感，并且更有利于孩子的健康成长。

微课：客户拜访的通关宝典

（2）选择接近客户的方式。接近客户的方式包括打电话、直接拜访、邮寄信函及利用即时通信工具等。

（3）接近客户时的话语。1）称呼，叫出对方的姓氏及职务；2）自我介绍，清晰而简要地说出自己的名字和企业的名称；3）说明来意，表明拜访的理由；4）寒暄，选择一些客户感兴趣的话题；5）赞美对方并正式进入主题，在赞美客户后以询问的方式引起客户对本企业产品或服务的兴趣，同时了解对方的需求；6）感谢，诚恳地感谢对方能抽出时间进行业务洽谈。

（4）接近客户 AIDMAS 法则。AIDMAS 法则即客户购买行为的心理动态过程模式：A——Attention（引起注意）；I——Interest（激发兴趣）；D——Desire（唤起欲望）；M——Memory（留下记忆）；A——Action（购买行动）；S——Satisfaction（购后满意）。

2. 接近客户的方法

（1）他人介绍法。他人介绍法分为他人亲自引荐和他人间接引荐两种。他人亲自引荐是指他人直接将销售人员介绍给客户的方法；他人间接引荐主要是他人通过名片、信函、便条等形式进行引荐的方法。

（2）利用事件法。事件也可以作为接近客户的理由。事件既可以是社会事件，也可以是销售人员所属企业的事件，还可以是客户企业的事件，如庆典、酬宾、开业典礼、产品上市周年活动、客户同学会以及各种节日活动，甚至还可以是危机事件等。

（3）调查回馈接近法。销售人员可以利用市场调查的机会接近客户，不仅可以了解客户需求的状况，而且可以借调查之机扩大企业产品的知名度。销售人员进行调查时，往往需要赠送小礼品作为回馈，以引起客户的注意和兴趣。礼品以能获得客户好感且价格适中为宜。

（4）求教接近法。销售人员可以通过请客户帮忙解答疑难问题，或者直接向客户提问而接近客户。采用这种方法时需要注意的是，对方一定要擅长这个领域，销售人员求教后应及时将话题导入有利于促成交易的谈话中。

（5）服务接近法。销售人员可以通过为客户提供符合客户需求的服务，如维修服务、信息服务、产品演示服务、免费试用服务、咨询服务等来接近客户。采用这种方法的关键在于服务应是客户所需要的，并与所销售的商品有关。

（6）社交接近法。这是销售人员通过走近客户社交圈而接近客户的方法。例如，客户加入健康俱乐部或某个社会团体，销售人员也加入该健康俱乐部或该社会团体。在交流中销售人员可以通过赞美客户的方式来博得客户好感，以接近客户。销售人员赞美客户时应真诚、恰当，否则可能适得其反。

（7）利益接近法。在推销产品时，销售人员应着重将产品给客户带来的利益放在第一位，介绍客户购买产品能获得的利益，从而引发客户的购买兴趣。

除上述 7 种方法以外，企业还可以选择其他方法接近客户。例如，企业可以通过电话、短信、社交媒体平台等形式联系客户，进行推销；委托一些专业人士或有特定消息渠道的人士协助联系目标客户；将一些知名人士和机构作为标杆客户，利用标杆客户的影响力接近客户。随着新技术、新通信媒介等的出现，接近客户的方法在未来还会继续丰富。

（二）说服客户

接近客户不等于能够成功地开发客户，开发客户还需要说服客户。

1. 说服客户的要点

说服客户包含三个要点：

（1）向客户介绍企业的情况和产品的优点、价格及服务方式等；

（2）及时解答和解决客户提出的问题，消除客户的疑虑，并且根据客户的特点和反应及时调整策略和方法；

（3）向客户说明购买产品或服务的好处。

微课：说服的四个要素及提升说服力的五个步骤

说服客户时，销售人员一般可采取富兰克林式表达方式。富兰克林式表达是指销售人员向客户说明，如果客户购买了某产品，能够得到的第一个好处是什么、第二个好处是什么、第三个好处是什么、第四个好处是什么……同时也向客户说明如果他不购买该产品，蒙受的第一个损失是什么、第二个损失是什么、第三个损失是什么、第四个损失是什么……这样，客户在权衡利弊得失之后，常会做出积极的选择。

销售人员说服客户时，应注意以下事项。

（1）记住客户的名字，并且亲切、得体地称呼客户，使客户产生被尊重的感觉，从而加深销售人员与客户之间的感情。

（2）善于倾听。销售人员要想了解更多关于客户的信息，在善于提问的同时，还要善于倾听。

（3）避免武断的说话方式。遇到可能会引起争论的事情时，销售人员应该以温和的方式，如“据我了解……”“如果没有记错的话……”等来表达自己的观点，而不要使用绝对的或不容置疑的词语。

（4）要保持微笑。企业要想获得持久发展，销售人员就要掌握一种简单、易行、不花本钱却又行之有效的秘诀，那就是微笑。

2. 不同客户类型的说服策略

说服客户是推销的临门一脚。如果销售人员无法说服客户，则前功尽弃。销售人员要说服客户，应当“对症下药”。由于客户的教育背景、个人修养、性格、习惯、兴趣等的不同，对于各种人、事、物的反应及感受有较大的差异，因此销售人员对待不同类型的客户时必须采用不同的说服策略。说服不同类型客户的策略如表 4-1 所示。

表 4-1　说服不同类型客户的策略

客户类型	特征	说服难点	说服策略
理智型客户	成熟的客户，较理性、不冲动、客观明智、考虑周详、决策谨慎	容易抱有怀疑态度，对于销售人员的讲解无动于衷	获得信任是关键，产品介绍要客观专业、坦诚细心，态度要不卑不亢，耐心解答疑点，不能投机取巧

续表

客户类型	特征	说服难点	说服策略
冲动型客户	性急、心直口快、易激动、善变、冲动决定又易反悔	容易不等销售人员说完就急着下结论	销售语言明快，强调产品特色，注意观察对方的情绪变化，注重营造气氛和综合感染力，并尽快结束销售
顽固型客户	老年客户居多，偏好强，不乐意改变，处事果断	欠思考，往往无法与销售人员意见一致	不要试图在短时间内改变客户，要以温和的态度礼貌引导，要善于利用权威、有力的资料和数据来说服对方
好斗型客户	争强好胜，独断专行，征服欲强，喜欢将自己的想法强加于人，喜欢争执细节	百般挑剔，经常提出不合理要求	冷静并礼貌对待，不可贪图一时痛快与之争辩，适当让步，尽力将客户兴趣引导至产品上
优柔寡断型客户	疑问较多，外表严肃，反应冷漠，出言谨慎，不易信任他人	难以捉摸其状态，迟迟不做决定，畏首畏尾	应以忠实、诚恳的态度，主动、热情、耐心地为客户详细介绍并解答其提出的问题，以取信对方，然后帮助他们做出购买决策
孤芳自赏型客户	喜欢表现和突出自己，不听劝，任性且嫉妒心较重	喜欢喋喋不休，而不是让销售人员讲述	认真倾听以维护其自尊，并采取请教的口吻和客户打交道，点到为止即可，而不能极力劝说
盛气凌人型客户	主观性强，心思细密，表现为不通情达理、高傲顽固、自以为是	喜欢挑毛病，并对产品的各个方面提出种种不合理要求	不卑不亢，给予适当的恭维，让客户尽情畅谈，以满足其表现欲，不可与其争论，可强调一些优惠政策
生性多疑型客户	疑问较多，对推销反应冷漠，外表严肃	一开始就表现出怀疑和抗拒，不易取得其信任	要充满信心，以严肃的表情和谨慎的态度说明产品的独特优势和实惠，但切记不要轻易在价格上让步
沉默寡言型客户	性格内向，极少言语，只听但不表示意见	对销售人员的话无动于衷，表现冷淡	态度要主动、热情、亲切，先引导客户谈论自己的专长，设法了解其真正需求，再引起客户对产品的兴趣
斤斤计较型客户	爱贪小便宜，喜欢讨价还价、不知足，但精明能干	对价格极其敏感，只关心折扣或赠品等	应避免与其计较，首先强调产品物超所值，也可事先提高价格，让客户有讨价还价的余地，还可先赠予小礼物以引起客户兴趣

任务三　实施数字时代的客户开发

客户触达是客户关系建立的起点。每个客户在接触组织、产品及服务时都会产生特定的感受，这些就是接触点。这些接触点会产生关键时刻，接触质量会对客户的情绪产生影响，直接决定了客户的购买意愿。尤其在数字化时代下，基于数据和社交媒体对用户接触点的深入了解，企业可挖掘与消费者建立联系的关键时刻。

一、设置客户接触点

（一）客户接触点和关键时刻

1. 客户接触点的定义

客户接触点是指客户接触企业、品牌、产品或服务并了解相关信息的所有机会，它是企业为了吸引用户而做出的具有特定目的性的陈设、活动或者安排。

客户接触点分布在企业销售活动的全过程。针对不同的企业、不同的产品或服务，客户购买的流程不同，客户接触点也不同。各销售阶段常见的客户接触点如表 4-2 所示。

表 4-2　各销售阶段常见的客户接触点

销售阶段	客户接触点
售前	广告宣传、售前咨询、使用者介绍、销售人员推销、橱窗陈列
售中	上门、营业员介绍、试用、询价及讨价还价、购买
售后	送货、安装调试、使用产品、客户评价、售后服务

客户接触点也分布在客户生命周期的每个不同阶段。具体来说，在客户获知、考虑、购买、留存、传播等不同阶段会产生大量的线上线下接触点，这些接触点汇总在一起会形成客户对企业或产品的总体印象。

2. 从客户接触点到关键时刻

所有客户接触点构成了客户与企业、产品的互动过程，这些互动的质量和效果决定了客户对产品的认识、理解和态度，并且客户在每一个客户接触点都会获得独立的体验，这些体验会导致 4 种结果。

（1）体验极好，激发购买欲望，直接决定下单；

（2）体验较好，欣然进入下一个流程，在下一个客户接触点继续评价这笔交易；

（3）体验较差，心生抱怨，但决定继续下一个流程，再看看；

（4）体验极差，中止交易或之后不再交易。

客户会根据自己在客户接触点中的体验来进行消费决策，这就是“关键时刻”。关键时刻是客户对企业和产品做出关键性评判的时刻。关键时刻可能出现在任何客户接触点上，但其分布有迹可循。例如，很多客户会因为试用做出消费决定，但只有较少的客户会因为听到营业员的欢迎词就直接做出消费决定。

企业在连接和接触客户的过程中，应该让客户自始至终感受到积极体验，提升客户对企业的良好印象。同时，企业需要注意的是，各接触点之间并不是独立分割的，而是紧密联系、协同配合的，以确保客户在任意接触点上能够具有一致的体验。因此，对企业来说，既要努力增加接触点的数量，又要提升接触点的质量。

接触点是企业连接客户的重要纽带。企业设计接触点的根本目的是让客户及时、准确、全面地了解企业及其产品方面的信息，进而形成购买决策和完成购买行为。其核心是企业在正确的接触点、以正确的方式向目标客户提供产品或服务。在当今市场上，客户体验变得越来越重要，开设体验店以增进客户体验就是通过接触点来实现。

（二）数字化时代的客户接触与连接

随着移动互联网和社交媒体的普及，客户在与企业的互动过程中的接触点越发多样化、复杂化。尤其是线下接触向线上接触转换，加速了企业与客户连接的进程，并且通过互动积累了大量的客户行为数据，促进了消费者购买行为的转化。

在数字化时代，客户接触与连接方式的最大变化是从多渠道转为全渠道。换句话说，企业与客户的接触不再是割裂的，各接触点之间的隔阂被打破，各接触点以客户为中心交织在一起。随着消费者购物方式的变化，一种新的将线上渠道和线下渠道完全打通融合的全渠道营销应运而生。全渠道营销是指个人或组织为了实现目标，满足客户在任何时候、任何地点、任何方式的消费需求，在全部渠道（商品所有权转移、信息、产品设计生产、支付、物流、客流等）范围内采取实体、电子商务和移动电子商务等多渠道整合的方式销售产品或服务，为客户提供无差别的消费体验。

从企业的角度看，全渠道营销强调的是客户可以选取自己认为最优的模式，在该企业的任意渠道之间获取信息，进行采购，并且最终取得商品无缝连接的过程。为了能大幅提高接触点连接客户的效率，企业应对各个接触点进行协调，合理分配资源。所有的接触点必须相互协调、互补不足，通过多样化的触点技术向客户提供随时随地、连贯一致的客户体验，以高效地获取客户。

为了实现全渠道的客户连接，企业需要做到以下 5 点。

（1）建立对企业客户唯一、连贯、准确、整体的视图，以便企业更好地了解客户，为客户提供服务。

（2）结合企业目标客户的不同特征和不同的数字渠道特征建立线上线下统一的内容策略。

（3）在多种渠道之间引导客户消费，与客户在正确时间、正确地点以正确方式产生交互。

（4）基于多渠道的客户数据分析，向客户提供个性化、定制化的内容、服务和产品推荐。

（5）以数字技术为必要支撑，所有数字渠道的软件应用都应该实现持续交付，以确保全渠道的快速响应。

（三）客户接触点的设计

企业要想提升客户体验，就需要对客户接触点进行设计。企业设计客户接触点时，一般遵循以下三个步骤。

（1）梳理业务流程，找出客户接触点。当企业需要找出客户接触点时，应对企业的业务流程进行梳理，分析每个环节工作内容和工作时长，并绘制业务流程图。

（2）明确客户需求，改善客户接触点。企业设计客户接触点时，首先需要分析客户对每个接触点有何种需求，然后根据实际体验有针对性地改善客户接触点。

（3）优化客户体验，增加客户接触点。为了进一步优化客户体验，可进一步挖掘客户需要，并增加新的客户接触点。

以某个通信企业营业厅为例，一起来看其客户接触点的设计过程。最初，该营业厅面临的问题是：每天上门的客户较多，但受限于面积与成本，该营业厅无法增设服务窗口，整体服务评价较低。为了改善现状，该营业厅试图通过设计客户接触点和关键时刻来提升服务质量，获得客户满意与认可。

首先，梳理营业厅的客户业务办理流程。通过观察可绘制如下标准流程：客户到店（不限）→自助取号（数秒）→填写表单（5 分钟）→排队等候（45 分钟）→办理业务（18 分钟）→离开（数秒）。从业务流程中可以提炼出自助取号、填写表单、办理业务 3 个客户接触点。通过流程分析可推测，客户对该营业厅服务的抱怨可能集中在排队时间长、办理业务效率低。

其次，分析每个接触点的客户需求并满足。在自助取号环节，客户希望“快速拿到号码，明确等待时长”，但实际体验是“能快速拿到号码但不知需要等多久”；在填写表单环节，希望“快速、正确地填写好表单”，但实际体验是“填单烦琐，无人指导，时间较长”；在办理业务环节，希望“快捷、便利，一次办好”，但实际体验是“拖沓，流程长，花费时间长”。由此可见，客户核心需求是：快速、方便地办理业务。结合客户需求和实际业务办理中的问题，营业厅做出了如下改动：营业厅提供计算机供客户填写电子表单，业务员能快速获取系统已上传的电子表单而无须再手动录入信息。最终成功将业务平均用时缩短为 12 分钟，排队等候时间缩短为 26 分钟，大大优化客户体验。

最后，增加新的客户接触点，覆盖更多的客户需求。营业厅还增加业务指导和广告宣传两个接触点。业务指导专门服务刚到店的客户，询问其待办业务类型并进行有针对性的指导。广告宣传是为改善客户等候期的体验，在等候区提供产品宣传册、手机体验区供客户阅读和体验。

通过对客户接触点的精心设计，该营业厅不仅提升了业务办理速度，优化了客户体验，还取得了不错的销售业绩。在日常生活中可观察到，该方法已经在大量营业厅得到了推广和应用。

二、管理媒介矩阵

（一）媒介矩阵的定义

在当今信息逐渐碎片化的时代，企业依靠单一的渠道与消费者建立联系变得非常困难。于是，企业开始综合利用传统媒体和新媒体触达用户，建立一个良好的媒介矩阵来实现“1＋1＞2”的效果。

从形式上，媒介矩阵是指在新媒体和传统媒体环境下，以不同身份在单个媒体平台运营（如服务号、订阅号等）或在多个媒体平台分别运营，并与用户端相连接，从而形成对用户接触点的立体覆盖。从内容上，媒介矩阵是指根据不同人群形成的不同媒介类型所构成的分渠道媒介集群，在内容上聚焦于目标用户，既具有独立性，又在一定程度上相互呼应。

随着技术的不断发展以及需求的持续升级，各类型企业均争先开拓微信、微博、抖音及客户端等新兴的主阵地，通过建立媒介矩阵来形成相应的信息流传播体系，扩大其影响范围与程度。

然而，由于很多企业对媒介矩阵的认知存在以下三种误区，导致无法达到理想效果。

误区一：媒介矩阵是媒介简单的“叠加”。媒介矩阵的关键是使受众实现了对不同媒介内容的集合式消费，它表明了消费者对于能够满足一系列相关性需求的单一供给者的偏爱。从目前的情况看，许多企业的用户媒介矩阵仍然处于简单的“叠加”形态，不考虑平台特性，将同样的内容多次、多渠道重复发送。在此情形下，用户无可避免地多次阅读相同的内容，审美疲劳也就出现了。这样简单“叠加”的做法不仅无法留住用户，反而会将用户推向其他商业品牌。

误区二：媒介矩阵等同于大流量。随着新媒体的出现，消费者更加习惯借助移动设备来获取信息，导致流量成为衡量用户媒介矩阵效果的重要标尺。但是，企业拥有了媒介矩阵不等于自动拥有了高流量。现实中，不少企业在矩阵建设上普遍撒网，全面开花，罗列数十个平台，但是在经营上顾此失彼。由于内容缺乏吸引力或推荐不力等，因此一些矩阵订阅用户数量较少，浏览量寥寥无几，活跃的、有效传达的屈指可数。

误区三：媒介矩阵等同于高吸附。从本质上来说，流量仍然只是一个瞬时值，它代表不同介质平台上某个具体的传播内容在一定时间段内达到的浏览高峰。但媒介矩阵的最终目标是拥有长期而稳定的用户群，即用户媒介矩阵不仅能为企业吸引到大量的用户，而且要使用户对媒介平台产生黏性，同时还要让用户认可品牌。由此可见，媒介矩阵的构建只是企业“留客”的初级阶段，离培养出高黏度的用户还有较长距离。

（二）媒介矩阵的类型

通常来讲，用户媒介矩阵有横向矩阵和纵向矩阵两种类型。

1. 横向矩阵

横向矩阵，又称外矩阵，是指企业在全媒体平台的布局，包括自有 App、网站和各类新媒体平台，如微信、微博、今日头条、抖音、小红书等。从横向来看，这些媒体平台往往呈现垂直化、圈层化的特点。例如，可将这些媒体分为六大类型：文娱类、新闻类、社交类、服务类、消费类、知识类。这些侧重不同内容的媒体精准地服务于不同的用户需求。

2. 纵向矩阵

纵向矩阵，又称内矩阵，是指企业在某个媒体平台的生态布局，是其各个产品线的纵深布局。这些平台一般都是大平台，如微信，企业可在微信平台可以布局订阅号、服务号、社群、个人号及小程序。

课堂讨论

由央视财经独家制作的“厉害了，我的国”系列活动，在媒介矩阵的大力铺陈下，取得了良好的传播效果。该活动宣传矩阵包括 30 多家央企媒介矩阵、地方企业矩阵和团中央矩阵，以及金融机构矩阵、铁路矩阵、民企工商联矩阵等。

以小组为单位，请同学们分析央视新闻或央视财经所搭建的媒介矩阵，统计媒体平台数量、不同平台上自有账号数量、主要用户集中在哪些平台。

（三）建立用户媒介矩阵的意义

建立用户媒介矩阵对企业来说有以下意义。

1. 不同媒介间的联动协同放大了客户连接的效果

例如，当前比较流行和常见的微博与微信两大渠道之间的联动。具体分析如下：

（1）相对于微信账号的私密性，微博账号一定程度上来说是开放式的，能够吸引更多的潜在用户，与用户形成一种弱关系。

（2）企业可通过微博对广泛用户进行诱导，从而使用户有效地进入微信平台的公众订阅号，订阅号与用户形成一种次强关系。

（3）企业可通过微信服务号对精准粉丝及用户进行维护，将其定位为微信账号的忠诚读者、粉丝或用户，提升粉丝的精准度，最终实现强关系的转化。

2. 降低内容创作的成本

企业可以对有效信息进行一物多用，即对于同样的信息根据不同媒介平台的特点进行包装或加工，真正实现同一媒介的不同子集之间的互动与整合，从而进一步降低信息创作与传播过程中的成本，在提高信息传播速度的同时扩大信息传播市场，使得交互媒体的品牌效应在具体地域内得到强化。

3. 传播内容与形式多元化

每种传播媒介都有独特的内容风格。例如，微信公众号以图文为主，微博以简短的文字加照片为主，而抖音以 15 秒到 1 分钟的视频为主。

4. 分散风险

建立媒介矩阵是企业在遇到波动和不确定性的情况下采取的一种可靠的分散风险的方法。假设企业只在一种媒介上运营，如果不幸出现“黑天鹅事件”导致被封号，企业所有的宣传努力都会前功尽弃。

5. 推动企业取得更好的发展

媒介矩阵将企业和受众的互动性提升到了新的高度，并且对于传播结果和反馈有了一定量级的数据支撑，如播放量、点赞量和留言量等。企业在各大新媒体平台发布相关征集信息，使经销商与用户为企业的发展提出更多、更全面的建设意见，经过长期积累，用户与企业间的网络互动增多，推动企业发展得更好。

三、智能客服辅助获客

（一）智能客服的介绍

智能客服的前身是自助服务技术（Self-service Technologies，SST）。自助服务技术是指在没有服务员工直接参与的状态下，通过技术界面经由客户直接生产服务的模式。这些自助服务技术界面包括信息亭界面（如自动取款机、自动售票厅等）、基于电话或其他语音的界面（如华为的语音助手“小艺”）以及基于网络的界面（智能客服，如京东的“咚咚”；虚拟数字人，如万科 AI 数字员工“崔筱盼”）三大类型。

随着数据的增加和客户需求的多元化，实现客户服务自动化成为一种必然。近年来，各行业经营部门都在强调自动化属性。为了提高客户满意度，企业需要创新相关的客户服务自主行动。智能客服可以通过以下丰富的协作满足这一需求。

（1）大数据。对客户执行的每一个行动所产生的大量记录进行数据分析，分析这些数据有助于发现客户的购买模式。

（2）算法。确定客户的偏好预测、自我学习的范围，以及具有数据处理能力的潜在自动化途径。

（3）工作流程。客服自动化引擎会提供及时的客户服务，倡导个性化的客户互动，实施主动行动并且理解客户行为。

（二）智能客服的获客优势

1. 聊天机器人增加获客机会

聊天机器人是一种通过聊天与客户交谈的虚拟代理，主要用于回应简单的客户查询。采用人工智能的聊天机器人可以通过以下方式为客户带来更好的服务。

（1）全方位的渠道支持。聊天机器人将客户对话整合在各种平台上。

（2）“永远在线”的客户服务。聊天机器人可以全天候为客户提供服务。

（3）减轻工作人员的负担。随着问题复杂性的增加，聊天机器人的功能随之升级，从而减轻工作人员的负担，避免在简单问题上浪费时间。

2. 智能客服改进销售工作

智能客服对销售工作的改进主要体现在以下两方面。

（1）让销售工作更省心。销售人员每天早上醒来后，脑海里想到的第一件事往往是所有要打的销售电话。销售人员给客户打电话时，客户不接怎么办？接了说忙怎么办？什么时间段打给客户比较好？智能客服会自动显示销售人员当天的日程安排，自动追踪客户行为（如客户什么时间访问公司网站并留言，什么时间打开、阅读、回复销售人员发送的邮件，什么时候回复销售人员的电话等），智能客服据此建议销售人员一周内每一天联系客户的合适时间。此外，智能客服还能对潜在客户进行优先级排列，让销售人员快速地响应高价值业务机会。

（2）让营销工作更精准。利用智能客服的市场营销人员能够使用智能化评分系统来预测每个客户的转化可能性，为每个客户自动匹配适合的营销流程，向每个客户推送最优质的内容。在智能客服的帮助下，销售人员能够了解客户的需求，从而预测潜在业务机会并为客户提供超出期待的服务；销售人员还可以开展预见性活动，为客户营造前所未有的个性化体验。

（三）智能客服的使用注意事项

尽管自助服务技术和智能客服给人们生活带来许多便利，但人际互动难免会出现问题。例如，机器故障、网络拥堵、高度拟人化的智能客服无法应对主观性问题等，引起客户产生厌恶感，加剧负面态度。

同时，不同的客户对人工智能服务的看法和接受度不同。对于技术控制能力强、忍耐力强、对新鲜事物充满好奇的客户来说，他们很愿意接受人工智能服务，他们认为人工智能服务更加便捷、灵活，为自己节省了时间、精力，在享受服务的过程中自己还拥有了更多的控制权，这些客户能够享受人工智能服务带来的乐趣和好处。然而，对于不具备基本操作能力、对新事物有恐惧感的客户来说，他们通常不愿意接受人工智能服务，更有甚者会对人工智能服务避而远之。面对人工智能服务，这类客户会非常担忧、困惑甚至烦躁，他们担心在享受人工智能服务的过程中发生意外，便从心理上觉得这种服务不好、安全度不高、操作麻烦等。

针对这些情况，企业在为客户提供人工智能服务时应注意 5 个方面的问题。

1. 为客户带来更好的服务体验

企业提供的人工智能服务为客户带来的体验价值应高于传统服务或至少与传统服务保持相同，否则导致客户偏好传统的服务方式。例如，企业提供的人工智能服务能够帮助客户节省时间、成本，或者给客户带来更多的便利。

2. 消除技术障碍

人工智能系统或工具的界面要非常友善、操作简单，能让客户很容易地上手使用。人工智能的使用率在银行及零售领域高是因为网上银行技术与电子商务技术的发展已具备了一定的成熟度，而这两个领域的客户对自动系统和电子信息交换系统有了相当高的适应度。

3. 为客户提供相关培训

企业可以为客户提供如何使用智能客服服务方面的培训。例如，企业对客户进行智能客服设备操作培训，使他们能够熟练掌握相关人工智能设备的操作方法。这样不仅能使客户具备独立操作人工智能设备的能力，提高客户在享受人工智能服务过程中的自主性，还能增进企业与客户之间的情感联系，有利于企业树立良好的口碑。

4. 消除风险隐患

企业要不断提高人工智能设备的性能，确保人工智能提供的服务可靠、稳定。企业要在人工智能设备旁配备专门的客户服务人员，并对客户服务人员进行专门的培训，让他们掌握人工智能设备的使用方法和必要的故障处理方法，随时准备为客户提供帮助，消除客户在使用人工智能设备过程中存在的心理压力和技术焦虑感，使客户更加顺畅地操作人工智能设备。

5. 适当鼓励客户参与

企业可以鼓励和引导客户接受人工智能设备提供的服务。对于自助系统能够解决的问题，企业要鼓励客户尽量使用自助系统完成操作，并且给予接受人工智能服务的客户适当的奖励和回报。

总的来说，企业为客户提供人工智能服务时，在文化和技术上不可避免地会面临一些障碍，但是只要企业真正做到倾听客户意见、注重客户体验，那么人工智能服务一定能够变成一种为客户所喜爱的选择。

项目小结

本项目的主要训练内容是让学生理解企业吸引和开发客户的内容及其变化。首先，本项目整体介绍了客户开发的理念、方法和流程。其次，本项目阐释了传统的营销导向和推销导向的客户开发策略。最后，本项目进一步介绍了数字时代客户开发的变化，包括客户接触点设置、媒介矩阵管理和智能客服辅助获客。

理论知识测试

一、单选题

1. 以下哪项属于新客户被成功获取的标志？（　　）

A. 成功吸引客户注意力　　B. 客户首次购买的意向

C. 客户评估产品和服务　　D. 客户再次购买行为

2. 根据企业实践中客户来源的途径，客户开发和获取的方法主要分为（　　）。

A. 大众媒介、直复营销、网络传播

B. 中间商（代理商、经销商和零售商）、人员推销、口碑推荐

C. 线上客户获取、线下客户获取、口碑客户获取

D. 网络传播、口碑推荐、人员推销

3. 通过营销方式开发目标客户的主要措施不包括（　　）。

A. 提供适当的产品或服务　　B. 适当的产品或服务价格

C. 适当的产品或服务分销　　D. 企业的新业务

4. 以下哪一项不属于客户开发的步骤？（　　）

A. 选择潜在客户　　B. 吸引潜在客户　　C. 促进再购买　　D. 评估有效性

5. 下列关于企业和客户接触点的描述不正确的是（　　）。

A. 接触点是指客户与企业、与企业代表接触交往时所通过的媒介

B. 接触点包括商店、电话、邮件等

C. 每个接触点都提供服务和潜在增加客户满意度很重要

D. 客户和企业的接触点很多，每个接触点都具有实质性的帮助

二、多选题

1. 口碑客户获取是指企业通过口碑传播的途径获取新客户，也就是常说的“老带新”。以下关于“老带新”表述正确的是（　　）。

A. “老带新”是指通过对企业的老客户进行口碑营销，让老客户为企业带来新客户

B. “老带新”是服务行业获取客户的一种重要途径

C. “老带新”中的老客户既是企业的消费者也是企业的消费商

D. 自发“老带新”的精准度低，波及范围小

2. 客户接触点包括（　　）。

A. 网点布置陈设　　　　　　　　B. 宣传资料的内容和形式

C. 业务人员的言谈举止和工作方法　　D. 网站

3. 企业在为客户提供智能客服时应注意的问题包括（　　）。

A. 为客户带来更好的服务体验　　B. 消除技术障碍

C. 为客户提供相关培训　　　　　D. 消除风险隐患

三、判断题

1. 当一个客户在未来收益的折现值超过开发该客户的成本时，企业就应当开发这名客户，而不仅仅关注客户当前给企业带来的价值。（　　）

2. 企业在开发潜在客户时都应该不计成本广撒网，这样才能避免重要客户的遗漏。（　　）

3. 线下客户获取是指企业通过线下渠道，如门店、展位、传单、户外广告等，获取新客户。（　　）

4. 媒介矩阵就是将多种媒介进行简单“叠加”。（　　）

项目实训

调查并展示针对某个品牌新产品推广时的客户接触点设计情况

实训要求：

以小组为单位，选取某个品牌近3年内推广的一款新产品，分析企业对该产品在数字时代下进行客户开发时的线下和线上客户接触点设计以及使用的媒介矩阵，并将其绘制出来。

实训内容：

1. 分别针对所选取的产品，分析该企业新产品推广时线下的接触点设计，结合客户接触点的设计知识，将流程中接触点提炼出来，分析客户需求和实际体验，并结合本项目所学知识对客户接触点进行优化。

2. 将该产品的线上推广使用的媒介矩阵列出来，并对比不同媒体平台之间的关联性，最后撰写一份分析报告。

成果及评价：

1. 每组提交一份某品牌新产品推广时的客户接触点设计分析报告。

2. 教师对每组学生的报告评定成绩，对有代表性的分析报告进行点评。

项目五 管理客户信息

学习目标

知识目标

- 掌握客户信息的类型和内容；
- 了解客户信息的来源；
- 熟悉客户信息档案的形式及要求；
- 熟悉客户信息管理的原则；
- 熟悉数据库的建立流程和维护方法；
- 掌握客户信息分析的内容。

能力目标

- 能够具备通过各种渠道收集客户信息的能力；
- 能够对客户档案进行简单录入和整理分析；
- 能够结合所在公司要求设计客户信息档案；
- 能够具备识别客户信息、发现客户信息价值的能力；
- 能够基于已有数据进行客户画像。

素养目标

- 培养与人沟通、和善相处的意识；
- 培养利用数据工具整理和分析客户信息的数字化思维；
- 树立诚实守信、严守客户秘密的意识；
- 培养尊重数据、实事求是、合法合规的精神和态度；
- 增强信息安全意识，共同维护国家安全。

项目解析

根据客户服务与管理职业学习活动顺序，本项目可以分解为以下三个学习任务。

案例导入

小红书在保障信息安全中继续助力新经济新业态

2022年5月10日是第六个“中国品牌日”。《人民日报》于5月11日刊发了小红书创始人瞿芳的署名文章——《创造美好生活，搭建价值桥梁》。瞿芳提出在线新经济和实体经济相结合，正在国内市场形成双向驱动。创立于2013年的小红书，可谓是用户信任缔造的中国品牌。作为一个“内容十电商”一体化平台，小红书致力于搭建美好生活和优秀品牌之间的桥梁，基于用户的主动表达和体验分享，帮助品牌精准找到用户价值，同时帮助用户发现更好的产品和服务，在“种草经济”中推动产品和品牌创新。

2021年底年报数据显示，小红书每月活跃用户超过1亿人次，且呈年轻化趋势，年龄主要集中在18～34岁（占比83.31%），以女性用户为主（占比90.41%）；每天小红书平台产生超过100亿次的手记曝光量；小红书上国货品牌数量超7.8万个，用户对国货品牌的搜索超12亿次。

在“创造美好生活、助力中国品牌建设”的过程中，小红书积累了大量的客户数据信息，而且小红书非常注重信息管理系统安全和客户的数据信息安全。当前，小红书积极采取多项维护数据信息安全的措施，包括在公司内部设立专业的网络信息安全团队——负责防御黑客攻击、维护网络信息安全以及制定网络信息安全管理方法等，也成功通过我国信息管理系统安全性等级保护三级测评和公安部标准颁发的“国家信息安全等级保护”三级认证（我国对非银组织最高级别的信息安全验证）等。

在助力品牌和消费者的连接时，小红书CTO曾强调：“客户个人隐私保护是数据信息运用的第一前提条件。虽然通过优化算法和实体模型等方式可以为客户提供更好的服务，但保障客户个人隐私的安全和保护永远是小红书首要关注的问题。”

资料来源：小红书：助力中国品牌洞悉未来趋势，把握消费脉动［EB/OL］.央广网，2022-05-11.

思考：

（1）在小红书“创造美好生活、助力中国品牌建设”的过程中，客户信息发挥了哪些作用？

（2）作为用户信任缔造的品牌，小红书在管理客户信息安全方面做出了哪些努力？

任务一 建立客户数据库

信息是企业决策的基础，客户信息也是企业实施客户服务与管理的基础，是企业宝贵的资源。企业需要全面收集客户信息，进而建立和管理客户数据库。基于客户数据库实现对客户信息的分析与应用，是企业做好客户服务与管理工作、提升自身竞争力的有效手段。

一、认识客户信息

微课：认识客户信息

企业在经营过程中，无时无刻不与客户信息打交道。例如，企业需要与客户沟通，了解其需求；需要了解客户的预算，向其推荐产品或服务；需要了解其联系方式，便于送货和提供其他后续服务。

由此可见，企业要真正做到以客户为中心，就需要掌握客户信息，并实施科学的客户信息管理。了解客户信息的重要性、类型、内容和来源是实施客户信息管理的前提。

（一）客户信息的重要性

身处数字化时代，“数据为王”的观点被日益重视，有人认为“谁拥有了客户数据，谁就拥有了生意”。“客户信息库就像企业的一座金矿”，已成为企业的战略资产。客户信息对企业的重要性主要体现在以下四个方面。

1. 有助于提升企业的市场竞争力

（1）企业可以减少向其他企业采购信息的需求，降低企业经营成本。

（2）完整的客户信息库是企业正确决策的基础。企业可以快速挖掘现有客户和潜在客户的需求信息，从而准确地制定营销战略和策略，开展有效的市场和产品开发活动。客户信息可以让企业以更快的速度识别市场中的微妙变化，如客户行为、价格敏感度、市场份额和物流等问题，然后制订相应的计划，以便及时调整经营战略。

2. 有助于提高企业营销的有效性

（1）通过客户信息衡量客户价值，企业可以确定合理的客户等级，制定不同等级客户的营销策略和售后服务策略。企业通过有针对性的营销投入，并对投入进行跟踪评估和优化调整，可以降低运营成本，提高营销效率和效果。

（2）完善的客户信息有助于优化企业分销渠道，如开辟新的分销渠道、关闭旧的分销渠道以及重新部署现有的分销渠道等。

课堂讨论

以小组为单位，讨论为什么要依据客户信息对客户进行分级？在客户服务方面，客户分级管理对客户来说是不是一种歧视？

3. 有助于提高企业新产品开发能力

借助客户信息，企业能够在分析客户需求的基础上对产品或服务进行创新与改进。

（1）通过客户信息库，企业可以直接与客户进行交互沟通，更容易产生新产品的概念。

（2）企业可以及时了解客户的评价和意见，对产品进行改进和升级。例如，伊利集团基于自建的大数据雷达平台，结合全球酸奶市场发展趋势，发现消费者对高品质常温酸奶有很高的需求，进而研发推出了第一款原味安慕希酸奶，后续依据大数据洞察对产品进行优化升级，不仅研发了多种口味，还创新了适合不同场景的酸奶包装。

4. 有助于提高客户的满意度和忠诚度

（1）全方位的客户信息有助于将员工从日常信息收集工作中释放出来，使其能够将更多精力和时间投入更为关键的事务中，以更好地为客户提供服务。

（2）企业能够对客户进行更为深度的洞察，发现、预测和满足客户的个性化需求，也可以及时发现并解决问题，从而提高客户满意度，培养客户忠诚度。企业可以依据客户需求和客户价值匹配客户服务资源，从而提高客户服务水平。企业拥有的客户服务资源是有限且宝贵的，可以将绝大多数客户服务资源用在那些对企业最有价值的客户身上。

需要注意的是，客户信息的质量至关重要。当前大多数企业内部由于部门众多且分散，同时各部门之间都有自己的系统，给企业信息的融合和管理带来巨大挑战。这样不仅造成无关紧要的资料泛滥成灾，增加企业的信息整合和管理难度，而且使得企业难以有效获得真正重要的信息。客户信息质量问题不仅会使企业深受效率低下的困扰，还有可能因此错失市场良机。

具体而言，劣质信息的危害主要体现在以下几个方面：

（1）导致储存和管理重复资料的成本高昂；

（2）无法有效、准确地处理客户联系和活动；

（3）无法深刻分析客户已经发生和未来可能发生的行为、要求以及客户现在和潜在的价值；

（4）无法适当地划分目标客户并勾勒客户画像，难以向不同的客户群提供定制化服务。

(二)客户信息的类型与内容

企业可能拥有形形色色的客户，收集到的客户信息是复杂和多样的。一方面，企业在搜集信息时不应求全而应侧重于掌握有价值的客户信息；另一方面，企业在管理客户信息时不应“一刀切”，而应对客户信息进行分类。

1. 客户信息的类型

为了有效地搜集和管理客户信息，企业可采用以下两种常用的客户信息分类方法。

(1) 按客户的性质分类。由于客户分为个人客户、企业（机构）客户，面向这两种客户的企业需要掌握的信息不同，因此客户信息分为个人客户信息和企业客户信息。

(2) 按客户信息的性质分类。客户信息可分为描述类信息、行为类信息和关联类信息三类，不同性质的客户信息的获取策略和利用价值不同。

1) 描述类信息。描述类信息大多是描述客户基本属性的静态数据，具有一定的稳定性，会在一定程度上影响客户的购买习惯以及购买方式。

2) 行为类信息。这是在交易过程中不断产生的反映客户行为的信息。这些信息能帮助企业了解客户的需求、购买偏好和诚信情况，需要企业实时记录和采集。

3) 关联类信息。这是反映和影响客户行为和心理等因素的信息，比较难衡量但价值高，企业无法直接采集，但会对客户的购买速度、购买目标、购买决策产生影响。

2. 客户信息的内容

结合上面两种分类方法，企业需要掌握以下维度的客户信息。

(1) 个人客户信息的内容。对于业务面向个人客户的企业，如服务型企业、电商企业和零售企业，需要掌握各种客户信息。个人客户信息包括基本信息、事业信息、消费信息等 8 种，根据性质可将其分为描述类信息、行为类信息和关联类信息（见图 5-1）。

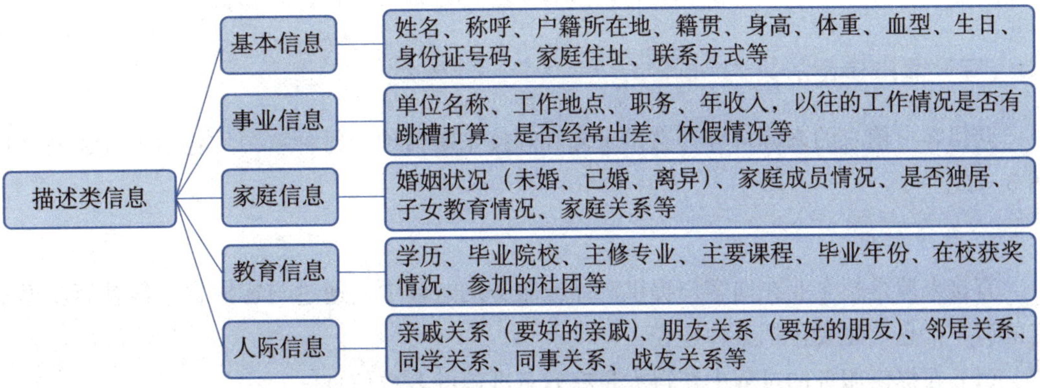

图 5-1　个人客户信息的内容

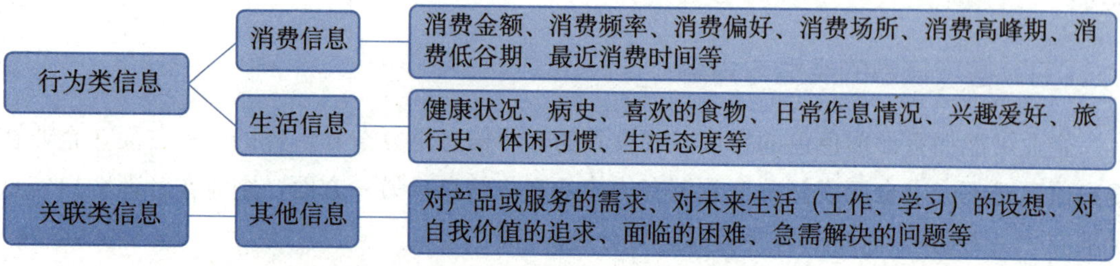

图 5-1　个人客户信息的内容（续）

（2）企业客户信息的内容。相较于个人客户，企业客户往往需求量较大、交易金额较大、购买周期较长。企业应掌握的企业客户信息包括基本信息、特征信息、业务信息等 7 种。根据性质可将其分为描述类信息、行为类信息和关联类信息（见图 5-2）。

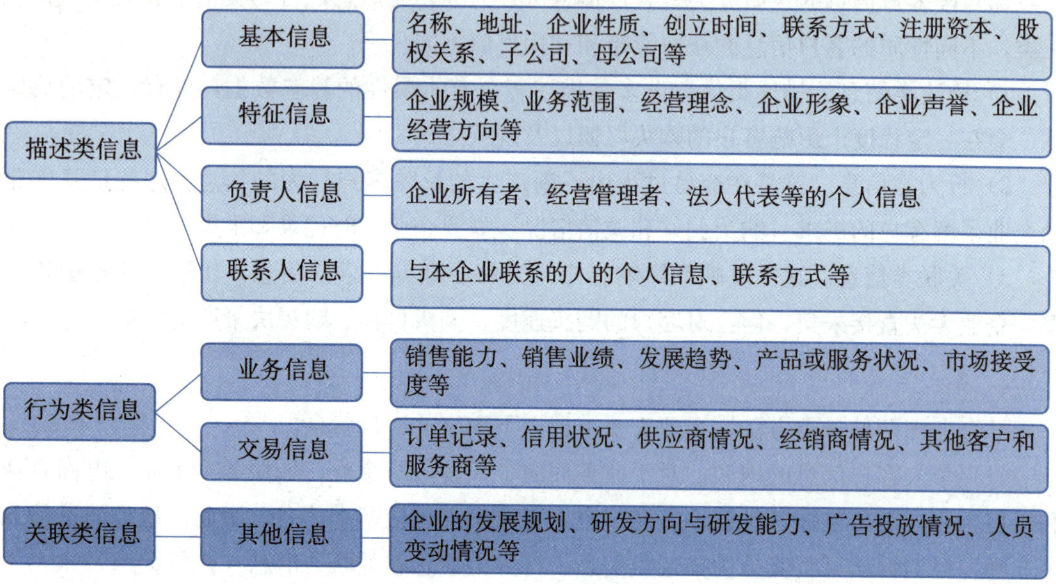

图 5-2　企业客户信息的内容

（三）客户信息的来源

获得客户信息的来源可分为直接来源和间接来源两种。每种来源均包括多种途径（见图 5-3）。

1. 直接来源

直接来源是指企业在向客户提供产品或服务的过程中，通过与客户直接接触而获得丰富的客户信息，主要包括五种途径：

（1）在提供服务的过程中获得大量有效且准确的客户信息。

（2）在营销活动、交易往来和谈判过程中获得的客户信息。

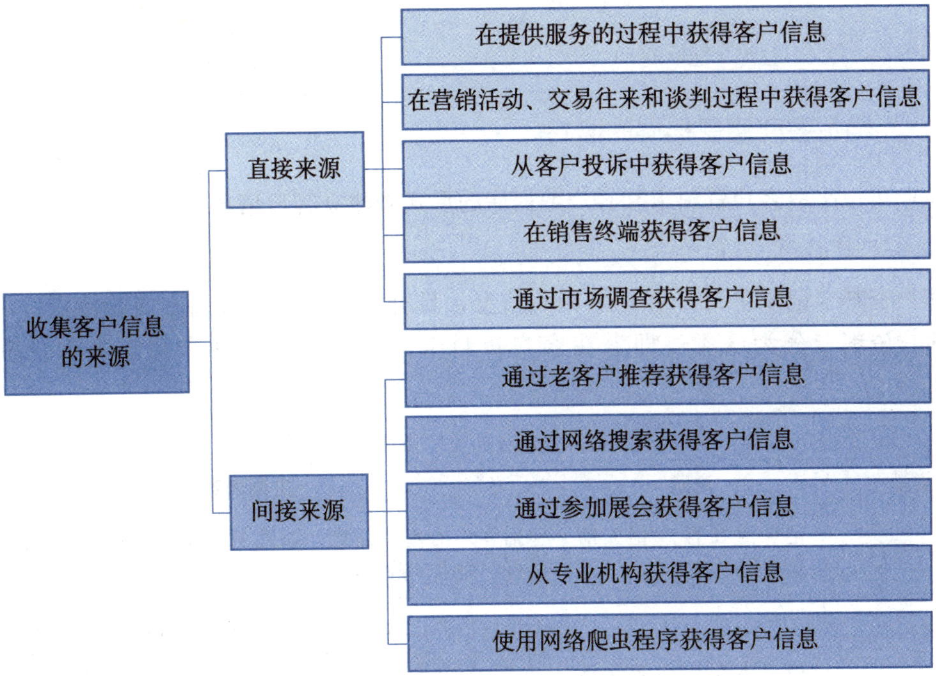

图 5－3　客户信息的来源

（3）从客户投诉中获得客户信息，如客户服务中心的服务记录。

（4）在销售终端获得客户信息，如办会员卡。

（5）通过市场调查获得客户信息，常用方法包括电话调查、问卷调查、当面访谈、智能观测仪器等。

2. 间接来源

间接来源是指从企业外部获得的、与企业密切相关的各种客户信息，主要包括以下五种途径：

（1）通过老客户推荐获得客户信息。

（2）通过网络搜索获得客户信息，如搜索引擎、行业网站、新媒体平台等。

（3）通过参加展会获得客户信息，如展销会、博览会和洽谈会等。

（4）从专业机构获得客户信息，如咨询公司、专业调查公司等。

（5）使用网络爬虫程序获得客户信息，如八爪鱼爬虫工具等。

需要注意的是，由于信息来源的多渠道和多媒体特征，数据信息可以是结构化的，如客户的姓名、职务等文本，也可以是非结构化的，如发票、语音、视频和图像等多媒体文件，因此，为了避免客户信息的不完整和片面性，企业不仅能够采集这些数据，而且应根据自身的发展目标对这些信息进行有效处理和科学管理，深度挖掘客户价值，将企业最优质的资源匹配到最有价值的客户身上。

二、建立客户信息档案

（一）确定客户信息档案的形式

企业可以采取客户资料卡和客户数据库的形式来建立客户信息档案。

1. 客户资料卡

客户资料卡记录了每个客户的相关信息，具有填写方便、查阅方便的特点。一般来说，客户资料卡分为 3 类，即潜在客户资料卡、现有客户资料卡和流失客户资料卡（见表 5-1）。

表 5-1　客户资料卡的类型及说明和主要内容

类型	说明	主要内容
潜在客户资料卡	记录潜在客户相关信息的资料卡	包括客户的基本信息，如姓名、性别、联系方式、性格、爱好、需求、购买习惯等
现有客户资料卡	记录正在与企业交易的客户的资料卡	不仅包括客户的基本信息，而且应包括客户与企业的交易情况，如交易时间、交易方式、消费金额等；同时，企业应该随着时间的推移对现有客户资料中的内容进行补充和更新；如果一个客户停止了与企业的交易活动，就应该将其转入流失客户中去
流失客户资料卡	记录不再与企业交易的客户的资料卡	应该明确记录客户的基本信息及客户流失的原因、时间、企业对客户的跟踪记录等

客户资料卡是记录客户信息的主要方式，表 5-2 为一个现有客户资料卡的样式。在实际操作中，企业可以根据实际需要设计适合自身的客户资料卡。

表 5-2　现有客户资料卡

项目	客户信息
客户名称	
性别	
地址	
联系方式	
交易时间	
购买产品	
购买数量	
消费金额	
付款方式	

2. 客户数据库

数据库是按照数据结构来组织、存储和管理数据的仓库，是一个长期存储在计算机内的、有组织的、可共享的、统一管理的大量数据的集合。

客户数据库是企业运用数据库技术，全面收集现有客户、潜在客户或目标客户的综合数据资料，追踪并掌握他们的情况、需求和偏好，并且进行深入的统计、分析和数据挖掘，从而使企业的营销活动更有针对性的一项技术措施。

企业既可以自行研发并创建客户数据库，也可以聘请专业的数据库研发企业。专业的数据库研发企业可以根据企业客户的特点和企业情况，为企业定制化地研发并创建客户数据库。

（二）建立客户信息档案的要求

企业所拥有的客户信息繁多，而不同行业、不同规模的企业对客户信息档案的需要也不尽相同。为了更大限度地保证客户信息档案与企业相适配，企业建立客户信息档案时应满足以下要求。

1. 目标明确

企业只有根据自身情况和发展目标开展系统的资料收集工作，同时对客户信息有所取舍，才能更高效地搜集全面、详细、有针对性的档案信息。从成本角度考虑，虽然信息数量越大，越能够发挥更大的价值，但是建设和维护成本也越高，而目标明确有助于达到成本和效果间的平衡。

2. 编排规范

客户信息档案中的信息应该条理清晰，企业应以统一、明确的语言和方式进行编码和归类，客户信息也应使用同样的规范格式。这样既方便查找和使用，也方便对相关信息进行关联。

3. 数据真实

这就要求业务人员的调查工作必须深入实际，实事求是地反映客户的真实状态。

4. 动态管理

客户信息处于变化之中，企业建立客户信息档案后，要对客户进行长期跟踪，根据客户状态的变化，及时调整客户信息档案中的信息，保持客户信息的时效性。企业对于客户信息档案一般要求 3 个月到一年更新一次。同时，企业各部门间越来越重视更新信息的共享。

在当今时代背景下，为了达到上述要求，传统的纸质档案已无法适应，越来越多的企业需要建立数据库，通过数据库技术对客户信息实行数字化、网络化管理。

三、建立客户数据库的流程

根据客户数据库的建设要求，企业不能将所有客户信息都编排进客户数据库，而首先要组织好客户数据信息，使其有条理地储存在客户数据库中。因此，客户数据库的建立需要遵循一定的流程，主要涉及五个步骤（见图 5－4）。

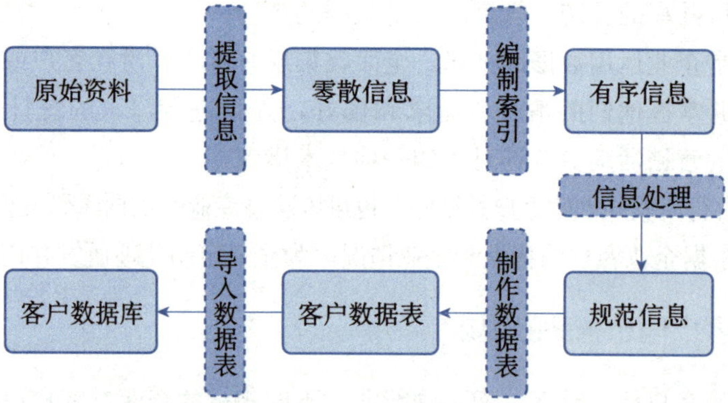

图 5－4　客户数据库的建立流程

资料来源：吴敏，等．客户关系管理［M］．北京：人民邮电出版社，2021.

（一）提取信息

企业通过各种渠道收集到的信息往往是零散的、各不相关的，可能分散在产品订单、合同、销售记录、客户档案等各种资料中，也可能被存放在各种网站的服务器或办公电脑的硬盘中，还可能存在于监控视频、活动照片、电话录音等各种媒体文件中。由于这样的信息无法很好地存储在客户数据库中，因此企业需要先筛选，找到有价值的信息并提取出来，以便于后续的信息处理工作。

（二）编制索引

数据库的索引规定了数据条目的排列顺序，相当于书籍的目录，其作用是方便使用者准确找到数据库中的某一条目数据。在客户数据库中，每一个客户通常都是单独的数据条目，客户的任何信息都可以设置为索引，但是以不同的信息为索引，产生的效果也不同。为了避免以客户姓名、客户订单号、客户身份证号等作为索引可能引发的问题，企业通常需要给每一个独立客户一个唯一的客户编号，而客户数据库应以客户编号为索引。另外，在编制索引的过程中，企业还要注意去除重复客户。

（三）信息处理

编制索引后，企业就需要将客户信息按照索引的顺序依次整理。每个客户编号涉及的信息可能有各种问题，为保证数据的准确性，企业还需要对信息进行如下处理。

（1）数据标准化。数据标准化即将不同的资料中采用不同格式的同类信息进行统一，如将同一时间和同一地区的不同表示方式统一为同一形式。

（2）修复错误信息。无论是手写资料还是电子数据，都可能存在错误或相互矛盾之处，企业需要结合其他资料或按照常规模式进行修改。

(3) 修复缺失信息。由于线上采集的数据资料往往会存在缺失值，缺失值可能使数据库无法执行某些操作，因此企业需要对其进行修复，可依据情况进行保留、删除或补全。

(4) 信息匹配。客户数据库中每一个客户都有其独立的条目，该客户的所有信息都应归于该条目下，这就需要进行信息匹配。

(四) 制作数据表

通过信息处理得到规范、准确的数据后，企业就可以着手制作数据表了。数据表是数据库的基础。企业常用的数据表有电子客户档案、电子客户名册和客户交易记录表等。

(五) 导入数据表

为了方便各部门人员对客户信息的应用，企业在制作好数据表后，还需要将数据表导入数据库中。现在很多企业选择将客户数据表导入客户关系管理系统。数据表的导入方法包括下载模板、填写内容、上传文件。

任务二 管理客户数据库

客户信息管理包括客户信息的记录、保存、分析、整理、应用和维护等系统性过程。客户信息管理的目的是用来建立客户与组织间互利互惠的关系。通过客户信息管理，企业能够把握客户的喜好和需求，进而为其提供有针对性的产品或服务，从而建立并维护与客户的良好关系。

随着互联网、新媒体等的发展，企业能够接触和收集到的客户信息大大增加，客户信息的复杂性和多样性也大大增强，因此，开展客户信息管理已成为企业发展的重要一环。

微课：客户信息的规整与管理

一、遵循管理客户信息的原则

企业管理客户信息时应该遵循统一集中管理、分类管理和动态管理 3 个原则，从而实现客户信息的科学管理。

（一）统一集中管理

很多企业的客户信息分散在业务人员手中，或者分散在企业各个部门，这样容易导致客户信息无法顺利交接或客户信息流失，或者容易引起各部门之间、部门与整个企业之间平衡利益关系的问题。

因此，企业要对客户信息实施统一集中管理，对客户信息的使用进行全面跟踪，及时发现并抑制客户信息使用过程中可能出现的问题。在统一集中管理模式下，企业要加强对客户信息管理工作人员的职业道德教育，使其认识到客户信息对企业的重要性，避免因信息管理工作人员的疏忽而导致客户信息泄露或流失。

（二）分类管理

企业要对客户信息实施分类管理。一方面，这是基于企业实施客户关系管理的需要，对客户信息实施分类管理，有利于企业根据客户类型的不同制定不同的管理策略；另一方面，对客户信息实施分类管理有利于节约企业的客户管理成本，让企业尽量使用有限的资源发挥最大的经济效用。

（三）动态管理

动态管理是指企业要适时更新客户信息。由于客户信息不是静态的，而是一个动态变化的集成过程，客户本身的情况是不断变化的，因此企业要及时发现客户信息的变化，并对其进行及时更新，以保证客户信息的准确性。

二、维护客户数据库的方法

客户数据库正式运行后，企业需要不断对客户数据库进行维护，以保证客户数据库正常运行并持续发挥作用。客户数据库的维护工作主要包括及时更新客户数据、定期核实客户数据、定期备份客户数据、加强信息安全防范等。

（一）及时更新客户数据

对于企业来说，并非开展一次大规模的信息收集工作就可以一劳永逸了。一方面，企业会不断拓展新的客户；另一方面，现有客户的信息会不断发生变化。企业一旦对客户特征的把握存在偏颇，将会对产品设计、客户沟通策略的制定产生负面影响，进而使企业的营销无法达到预期效果。因此，企业需要及时对客户数据进行更新。

（1）新客户数据；

（2）易变动数据，如个人客户的电话号码、地址、职业、收入水平、健康状况、关注的事务，企业客户的负责人、联系人等；

(3) 易新增数据，如客户的社交媒体发言、交易记录、旅行记录、医疗记录等；

(4) 缺失数据。

此外，企业在更新客户信息的同时，还要及时淘汰无用信息，避免数据库长期被无用资料占据而导致空间的浪费，从而提高数据库的利用率。

(二) 定期核实客户数据

为了保证客户数据的有效性，除了不断更新客户数据外，企业还需要定期核实客户数据。企业需要定期核实的客户数据包括以下两种类型。

(1) 新增客户数据。由于新增客户数据往往是由各部门工作人员导入客户数据库中的，没有经过统一的核实，因此企业应该根据新增客户数据数量在固定的时间对新增客户数据进行核实，如每季度、每半年等。

(2) 企业自设数据。企业自设数据，即企业自己设定并赋予客户的数据，如客户价值等级、客户信用等级、客户关系等级等。这些数据应该在固定的时间段进行重新评定并更新，如每月、每季度、每年度等。

(三) 定期备份客户数据

客户数据库中的信息存储在计算机的硬盘或服务器中，虽然不像纸质资料一样容易因火烧、水泡、虫蛀、风化等事故而受损，但依然面临突然断电、硬件损坏、软件崩溃、网络中断等突发状况的威胁。

为了保护客户数据，企业应该定期对客户数据进行备份，如将数据表复制数份副本，分别存储于其他硬盘或其他计算机中；或者将数据表上传到云空间，如百度网盘、腾讯微云等，需要使用时再下载下来。如果确实发生了不可逆转的数据丢失，如硬盘被格式化、数据表保存期间断电等，企业相关人员应该立即停止操作，联系专业的数据恢复公司进行数据恢复；若自行胡乱操作，可能导致数据无法找回。

(四) 加强信息安全防范

客户数据库是企业进行客户管理的重要资源，但也会涉及个人及企业的隐私，因此客户信息安全变得越来越重要。一方面，随着企业深入实施客户关系管理，诸如对客户数据收集过度、滥用客户数据等侵犯客户个人隐私权的现象频频出现。另一方面，随着云计算技术在客户信息系统中得到了广泛应用，客户信息面临着更多网络安全威胁，如交易信息被截获与窃取、信息被篡改或丢失、交易信息被假冒、客户信息被泄露及信息系统中断等。

为了保证客户数据库的安全，维护企业和客户的合法权益，企业应当做好客户数据库的安全管理工作，具体可从以下 4 个方面着手。

(1) 制定并严格执行数据库管理制度。数据库管理制度是在员工使用、接触和管理数据库时的行为规范。例如，企业应明确规定客户数据库保存方法和使用范围、查阅手续等，并采取相应措施防止客户名单等信息遗失和披露。

（2）加强数据库管理人员的管理。例如，企业应开展信息安全标准培训以增强员工安全意识、完善故障响应流程、进行事故演练、重要操作报备等。

（3）数据库网络安全问题防范。为了保护客户数据库，防范各种网络攻击，企业可以采用访问控制、加密技术、阶层协议和防火墙等手段。

（4）积极寻求客户信息档案的法律保护。客户信息档案是企业商业秘密的一部分。一旦发现非法披露、使用本企业客户名单等行为，企业可以及时向工商管理部门投诉，以争取得到法律保护，制止和处罚这种不正当竞争行为，以补偿和保护企业的经济利益。

任务三 分析客户信息

一、认识客户信息分析的必要性

企业只是将客户信息收录到数据库中，并不能让这些信息充分发挥它们的作用。将信息收录进数据库的意义在于让企业更好、更快地对客户信息进行分析，并从中找到对企业发展有价值的信息。

企业对客户信息进行分析的必要性表现在以下 3 个方面。

（一）精准把握客户需求

如果企业想要精准把握客户需求，就需要对客户有更深层的认知，对客户进行细分，并分析客户行为。企业可以依据数据库信息进行客户整体行为分析和群体行为分析。整体行为分析是指对企业所有客户的行为规律进行分析，群体行为分析是指企业对呈现群体性客户的行为特征进行分析。因此，对于企业来说，既要对客户整体行为特征有明确的了解，又要对不同的客户群体乃至客户个人特征有所了解，只有这样才能更好地协调与客户的关系，并从中找到与客户需求有关的更有价值的信息。

（二）完善售后服务

企业开展客户信息分析，对售后服务满意度进行调查和回访，以及及时、有效地更新和完善客户信息，有利于提高企业客户服务水平，构建更高效、完善的客户服务平台。

（三）挖掘潜在市场

企业通过整理和分析客户信息，能够挖掘潜在市场，得出能指导企业运营的有价值的结论。通过分析客户的性别、年龄、收入水平等静态数据，以及客户的消费行为信息、购买产品的方式、历史消费记录、流失或转到竞争对手的记录等动态数据，企业可以了解该客户是否具有购买需求，预测客户的购买时间和数量以及消费档次等信息，并为该客户制定专属的营销策略。

同步案例

良品铺子的生意经

作为休闲零食新零售的代表，良品铺子以大数据分析为指导，实现了从“货—场—人”到“人—货—场”的转变。通过大数据分析，良品铺子发现了消费者的需求变化，从而建立不同的决策场景，并根据不同场景，提供个性化的产品和服务，满足消费者各种各样的需求。

早在2016年，良品铺子就上线了全网客户心声系统，借助大数据技术，以“周”为单位研究消费大数据，平均每月抓取200万条以上的消费者评论。通过分析这些反馈数据来洞察消费者的行为和偏好，良品铺子实现对了消费者群体的精准分析与挖掘，持续改进已有商品，适时研发新品类。同时，团队专门从天猫、京东、门店等全渠道搜集顾客反馈，研究消费者的各种需求。例如，通过数据分析，良品铺子发现休闲食品是个“喜新不厌旧”的领域。一些经典产品销量会保持稳定，但新奇感的新品也会引发“尝鲜热”。为此，良品铺子不断拓展产品品类，每月会有30～40款新品投入市场。2021年，良品铺子现有产品SKU位居行业第一，其中，超过50%的SKU都是市场首创，实现了对休闲零食品类更全面的覆盖。

良品铺子通过从消费者研究和大数据分析中获取精确的客户画像，将人群和消费场景进行重新模拟，站在消费者的角度研发产品品类，以最大限度地满足消费者的各种需求。

请查找资料并总结和分析：

(1) 坚持一切从客户角度出发的良品铺子从哪些渠道收集客户信息？

(2)“高端零食”良品铺子的客户画像是怎么样的？

二、掌握客户信息分析的内容

客户信息分析是客户服务与管理中的一项重要内容。企业可根据客户信息分析结果制定相应的营销策略与资源配置计划。

客户信息分析就是企业根据各种有关信息和数据来了解客户需要、识别客户特征、评估客户价值等，最终为企业维系与客户的良好关系，以及对客户的进一步开发提供帮助。通过客户信息分析，企业不仅能了解客户的个性化需求、掌握客户的行为规律，还能够加深对客户的认识，更好地开发潜在客户。

对个人客户和企业客户的信息分析内容也有所区别。

(一) 个人客户信息分析

对于个人客户而言，客户信息分析的内容包括客户消费行为分析、客户特征分析、客户忠诚分析、客户注意力分析和客户价值分析等（见表 5-3）。

表 5-3 个人客户信息分析的内容和所需信息及作用

分析内容	所需信息	作用
客户消费行为分析	消费记录（消费时间、消费地点、消费对象、消费金额等）、消费习惯、消费场景等	分析客户的消费意愿及其做出消费决策的关键因素等，为后续的精准营销提供参考和指导
客户特征分析	地域、年龄、性别、消费习惯、婚恋状况、爱好、收入、职业、娱乐方式、是否养宠物、是否租房等	分析客户特征，以便投其所好，给类似的客户以类似的对待，从而提高效率，如根据地域构成设计与调整分销和服务网络
客户忠诚分析	交易频率、服务效果、对企业的态度、对以往交易的满意程度等	分析客户对企业的忠诚程度，为企业判断客户流失概率、进行二次开发决策、客户挽回等提供帮助
客户注意力分析	客户的意见及处理情况、客户咨询活动及执行情况、各部门与客户接触的情况，以及客户在社交媒体的浏览记录和关注点等	分析客户的需求和偏好，为寻找共同话题、进行产品推送、分析客户满意或不满意的原因提供参考
客户价值分析	消费频次、消费金额及其变化幅度，对同类产品或服务和相关企业的关注度等	分析客户的生命周期、客户未来能为企业贡献的价值，帮助企业为客户量身定制营销计划

(二) 企业客户信息分析

企业客户信息分析的重点在于业务状况分析和经营状况分析，这有助于企业认识并判断客户的价值。由于企业间的交易往往不是"钱货两讫"，而是"先货后款"，这意味着企业的应收货款可能面临一定的风险，因此企业还需要分析客户的信用状况。企业客户信息分析的内容如表 5-4 所示。

表 5-4 企业客户信息分析的内容和所需信息及作用

分析内容	所需信息	作用
业务状况分析	市场信息（市场范围、市场份额、市场竞争状况等）、销售信息（销量、销售额、销售周期等）、产品信息（产品生产周期、质量、技术水平）等	分析企业客户的业务状况，以便为其提供个性化的服务，有针对性地满足其需求
经营状况分析	财务信息（企业负债、企业净利润、企业利润率、资产周转率、股权交易等）、人才流动情况、库存情况、业绩走势等	分析企业客户的经营情况，判断其未来的发展趋势，为日后做出与其的合作决策提供参考
信用状况分析	回款率、回款平均时间、过往违约记录、资本实力、近期融资、到期债务等	分析企业客户的信用情况，对低信用等级的客户不允许赊欠，必须照期付款，尽量保障应收货款安全；对高信用等级的客户允许赊欠，努力维护与其的良好关系

三、构建客户画像

企业关注的问题主要有两类：一是如何生产或提供客户喜欢的产品或服务，二是如何将产品或服务卖给对的客户。这两个问题的解决都离不开企业对客户需求的洞察，勾勒客户画像有助于企业洞察客户需求。

客户画像，又称用户画像，是依据真实客户的社会属性、生活习惯、消费行为等信息而抽象出的一个标签化的客户模型。客户画像作为真实客户的虚拟代表，能够很好地反映真实客户的实际需求。

客户画像的定义中包含三个要点：

（1）企业需要收集客户的地位角色、个性行为等信息。

（2）客户画像是同时对很多客户的信息进行分析整理和总结提炼。

（3）企业应建立一个标签化的且具有典型特征的客户模型。

因此，客户画像不仅是技术问题，更是业务问题。

（一）客户画像的作用

在互联网和物联网时代，多维信息联合到一起可以得到一个人完整的心理和行为画像，甚至细致的生活信息和日常轨迹。因此，客户画像在各个领域得到了广泛应用。客户画像在企业经营中的作用体现在以下 5 个方面。

1. 了解客户群体

了解客户群体是客户画像最直观、最基础的作用。通过构建客户画像，企业能够明确客户群体的构成以及典型客户的特征，在宏观上加深对客户群体的了解，为客户关系管理提供参考。

2. 确定潜在客户

客户画像反映了企业客户群体的商业特征。由于特征相似的客户可能会出现相似的行为，因此企业可以根据现有客户的商业特征来确定潜在客户，进而对客户展开有针对性的营销，并优化与客户交互的流程与体验。

3. 个性化推荐

个性化推荐是提升客户满意度和忠诚度的有效方法，如淘宝、京东等电商平台会在首页为客户推荐各种其可能感兴趣的商品。个性化推荐的基础是企业对客户需求和关注点的了解。

4. 开展精准营销

精确识别客户需求有助于企业开展精准营销。例如，企业基于客户的喜好与特征投放广告，既能降低成本，又能提高广告的点击率与转化率，增强广告的投放效果。

5. 为产品设计提供参考

企业在设计产品时参考客户画像，充分结合客户特征，有利于使产品更契合客户需要。例如，某图像处理软件最初期望为客户提供简单、易操作的修图功能，但在运营中发现其主要客户为“95 后”年轻女性，因而该产品在迭代时，企业以提供有各种贴纸的滤镜为开发重点，使得新版本取得了极佳的市场反响。

由此可见，客户画像的目标是为企业的运营规划、运营策略的制定而服务的。如果企业构建的客户画像无法指导产品设计或者运营规划，不能为企业的营销策略制定提供参考，那么这样的客户画像一定是失败的。

（二）构建客户画像的流程

企业构建客户画像有一套流程，主要包括 3 步：一是基础数据收集；二是分析建模；三是客户画像呈现。图 5 - 5 为构建客户画像的流程。

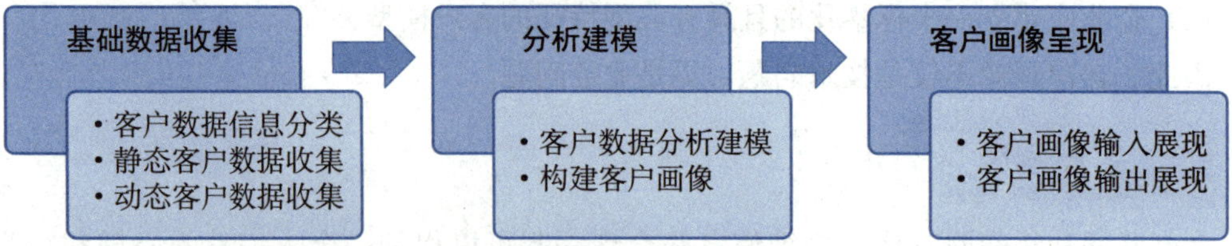

图 5 - 5 构建客户画像的流程

资料来源：沈凤池．商务数据分析与应用［M］．2 版．北京：人民邮电出版社，2023.

下面详细介绍客户画像构建的流程。

1. 基础数据收集

有效的客户画像必须建立在真实的客户数据之上。为了建立有效的客户画像，企业的基础数据收集工作一般需要做到三点：客户数据信息分类、静态客户数据收集和动态客户数据收集。

具体来说，客户数据可分为静态客户数据和动态客户数据两类（见表 5－5）。其中，静态数据与描述性客户信息的内容相似，而动态数据是在客户不断更新的行为中产生的数据。由于上述差异，两类数据的获取渠道会存在差异。

表 5－5 客户数据的类型和收集渠道

客户数据类型	数据维度	示例	数据收集渠道
静态客户数据	个人属性数据	性别、出生日期、年龄、地域、婚姻状况等	利用数据挖掘技术，通过客户注册数据和客户事件来获取
	社会属性数据	职业、收入、社交信息等	
动态客户数据	客户浏览数据	客户浏览的访问设备、访问页面、访问时间、访问时长等	通过自建数据后台或第三方工具获取，“百度统计”能分析浏览数据，“神策数据”能分析行为数据
	客户消费数据	消费水平、已购商品、购物频次、购买渠道等	
	客户行为数据	点击、发表评论、点赞、搜索、下单、购买等行为数据	

另外，在收集到足够多的数据后，企业还需要对数据进行处理，包括剔除非目标数据、无效数据及虚假数据，核验数据中的异常值，统一数据格式等，以便于后续的分析。

2. 分析建模

分析建模涉及客户数据分析建模和构建客户画像。

（1）客户数据分析建模。数据建模是一项技术性较强的工作。下面举例说明数据分析建模在客户画像中的作用和实现方式。

第一，客户文本标签的处理。给客户贴“标签”是构建客户画像的核心工作。客户文本标签包括性别属性的标签、年龄属性的标签、职业属性的标签，以及已购商品的标签等。企业运用相关技术统一获取标签的文本内容，然后对其进行处理，并通过聚类算法将具有同一类属性的客户分为一类，同时将不同的客户区分开来，从而实现对客户属性的分群处理，这会在产品运营中起到重要的参考作用。

标签的选择直接影响最终画像的丰富度与准确度，因而企业进行数据标签化时需要与产品或服务自身的功能与特点相结合。目前，主流的标签体系都是层次化的，即首先将标签分为几个大类，再在每个大类下逐层细分。在过往的商业实践中，企业主要从基本情况、产品偏好和消费偏好入手设计客户标签，形成了一批常见的客户标签。

第二，客户偏好数据的处理。除了通过上一种方式进行处理之外，企业也可以对客户的行为数据进行计算。例如，若要计算某一客户对某个电商平台的忠诚度指标，企业可以对客户入口、客户购买行为、客户其他行为等数据进行统计分析，然后给不同指标赋予不同权重，考虑相关环境因素，根据相关模型进行计算。

(2) 构建客户画像。根据以上步骤对数据的采集获取及处理计算，并结合相关的客户模型，企业就可以进行客户画像的构建。通常而言，企业会构建以下 3 种客户画像。

1) 客户标签画像：展现客户的标签属性数据。

2) 客户数据画像：展现客户相关行为数据。

3) 客户偏好画像：展现客户的行为偏好数据。

构建的客户画像要能够直观、明确地表示产品或服务的典型客户的特点。通常而言，企业会使用各种标签组成的词云来构成客户画像，标签的字体越大，所代表的属性就越明显。

3. 客户画像呈现

客户画像呈现包括客户画像输入展现和客户画像输出展现。

(1) 客户画像输入展现。客户画像输入展现是指在产品设计上应保证让客户能够主动、愉悦地输入自己的信息，以免客户觉得产品是在纯粹地获取自己的信息。例如，今日头条让读者主动对当前内容进行反馈（如列出“可选理由，精准屏蔽”），并根据这些反馈来更新客户数据。

(2) 客户画像输出展现。客户画像输出展现是指在产品设计上应保证让客户更加了解自己，并知悉自己使用产品的数据。例如，支付宝年终总结是一个简单的客户画像展现，支付宝基于客户的购买数据及行为，汇总统计出了一些有趣的客户数据。

需要说明的是，客户画像永远无法 100%地描述一个人。因此，企业既可以根据变化的基础数据不断修正客户画像，也可以根据已知数据来抽象出新的标签，使客户画像越来越立体。

（三）客户画像的隐私保护

在大数据时代，企业可以根据客户画像为客户提供更为精准的个性化服务，同时客户画像为企业推广节约了成本、提高了效率。但是，若运用不当，客户画像可能导致个人隐私泄露、价格歧视、大数据“杀熟”等问题（见表 5-6）。

表 5-6 客户画像误用导致的客户隐私问题

问题类型	概念解释	问题表现
个人隐私泄露	隐私权是公民所享有的私人生活与私人信息依法受到保护，不被他人非法侵扰、知悉、收集、利用和公开等的一种人格权。如果信息处理不当，则会泄露客户的个人信息数据，违反《中华人民共和国个人信息保护法》的相关规定。	客户画像中丰富的个人信息来源于日常使用的各类单据、社交平台、网购平台、有奖活动、海投简历、打印资料和个性化服务设置等。这些个人信息的泄露，除了会带来垃圾短信、骚扰电话等烦恼，还会导致个人身份被冒用，同时会让诈骗实施更容易。

续表

问题类型	概念解释	问题表现
价格歧视	价格歧视是一种价格差异，是指商品或服务的提供者在向不同的接受者提供相同等级、相同质量的商品或服务时，在接受者之间实行不同的销售价格或收费标准，如老客户看到的价格比新客户要贵。	企业基于客户画像得出客户的购买意愿、购买习惯和支付能力等信息，最终进行个性化推荐和展示以及区别定价。例如，在出行、餐饮等互联网平台出现对老用户实行价格歧视的大数据“杀熟”现象。

针对上述可能存在的用户个人隐私问题，国家信息安全部门陆续出台了相关法律法规，形成了以《中华人民共和国网络安全法》为根基、《中华人民共和国个人信息保护法》为基本原则、《信息安全技术　个人信息安全规范》和《互联网信息服务算法推荐管理规定》为实操规范的信息安全保护体系，对规范企业的信息收集、信息使用、信息保护起到了决定性作用。

在法律法规的规范下，企业和个人也应当注重消费者个人的隐私保护。消费者个人应该慎重授权涉及个人敏感信息的权限请求，如通讯录读取请求，在授权时应优先选择清晰标注开发商品牌的应用。企业应该严格把控数据隐私风险，同时，对收集用户信息的类型进行标注，以提示相关隐私偏好用户，在国家网络安全法律法规的规范下合理获取用户个人信息，加强用户隐私保护力度，切实保障用户隐私安全，实现用户和企业的双赢。

项目小结

本项目的主要训练内容是加强学生对客户信息管理的认识。首先，本项目从认识客户信息入手，介绍了客户信息档案和客户数据库的建立。其次，本项目分析了客户数据库的管理原则和维护方法。最后，本项目解释了客户信息分析的必要性，阐释了客户信息分析的内容，进而介绍了构建客户画像的作用和流程，并强调了客户画像的隐私保护问题。

理论知识测试

一、单选题

1. 不属于客户信息来源直接渠道的是（　　）。

A. 销售终端　　　　B. 市场调查

C. 客户投诉　　　　D. 工商管理部门

2. 客户信息管理是将客户的各项信息加以系统的（　　），以此来巩固企业与客户之间关系，从而提升销售业绩的工作。

A. 记录、保存，并计算、整理、归类、维护

B. 记录、保存，并计算、分析、整理、维护

C. 记录、保存，并分析、整理、应用、维护

D. 记录、计算，并分析、整理、应用、维护

3. 客户信息分类中不包括以下哪个？（　　）

A. 描述类信息　　B. 行为类信息　　C. 综合类信息　　D. 关联类信息

4. 客户信息管理的原则不包括（　　）。

A. 统一集中管理　　B. 系统化管理　　C. 分类管理　　D. 动态管理

5. 客户资料卡的内容主要是客户个人和组织的基础性资料，重点是了解客户需求特征、可能的购买时间、地点和方式等，这类客户资料卡属于（　　）。

A. 潜在客户资料卡　　B. 现有客户资料卡

C. 流失客户资料卡　　D. 客户名册

二、多选题

1. 下列属于企业客户描述类信息的是（　　）。

A. 基本信息　　B. 特征信息

C. 负责人信息　　D. 联系人信息

2. 下列属于从间接渠道收集客户信息的有（　　）。

A. 财务部门　　B. 网络

C. 展销会　　D. 专业调查公司

3. 对企业客户的业务状况信息进行分析时，应该围绕（　　）几个方面。

A. 市场信息　　B. 销售信息

C. 产品信息　　D. 财务信息

4. 为保证客户数据库正常运行并持续发挥作用，企业应该从（　　）等方面开展客户数据库的维护工作。

A. 及时更新　　B. 定期核实

C. 定期备份　　D. 加强信息安全防范

5. 在构建客户画像的过程中，包括（　　）等。

A. 基础数据采集　　B. 数据标签化

C. 分析建模　　D. 客户画像呈现

三、判断题

1. 客户信息为客户分级、客户价值的确定、新产品开发和客户忠诚计划提供了保证。（　　）

2. 客户档案是企业的宝贵资源，所以企业在建立和管理客户档案的过程中，应时刻注意客户信息档案的安全防范。（　　）

3. 客户信息被不应得知者得知属于客户信息泄露行为。（　　）

4. 通过客户整体行为分析和群体行为分析，企业能精准挖掘出有价值的客户需求。（　　）

5. 客户画像，又称用户画像，通常可作为一种勾勒目标客户群体、开展精准营销、联系客户需求与产品设计方向的有效工具。（　　）

项目实训

调查并展示某个线上或线下商家的客户画像标签

实训要求：

在大数据时代背景下，网络上汇集了大量用户信息。为了给用户提供有针对性的服务，各类电子商务网站将用户的具体信息抽象成标签，利用标签实现用户形象的具体化。常见的用户标签包括客户所在城市、年龄段、性别、最近一个月消费金额、消费偏好等。企业经过数据分析后构建客户画像。请以小组为单位，以学生所在城市某个连锁零售商店或某个头部视频号为调查对象，设计一个客户标签分类模板。

实训内容：

1. 设计一个客户标签分类模板，分析该商家的客户画像，标签包括性别、购物偏好、购物行为、浏览行为、客户等级等。

2. 根据商家的优惠活动设置等信息梳理该商家的客户等级设计。

成果及评价：

1. 每组提交一份某商家的客户标签分类模板和一份客户画像。

2. 教师对每组学生的模板和客户画像评定成绩，对有代表性的模板和客户画像进行点评。

项目六　沟通客户需求

学习目标

知识目标

- 了解客户沟通的含义与内容；
- 理解客户沟通对企业的意义；
- 了解客户沟通准备工作的内容和作用。

能力目标

- 能够准确识别并挖掘客户的需求；
- 能够掌握客户需求的沟通方式与技巧；
- 能够通过多种途径，采用合理的沟通方式实现良好的客户沟通。

素养目标

- 培养厚德仁爱、正直友善的沟通品质，塑造有温度的、会沟通的职场人；
- 在潜移默化中增长沟通的知识和见识，加强品德修养，培育职业精神；
- 培养学生社会责任感与担当意识，践行社会主义核心价值观，增强团队意识和协作能力。

项目解析

根据客户服务与管理职业学习活动顺序，本项目可以分解为以下三个学习任务。

案例导入

海尔：重视客户沟通，把握客户需求

海尔是世界白色家电第一品牌，提供冰箱、洗衣机、空调等智能家电全套解决方案。海尔的服务理念是“一切以用户为中心”。在“一切以用户为中心”理念的指导下，海尔进行了“人单合一”的模式创新。

一直以来，海尔重视客户沟通，把握用户不断迭代的需求。

1993年开始海尔投资了212集的动画片《海尔兄弟》。动画里从头到尾没有一句关于海尔集团的广告词，但是这部动画片已经深入人心，为海尔树立了良好的品牌形象。看过《海尔兄弟》的人在潜移默化中认可海尔的品牌形象并成为潜在客户。除此之外，海尔通过广告形式，将“海尔，中国造”“真诚到永远”的广告语向广大用户传递，使海尔“一切以用户为中心”的服务理念深入人心。

作为中国家电行业的龙头、中国民族企业的代表，海尔集团始终将社会责任铭记在心。作为2008年北京奥运会赞助商，海尔为30余个奥运场馆提供了6万件绿色节能产品。多年来海尔持续筑起希望，陆续开展了“一枚金牌一所海尔希望小学”计划、“少年梦想家”公益行、“梦想放飞信箱”、“爱心健康水房”等活动，并持续助力“希望工程”。截至2023年12月，海尔在全国26个省、自治区、直辖市共援建了365所希望小学和1所希望中学，捐资累计超1.28亿元，在校生超8万名。除此之外，海尔还积极支持体育事业，参与扶贫、救灾、助残工作，支持绿色环保，通过这些公共宣传，海尔塑造了“有责任、有担当”的品牌形象，并以此与客户沟通。

在以创新产品满足并创造消费需求方面，海尔一直处于行业领先地位。随着新媒体的出现，海尔成立了新媒体部门，凭借社群商业模式+社群工具，抢占社群经济新阵地，通过与客户交互，精准地洞察客户需求，彻底改变了消费者与企业之间的沟通与互动模式。

海尔的官方微博活跃度非常高，背后体现的是海尔对客户需求的积极响应和落实。例如，2016年，当一名网友向各家冰箱制造企业的官方微博提议，建议其出一款以宫殿为主题的定制冰箱，并在上面印上“冷宫”二字，海尔官方微博在第一时间转发了这条博文，并回复道：“容我考虑考虑。”当晚，海尔官方微博就收获了7万多条私信、回复与点赞。24小时之内，海尔便将“冷宫”冰箱的工业设计图晒到了网上。7天之内，海尔收到了1 000多条反馈意见，这些细节信息丰富了“冷宫”冰箱的设计和特点。凭借收集到的信息，海尔在7天之内就通过3D打印技术将“冷宫”冰箱送到了客户面前。此举获得了网友的好评，提升了海尔的品牌形象和口碑好感度。当然，这并非个案，

由网友深度参与设计、半年之内售出20余万台的海尔“咕咚手持洗衣机”也是这样诞生的。

思考：

（1）海尔采取了哪些形式与客户沟通？

（2）海尔如何识别客户需求的？

任务一　认识客户沟通

客户是现代营销工作中非常重要的沟通对象。与客户建立良好的关系，并进行有效的沟通，对于工作的开展、产品的销售、企业形象的塑造具有非常重要的意义。

一、了解客户沟通的含义与作用

微课：认识客户沟通

（一）客户沟通的含义

在现今的生活与工作中，沟通无处不在。在工作中，我们会将50%～80%的时间用在沟通上，开会、拜访、谈判、面谈、打电话、发传真、发通知、批评、表扬等都是在沟通。作为客户服务人员，沟通是其重要技能之一。

沟通是人与人之间、人与群体之间通过语言、文字、符号等表现形式，分享信息、传达思想和情感并寻求反馈的双向或多向互动与交流的过程。

客户沟通是企业通过建立信息交流平台，与客户建立信息交流与互换的桥梁或纽带，拉近企业和客户的距离，加深与客户之间的感情，从而赢得客户满意与客户忠诚所采取的必要行动。客户沟通贯穿于客户关系发展和企业交易过程的始终。客户沟通应当是双向的，企业要积极、主动地与客户保持联系，同时企业也要为客户提供各种与企业沟通的渠道。

（二）客户沟通的作用

客户沟通是建立和谐客户关系的制胜点，是实现客户满意、维系客户关系的基础。有效的客户沟通，能够拉近企业与客户之间的距离，消除客户的心理壁垒，促使企业有效获取客户的需求，有利于巩固、维护和发展与客户的关系。无论客户开发还是客户维系，企业都应重视与客户保持沟通。

1. 客户沟通有利于提升客户满意度

客户产生不满的原因主要体现在两方面：

（1）企业产品或服务本身存在问题，客户期望落空，导致客户不满意；

（2）企业与客户没有进行有效沟通，导致客户需求没有被满足。

因此，与客户保持双向沟通是至关重要的，客户沟通是企业了解客户的实际期望和需求，实现客户满意的有效途径。

客户沟通是提升客户满意度的基础。企业只有加强与客户的联系和沟通，才能切切实实地了解客户的实际需求，并理解客户的期望，这也有利于企业调整策略，为客户提供更优质的服务。当企业出现失误时，及时、有效的沟通有助于企业获得客户的谅解，减少甚至消除客户对企业的不满。

2. 客户沟通有利于维护客户关系

企业通过与客户建立顺畅的沟通渠道，及时、主动地与客户保持沟通，有利于企业维护客户关系。如果企业不及时、主动地与客户保持联系，双方必然不会有深厚的感情。只有企业经常与客户进行沟通，才能了解客户的真实想法，及时向客户灌输双方长远合作的意向以及美好的愿景。企业通过与客户的沟通，能够加深与客户的感情，稳定与客户的关系，提升客户重复购买率。

如果企业与客户之间缺少有效沟通，那么好不容易建立起来的客户关系更像是“一次性关系”，可能会因为一些不必要的误会没有得到及时解决而导致客户流失。所以，企业要及时、主动地与客户保持有效沟通，维系好客户关系，提升客户满意度和忠诚度。

二、把握客户沟通的内容

通过客户沟通，企业可将产品或其他方面的信息传递给客户，将企业的宗旨、理念、相关政策介绍给客户，并主动向客户征求其对产品、服务或其他方面的意见或建议，把握客户期望与需求，加强与客户的情感交流与互动。客户沟通包括信息沟通、情感沟通、理念沟通、意见沟通及政策沟通5个方面的内容（见表6-1）。

表6-1　客户沟通的内容

客户沟通的内容	具体说明	主要形式
信息沟通	企业将产品或服务的基本信息传递给客户的行为	广告宣传、客户体验、产品说明书等
情感沟通	企业采取行动加强与客户的情感交流，加深客户对企业的感情依恋的行为	客户关怀、客户互动等
理念沟通	企业将其宗旨、理念介绍给客户，并使客户认同和接受所采取的行动	企业官网、产品发布会、广告宣传等

续表

客户沟通的内容	具体说明	主要形式
意见沟通	企业主动向客户征求意见，或者客户主动将对产品或服务的建议反馈给企业的行为	市场调查、客户评价等
政策沟通	企业将与客户相关的政策内容及时向客户传达、宣传的行为	相关售后服务项目、政府补贴、优惠政策等

三、做好客户沟通的准备

俗话说：“磨刀不误砍柴工。”要做好一件事，前期的准备工作是非常重要的。充分的准备工作是企业与客户开展沟通的前提。

（一）了解客户的基本信息

与客户沟通前，客户服务人员应尽可能全面地收集客户信息，并进行有针对性的筛选，这样不仅能够找准沟通的切入点，还能预先评估客户类别和客户需求点，进而提升客户沟通的成功率，最终与客户促成有效的沟通。了解客户的基本信息主要分为了解个人客户的基本信息和了解企业客户的基本信息两大类。

（1）个人客户的基本信息，包括客户的个人基本情况及家庭人口状况，客户收入、支出、储蓄及家庭财产情况，客户的消费偏好、客户的信用状况等。

（2）企业客户的基本信息，包括企业基本信息、企业的业务状况、企业经营状况及管理水平、企业背景、行业背景等。其中对于企业背景，应主要从企业文化、战略目标及新闻要事三个方面进行了解。此外，每个行业都有自己的特点，在与企业客户沟通前，客户服务人员要全面了解目前的行业现状、政策变化的影响程度，这样在交流业务时才能有的放矢。对于行业背景，应主要从政策规定、发展趋势、新闻要事等方面了解企业客户所在行业的背景信息。

（二）了解客户的沟通风格

沟通风格是人们外在行为的一种综合性体现，不同的人会有不同的沟通方式和风格。识别、辨认客户的沟通风格是客户服务人员与客户展开有效沟通的先决条件。在与客户沟通时，客户服务人员需要通过观察和分析，从而侧面了解客户的沟通风格，这样有助于客户服务人员迅速调整自己的行为，迎合客户的沟通风格，灵活地、有针对性地选择合适的沟通方式，以客户乐于接受的方式进一步建立友好关系，挖掘详细信息，从而提供更加适应客户需求的服务。

目前，对沟通风格进行分类的方法很多。不同的沟通风格具有不同的特征和需求，当然沟通策略也不同（见表 6-2）。

表 6-2　不同沟通风格的特征、需求和沟通策略要点

沟通风格	特征	需求	沟通策略要点
分析型	喜欢分析，情感深刻而沉稳，办事仔细而认真，面部表情少、说话时手势少、走路速度慢、观察力敏锐、考虑周密，办事有序；容易保持沉默，寡言少语；喜欢准确、完美、条理；衣着讲究、正规；决策时非常谨慎；阐述一个观点时，喜欢兜圈子。	安全感，万无一失；严格甚至苛刻地记录；喜欢较大的个人空间，害怕被人亲近。	遵守时间，尽快进入主题，多听少说，不随便插话；不要过于亲热友好，减少眼神接触，避免身体接触，不要过于随便；公事公办，着装正规，讲话要用专业术语；摆事实，并确保其正确性；信息全面、具体，多用数字；做好准备，考虑周全，语速放慢，条理清楚，严格照章办事，避免侵略性身体语言。
结果型	有明确的目标和追求，精力充沛，身体语言丰富，动作和语言速度都较快；喜欢发号施令；当机立断，不能容忍错误；讲究实际，喜欢冒险；冷静、独立而任性，以自我为中心；关心别人，但他们的感情大多是通过行动而不是语言表达出来的。	直接、准确的回答；有事实依据的大量新想法；高效率、喜欢明显的结果。	直接切入主题，无须寒暄，少说少问，使用肯定、自信的语言；充分准备，实话实说，多谈结果，声音洪亮；加快语速；处理问题要及时，阐述观点要强而有力，不要挑战客户的权威地位；提供给客户两三个方案供其选择；增强眼神接触的频率和强度，身体前倾。
表现型	乐于表达感情，表情丰富、夸张，动作迅速，声音洪亮；精神抖擞，充满激情，有创造力、理想化、重感情、乐观；凡事喜欢参与，愿意与人打交道，害怕孤独；追求乐趣，敢于冒险，喜欢幻想，衣着随意，乐于让别人开心；通常没有条理，作息时间不规律，轻浮、多变，精力容易分散。	公众的认可和鼓励、热闹的环境、平等的关系、友好的气氛；表达自己的自由，有人帮助实现创意。	声音洪亮、热情，微笑，充满活力，精力充沛；大胆创意，提出新的、独特的观点并描绘前景，着眼于全局观念，避免过小的细节；如果要写书面报告，应简单扼要、重点突出；夸张的身体语言，加强目光接触，表现积极的合作态度；让客户多说，并适时称赞，经常确认并重复客户的话语。
顺从型	善于保持人际关系，忠诚，关心别人，待人热心、耐心；说话和走路速度慢，具有较强的自制力；体态语言少，面部表情自然而不夸张；欢迎别人的反对意见，并善于将不同观点汇总后被其他人接受；害怕冒险；害怕得罪人，不愿意过多发表意见；衣着随意。	安全感及友好的关系、真诚的赞赏及肯定；传统方式、规定的程序。	热情、微笑，建立友好气氛，使客户放松，减小压力感；放慢语速，以友好而非正式的方式，可以谈谈琐事，提供个人帮助，建立信任关系，显示谦虚的态度；决策时不要施加压力，不要过分催促；当对方不说话时要主动征求意见，对方说话慢时不要主动帮对方结束讲话。

（三）明确沟通目标

沟通目标是指意图通过沟通实现的目标。《可复制的沟通力》一书提到，任何一场沟通都要具备明确的目标，目标是高效沟通的起点和终点。有效的客户沟通必须以目标为导向。为达成高效沟通，客户服务人员每次与客户沟通前应当事先制定详细的沟通目标，并思考三个问题：沟通的目标是什么，此次沟通主要解决客户什么问题，此次沟通能给客户带来什么。一般而言，客户服务人员确定沟通目标时要注意以下 3 个问题。

（1）沟通目标的制定要符合 SMART 原则，即具体的、可衡量的、可实现的、相关性的、有时限的（见图 6－1）。

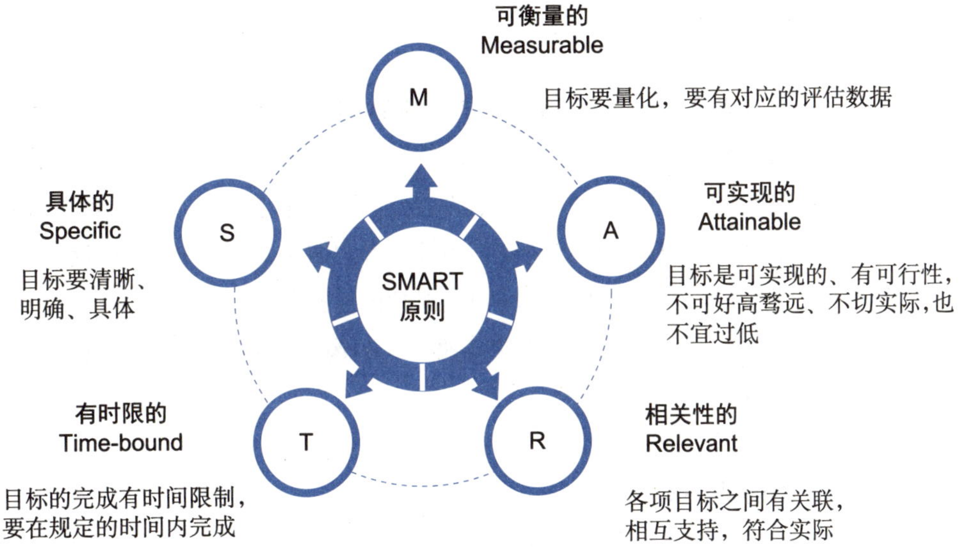

图 6－1　目标制定的 SMART 原则

（2）学会拆解目标，将目标变得更具体，以便于有效达成客户沟通。

（3）沟通是双向的，沟通目标的制定也应该是双向的。客户服务人员在制定沟通目标时，一方面，要思考自己希望通过沟通达成什么样的目标；另一方面，要思考客户希望在沟通过程中满足什么需求或解决什么问题。

（四）准备好可能需要的信息资料

客户服务人员在与客户沟通前需要提前准备好有可能需要使用到的相关资料，包括客户资料与企业资料。其中客户资料包括前期收集的客户信息表、简历、新闻报道等；企业资料包括需要向客户介绍的产品、企业宣传册、向客户展示的 PPT 及需要客户阅览的相关资料等。客户服务人员可罗列资料清单，根据清单准备相关资料，从而避免遗漏。同时，将资料设置成自己容易理解的形式，以便自己能够根据资料中的内容快速响应客户的询问。

（五）设想可能出现的问题并做好备案

客户服务人员在与客户沟通时可能会存在准备不充分、无法应对客户的提问、被客户问得哑口无言或不知所措等情况，这样不仅会增加客户服务人员在沟通过程中的紧张感，影响正常的工作心态；同时，也会让客户对客户服务人员的专业度产生怀疑，不利于沟通目标的实现。

为保证客户沟通过程的顺畅，避免产生沟通效果不佳、沟通有误等情况，客户服务人员在与客户进行沟通前，应尽可能地预先设想沟通过程中可能会发生的问题并做好充分备案。

（六）打造引人入胜的开场白

开场白是客户服务人员在拜访客户时最初的 30 秒到 1 分钟的时间内对目标客户所讲的话。一个好的开场白容易给客户带来热情、友善、贴心的感觉，能够给客户留下良好的印象，可以在短时间内吸引客户的注意力，消除彼此间的陌生感，借此拉近客户与客户服务人员之间的心理距离，增加对方的好感度。因此，客户服务人员要想迅速吸引客户的关注，激发客户的交谈兴趣，引人入胜的开场白是成功的前提条件。

与客户沟通时，无论是会面还是电话或其他形式的沟通，客户服务人员必须在 30 秒钟内清楚地让客户知道下列 3 件事：

我是谁/我代表哪家公司？

此次找客户的目的是什么？

此次沟通目标的达成对客户有什么好处？

如何设计极具吸引力的开场白呢？如何在这段时间内激发客户的兴趣呢？我们可参考表 6－3。

表 6－3 开场白的形式及举例

开场白形式	举例
寒暄式开场白	“李女士您好，今天天气可真热，您用过餐了吗？”
感谢式开场白	“陈总您好，非常感谢您能给我会面的机会，同时我也很感激您能在百忙之中抽出时间，接下来我会尽量长话短说，简要介绍我们公司的产品。”
以赞美客户为开场白	赞美的内容有很多，如外表、衣着、气质、谈吐、工作、地位、能力、性格、品格等。如：“何总，我刚在报纸上看到您的消息，祝贺您当选十大杰出企业家。”

续表

开场白形式	举例
提及有影响的第三人为开场白	“何先生，您的好友李林安先生要我来找您，他认为您可能对我们的5G通信技术感兴趣，因为这个5G通信技术为他的公司带来很多好处与方便。”
以客户熟悉的话题为开场白	“廖总，您好，我是A公司的小陈，最近在网络上看到您发表的一篇文章，关于广告投放策略的，这篇文章令我感触颇深，不过有几个问题不太明白，能否请教下您呢？”
利用客户的好奇心设计开场白	“林先生，我能向您请教一个问题吗？”
以利益诱惑为开场白	“胡先生，假如有一种方法可以为您的工厂每月提升20%的利润，而这个方法是经过验证真正有效的，您是否愿意花几分钟时间来了解一下？”

（七）客户服务人员的个人准备工作

客户服务人员在与客户沟通前还应做好自身的个人准备工作，包括个人心理建设、个人职业形象塑造、专业知识及技能储备等。

1. 个人心理建设

客户服务人员在与客户开展沟通前，要预先做好个人的心理建设，检验自己的心理状态、情绪状态是否适合与客户进行沟通，避免将自己的负面情绪带入工作，影响沟通效果，甚至造成沟通误会。

2. 个人职业形象塑造

职业形象是个人在职场中的外在形象，包括外表仪态、沟通能力、职业技能、态度和价值观等方面的表现。一个良好的职业形象可以为个人赢得客户的好感与信任，提高个人的职业竞争力和影响力。

在与客户接近时，个人形象举足轻重。客户服务人员与客户沟通时应保持良好的外表形象，包括穿着、仪态、个人卫生等方面，要注意衣着整洁、干净，发型得体，不要穿着太过随意或过于张扬。一名优秀的客户服务人员往往给人着装得体、气质优雅、干净利索、恰到好处的职业化印象。

3. 专业知识及技能储备

在接近客户并与客户开展沟通前，客户服务人员自身应具备相应的专业知识及业务能力，包括客户沟通能力、随机应变能力、专业业务能力等，否则将无法获得客户的信任。

任务二 选择沟通方式

沟通是两个或两个以上的人之间交流信息、观点的过程，是一种信息交换的过程。一个完整的沟通过程包括信息发送、接收和反馈三个阶段。发送者要将他想表达的信息、思想和情感，通过语言、非语言等各种形式发送给接收者，接收者接收到相关信息、思想和情感后进行解码并通过各种形式给予反馈，这就形成一个完整的双向沟通的过程。有时人们虽然看起来是在沟通，但实际上双方并没有真正理解对方的意思。因此，在发送、接收和反馈的过程中，我们需要注意的问题是：怎样做才能使沟通的效果达到最佳？这就涉及客户服务人员应选择恰当的方式与客户进行沟通。企业可以采取多种方式与客户进行沟通，包括面对面沟通、电话沟通、网络沟通、广告沟通等。

一、面对面沟通

企业与客户沟通最基本的方式是与客户直接进行沟通和交流，这主要是由企业的客户服务人员负责完成的。客户服务人员不仅可以当面向客户介绍企业及其产品或服务的信息，而且可以及时答复和解决客户提出的问题，同时通过询问和调查，获得客户对企业的产品或服务的意见和建议。

面对面沟通可以让客户服务人员与客户直接对话，进行信息的双向沟通，可使双方从单纯的买卖关系发展为朋友关系，进而维持长期的合作关系。客户服务中的面对面沟通主要有 3 种形式（见图 6－2）。

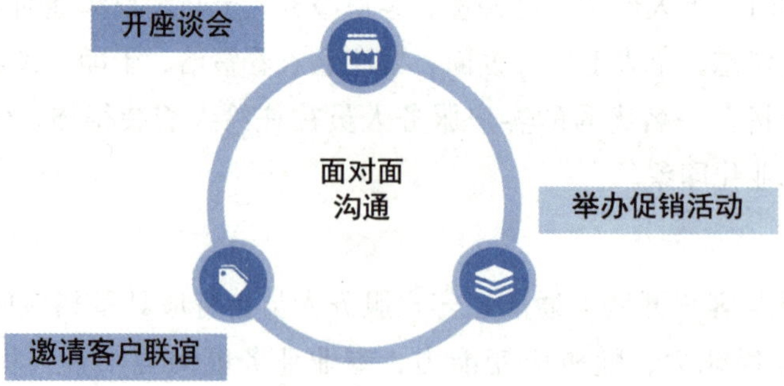

图 6－2　面对面沟通的形式

（一）开座谈会

开座谈会是指企业定期邀请客户进行面对面沟通，让每个客户畅所欲言，或者是企业向客户发放意见征询表，向客户征询其对企业的投诉和意见。这种敞开心扉的交流，不仅可以减少企业与客户之间的沟通障碍，而且可以为客户提供一个广交同行朋友的机会。在座谈会上，客户间可以相互学习、相互取经。

（二）邀请客户联谊

企业邀请客户参加联谊活动也是一种加深与客户感情的有效方式。联谊活动的形式有多种，如宴会、娱乐活动、健身活动、参观考察等。企业邀请客户参加联谊活动的目的是拉近与客户的心理距离，与客户建立一种朋友式的关系。

（三）举办促销活动

企业可以通过举办促销活动与客户沟通，使潜在客户和目标客户获得试用企业新产品的机会，从而开拓新客户，并与新客户建立关系。促销活动有助于企业现有客户再次购买，提升复购率，从而提高客户对企业的忠诚度，维护和发展客户关系。

二、电话沟通

电话沟通既是一种个体沟通的方式，也是一种比较经济的沟通方式。在以下 3 种情境中，企业宜采用电话沟通的方式与客户进行沟通。

（1）沟通双方之间的距离较远，但问题比较简单（如两个在不同地点的人需要讨论一个报表数据的问题）。

（2）沟通双方之间已经采用面对面、发送电子邮件等方式进行沟通，但有个别问题仍未解决。

（3）沟通双方之间的距离很远，很难或无法进行面对面沟通。

需要注意的是，在沟通成本相差无几的情况下，企业应该优先采用面对面沟通的方式与客户进行沟通。

客户服务人员与客户进行电话沟通之前，应选择一个安静的环境，以防沟通被打扰。此外，客户服务人员应该从 6 个方面进行电话沟通前的准备（见图 6－3）。

（一）明确沟通目的

客户服务人员要明确电话沟通的目的，清楚自己为什么要进行这次电话沟通，如确认客户有没有收到寄发的资料、调查客户满意度、售后跟踪调查、进一步明确客户需求、开展定期客户关怀等。

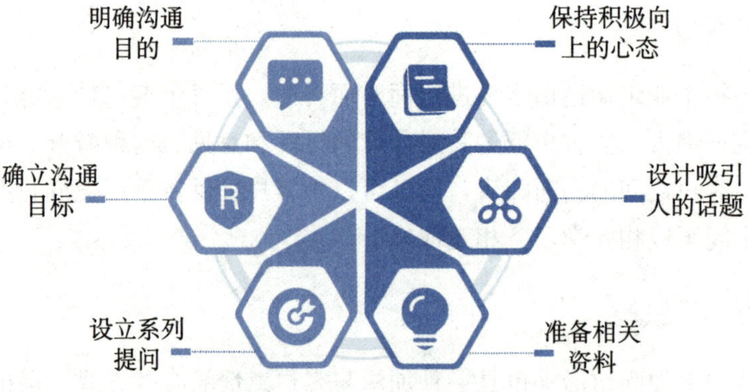

图 6-3 电话沟通前的准备

（二）确立沟通目标

在客户沟通的不同阶段，沟通目标要有所不同。确立沟通目标是指客户服务人员要明确通过电话沟通要实现什么目标，从而避免无效沟通。

（三）设立系列提问

在电话沟通之前，客户服务人员应设立一系列符合逻辑的提问，以便通过向客户提问获得自己想要的信息，如“您对我们的产品或服务满意吗?”“针对这个问题，您有没有什么意见或建议?”“什么时候给您安装最符合您的要求?”“不知您周围的朋友有没有购买过这款产品?”等。

此外，客户服务人员要对电话沟通中可能会发生的事情进行合理的、符合常规的预设，以便在沟通中游刃有余地应对，如客户可能会提出什么问题，应该如何回答客户的问题；双方可能出现什么样的争执，导致争执的原因是什么，面对争执时要如何应对等。

（四）准备相关资料

客户服务人员要提前准备电话沟通过程中会使用的相关资料，包括客户资料与企业资料。客户服务人员可将这些资料设置成自己容易理解的形式，以便自己能够根据资料中的内容快速回答客户的问题。

（五）设计吸引人的话题

客户服务人员可以在电话沟通中设计一些吸引人的话题，以快速吸引客户的注意力，避免客户打断电话。客户服务人员在设计电话沟通的话题时，可以采取以下方法来吸引客户的注意（见表 6-4）。

表 6-4　电话沟通话题的设计方法及示例

方法	举例说明
简明扼要地说明相关的人或物，让客户对电话沟通的内容形成初步认知	“您好，这里是××客服中心，请问您是李女士吗？（如果客户做出肯定回答）给您来电是想和您核对一下您的信息。”
礼貌且热情地征询客户的意见，确认与客户交流的可行性	“您好，不好意思打扰您了，请问您现在方便接听电话吗？（如果客户回答方便接听电话）我是××客服，来电是和您确认一下您的订单换货事宜。”
激发客户的共鸣	“很多人都认为××产品的××效果很好，不知您怎么看？”
由衷地赞美客户	“听说您对××很有研究，所以想同您交流一下。”
谈及同行业客户	“最近我们向××公司提供了××产品，他们很满意，所以我们觉得这些产品可能对您也有帮助。”
说明电话沟通的目的，让客户感受客户服务人员的价值所在	“您好，这里是××客服中心，您在一个月前购买过我们的产品，给您打电话是需要您帮我们做一个产品使用调研，说说您使用产品的感受，以便我们对产品进行优化。”
找到客户感兴趣的话题，转向探询需求	“您好，您一个星期前向我们咨询过入耳式耳机，现在我们有一款新式入耳式耳机上市，不知道您有没有兴趣了解一下？”

（六）保持积极向上的心态

客户服务人员要随时保持积极向上的心态，面对任何问题时都不要给自己找理由逃避。在电话沟通中，客户服务人员要通过语气、声调和重音等，使电话另一端的客户感受到自己的热情，使他们明白自己表达的意思，从而进行有效的感情沟通。

三、网络沟通

随着科技的发展，网络对于人们的生活方式和沟通行为的影响越来越大。网络传播促使了新的社会交往形式和沟通行为模式的产生。网络沟通是指企业通过基于信息技术的计算机网络或移动互联网来实现企业内部的沟通和企业与外部的沟通。网络沟通具有内容深化、随时阅读、多种沟通媒介有机统一等特点。

在客户服务与管理中，最常用的网络沟通工具有聊天软件、电子邮件和即时通信工具。

（一）聊天软件

聊天软件，又称聊天工具，是提供基于互联网的客户端进行实时语音、文字、视频传输的工具。在聊天软件中，微信是目前用户量较多、人们使用较频繁的一款软件，下面就以微信为例，介绍使用聊天软件的沟通技巧。

微信涵盖了文字、语音和视频等沟通形式。为了建立良好的人际关系，客户服务人员在使用微信与他人聊天时要分别在文字、语音和视频 3 个方面注意沟通技巧。

1. 文字

客户服务人员在使用文字形式与客户沟通时要注意以下 7 点。

（1）提炼有效信息。由于客户服务人员一次性发送大段信息会造成“刷屏”，影响客户的阅读体验，因此客户服务人员在发送微信消息时首先要提炼有效信息，然后将编辑好的文字发送给客户。客户服务人员提炼有效信息时要遵循以下两个原则：

- 避免冗余，删掉重复的称谓、语气词等。
- 在保证信息准确、无遗漏的前提下，字数越少越好。单条信息以 3～4 行为宜，不宜字数过多，并且要分行，保证信息的可读性。

（2）聊天速度要适当。在发送文字消息时，客户服务人员要遵循“就慢不就快”的原则，如果客户打字速度比较慢，客户服务人员就要迁就一下对方，按照对方的节奏交流。如果客户服务人员打字的速度过快，容易造成客户因跟不上节奏而无法完整表达自己心中所想，易导致沟通障碍的产生。

当客户发来一条消息时，客户服务人员一定要及时回复，不要让客户等太久，这是对客户的尊重。如果客户服务人员因为没有看到消息而未向客户做出及时回复，要向客户说明缘由。此外，在沟通过程中，若有其他事情需要中断聊天，客户服务人员也要向客户说明情况。

（3）不要使用古怪字体。很多人不喜欢使用微信上的默认字体，为了体现自己的个性，会将字体设置为个性化风格，如将字体改成可爱风格，但这些个性化字体可能会导致客户的阅读障碍。因此，客户服务人员不要轻易修改默认字体。

（4）慎用语气助词。不同于当面交流，文字沟通没有语调，同样的词语会被不同的人理解成不同的含义，因此客户服务人员尽量不要使用容易产生歧义的语气助词，如“哦”“嗯”等，尽量替换成“好的”“知道了”。

（5）重要信息醒目化。很多人会通过查看微信聊天记录来处理信息，如果一条条翻看，处理信息的效率会非常低。为了提高效率，客户服务人员可以贴心地在发送消息时用“【】”符号将重要消息（如时间、地点、事项等）标出，让重要信息变得更加醒目。

（6）不要单纯地问“在吗?”。很多人有事要与他人沟通时，由于担心对方没有时间，就会先试探性地问一句“在吗?”，但这句话会让对方产生极大的心理压力，就像留有悬念一样，对方不知道会发生什么事情。如果对方没有及时回复，双方很有可能会展开“在吗?”“在的。”“现在还在吗?”之类的谈话，浪费彼此的时间。

要想提升沟通效率，客户服务人员不妨直入主题，或在简单问候一句之后马上进入主题，客户看到之后就会很快给出答复，如：“张总，早上好。我们的方案准备好了，明天下午会去贵公司讲解，您看明天下午 3 点是否方便?”

（7）群内使用@功能。微信群类似于一个公共场合，群内交流时，客户服务人员应当尽量使用@功能，指定沟通对象，以免消息石沉大海、无人回应。

2. 语音

客户服务人员在使用语音形式与客户沟通时要注意以下 5 点。

（1）提升声音的魅力指数。声音在一定程度上代表一个人的形象。如果客户服务人员说话的声音好听，对方对其的好感度自然就会提高。因此，客户服务人员在发送语音时，嘴巴要和手机话筒保持一定的距离，嘴巴不要正对着话筒，尽量往上或往下一点，在说话之前可以先喝口水，让音色听起来更舒服；说话时要吐字清晰，语速不要过快或过慢。

（2）专注倾听，准确理解信息。客户服务人员在接收语音后，首先要仔细倾听，听清语音里的内容和客户说话的语气、语调，千万不要误解客户的真实意思，否则沟通效果会大打折扣。

（3）事先询问客户是否方便。客户服务人员在发送语音之前最好先发文字询问客户是否方便接听语音。因为客户所处的环境很有可能不方便接听语音，如环境嘈杂、所处环境要求保持安静、客户在与其他人说话等，提前问一句可以体现客户服务人员的素养，不至于引起客户的反感。

（4）组织好语言再发送。客户服务人员在发送语音之前要先整理思路，组织好语言，先练习一遍，确定准确无误后再发送出去，不要在语音信息发送之后回听语音，发现不妥后再撤回消息，这样会给人留下不严谨的印象。

（5）注意语音礼貌。在和客户用语音进行沟通时，客户服务人员一定要以积极的态度说话，称呼客户时要亲切自然，发送语音的长度要适当，可以先发送一条 20 秒左右的语音，等待对方回应后再进行互动，尽量不直接发送 50～60 秒的长语音，这可能会引起客户反感，导致沟通效率降低。

如果客户服务人员回复客户时想要发送的消息只有短短几个字，语音长度只有 2 秒，在条件许可的情况下应尽量发送文字，如“好的，我知道了”，因为在这种情况下看文字远比听语音的效率高，帮助客户节省时间也是一种礼貌。

3. 视频

客户服务人员在使用微信视频与客户沟通时要注意以下 6 点。

（1）事先询问是否方便。在发起视频聊天时，客户服务人员要事先询问对方是否方便，是否有时间视频，虽然对方不便的时候可以直接拒绝视频邀请，但事先询问体现了客户服务人员的素养。

（2）注意眼神交流。视频聊天类似于面对面交谈，沟通双方相互看得到，因此，客户服务人员在聊天时要专注，不能心不在焉。客户服务人员要注意与客户进行眼神交流，眼睛尽量直视客户，表现出自己的真诚和尊重。如果客户服务人员左顾右盼、东张西望，甚至在聊天的同时做其他事情，会给客户留下敷衍或对谈话内不感兴趣的印象，从而影响沟通效果。

（3）固定位置。在视频聊天时，客户服务人员尽量不要随意移动自己的位置，以保证画面的稳定性，如果边走边视频聊天，画面背景一直在晃动，有可能会让客户感到晕眩和不适。

（4）保持环境安静。客户服务人员尽量不要在公众场合进行视频聊天。如果在嘈杂的环境中进行视频聊天，通话质量会受到噪声的影响，从而降低视频沟通的效果。因此，客户服务人员应尽量避开人群，选择安静的场合进行视频聊天。

（5）视频环境要整洁。客户服务人员在与客户进行视频聊天时，视频的背景要尽量干净、整洁，给客户营造美观的视觉画面。

（6）维护个人形象。在与客户进行视频聊天时，客户服务人员要注意保持良好的个人形象，不要蓬头垢面、睡眼惺忪地出现在屏幕前，也不要穿得随心所欲，否则会给客户留下不认真、懈怠的印象。

（二）电子邮件

想要文明、有效地使用电子邮件与客户沟通，客户服务人员要掌握以下 7 点沟通技巧。

（1）标题明确。如同写文章一样，电子邮件也要有明确的标题，因为很多人会以标题来决定是否详细阅读邮件正文。标题应为描述性的、与内容相关的文字，以使客户快速了解主题，产生阅读邮件正文的兴趣。

（2）内容简明扼要。由于人们的工作节奏越来越快，因此电子邮件不宜长篇大论，一般不超过两页，应当简明扼要，呈现重要信息，否则客户可能没有耐心和时间读完邮件的内容。同时，各个段落之间要留有间隔，可使用序号使内容表述得更清晰。

（3）语言流畅。电子邮件的内容要便于阅读、言语通顺，不要用生僻字，在引用数据和材料时，应标明出处，以便客户核对。

（4）合理使用附件。通常而言，客户服务人员以正文的形式发送邮件，但当电子邮件涉及的图片、视频较多或文字较多时，客户服务人员可以发送附件。当需要发送多个文件或文件比较大时，客户服务人员要先将文件压缩之后再发送。如果文件过大，客户服务人员可以先提醒客户，再向客户发送邮件，以便客户预估收件时间。当附件的格式比较特殊时，客户服务人员要考虑客户是否方便阅读，并在邮件正文中提示附件的文件格式。

（5）尊重收件人的隐私。由于人们不愿意让自己的邮箱地址出现在其他人的邮件中，因此客户服务人员在群发邮件时要尊重他人的隐私，尽量不要将邮件同时抄送给其他人。此外，客户服务人员发给重要客户的邮件一定要一对一单独发送。

（6）避免滥发邮件。在信息社会中，每个人的时间都是十分宝贵的，客户服务人员要尊重他人，为他人节省时间，不要滥发电子邮件，以免给收件人增添麻烦。当客户服务人员情绪波动较大或低落时，首先要自我克制，待冷静后再撰写并发送电子邮件，以免发送带有不良情绪的电子邮件，引发双方的矛盾，导致关系紧张。

(7) 及时回复邮件。客户服务人员要定期打开收件箱，查看是否收到新邮件，以免遗漏重要邮件。客户服务人员在收到邮件后，不管客户是提问还是问候，都要尽量在收件当天回复，以保证信息的及时传递和工作的顺利进行。如果无法立即回答对方的问题，客户服务人员要告知对方已收到邮件，之后再选择恰当的时机另发邮件具体回复。

(三) 即时通信工具

一些电子商务平台为卖家和买家提供了即时通信工具（如淘宝网的阿里旺旺），方便卖家与买家进行即时沟通。

即时通信工具的优点主要有 3 个：

(1) 实效性强。卖家可以在发出消息很短的时间内得到买家的回应，满足同步沟通的需求。

(2) 形式多样。除传输图片、文件之外，卖家还可以通过即时通信工具传输语音、视频，与电子邮件相比，即时通信更加及时、方便、高效，维护成本也相对比较低。

(3) 简单易用。卖家可以使用即时通信工具设置快捷短语、自动回复，提高客户服务人员的回复效率。

即时通信工具的使用方法与微信相似，因此客户服务人员使用即时通信工具与客户进行沟通时，可以参考微信的使用注意事项，以保证沟通的和谐、有效。

课堂讨论

网络沟通的优势和劣势分别是什么？

四、广告沟通

广告的形式多样、传播范围广，企业可以借助广告对目标客户、潜在客户和现实客户进行解释、说明、提醒等。企业在广告中会重点突出产品符合目标客户群体所需要的特征，确定产品的定位，明确在客户心中的位置，从而占领某个细分市场，培养忠实的购买群体。

常见的广告形式及其优缺点如表 6-5 所示。

表 6-5 常见的广告形式及其优缺点

广告形式	优点	缺点
电视广告	传播迅速；覆盖范围广；地区选择性强；观众数量多，单位传播成本低；对目标客户具有很强的冲击力；直观生动、表现形式多样	广告投放总成本高，沟通的信息量有限

续表

广告形式	优点	缺点
新媒体广告	交互式关系，可与客户进行互动，及时得到客户的反馈；信息量大，传播迅速；表现手法多样，如微信软文、短视频广告、直播广告等	容易受到上网客户数的限制，从而影响广告的受众范围
广播广告	传播迅速；覆盖范围广；对客户地区和客户群体选择性强；制作简单，发布及时，灵活性强；总成本低	没有形象效果，客户对信息的遗忘率高，需要反复提醒客户
报纸广告	传播迅速，覆盖范围广，对客户地区选择性强，制作简单	保留时间短，发布成本高；表现形式单一；引起客户的注目率低；无读报习惯的客户无法接收信息
杂志广告	覆盖范围较大，对地区和客户群体选择性较强，与报纸广告相比印刷更加精美	成本费用相对较高，发布不及时，版面编排缺乏灵活性
直接邮寄广告	发布及时，制作简单，信息量大；对客户地区、客户群体选择性强，市场针对性强；单位成本低	损耗率高，保留时间短
户外广告	展示寿命长，注目率高，费用较低	信息量有限，表现形式单一
车身广告	客户覆盖范围广；制作简单，成本低	接触客户的时间短，针对性不强
购买点广告（POP 广告）	可造势，渲染气氛；所展示的信息对客户的影响效果直接；总成本低	传播范围有限，受到零售终端制约
电梯广告	有效到达率高，少干扰；可与目标客户进行高频率沟通	传播成本较高，传播内容有限
手机短信广告	成本低，发布及时，企业可向精准客户发送广告	容易引起客户反感

任务三 挖掘客户需求

随着企业间竞争的日渐激烈，客户有越来越多的选择自由，同时客户需求日益呈现复杂化、多样化、个性化等趋势。满足客户的需求是企业生存和发展的根本。企业只有在满足客户需求的同时才能创造经济效益，证明自己存在的合理性。由于客户需求千差万别，因此企业员工应该正确挖掘客户的需求。正确挖掘客户需求是企业拓展业务成功与否的关键。挖掘真正的需求，可以帮助企业更了解客户，进而创造更大的价值。

一、认识客户需求

客户需求是指客户对企业服务或产品的期待或实际需求。认识客户需求是通过买卖双方的长期沟通，客户服务人员逐步发掘客户购买产品的欲望、用途、功能、款式，将客户的模糊认知以精确的方式描述并展示出来的过程。客户需求是客户服务人员的核心出发点，是驱动企业发展的原动力。了解客户需求，有利于企业制定合适的营销策略，获得客户满意与忠诚。客户的需求往往是多方面的、不确定的，需要分析和引导。客户需求有以下特点：

（1）不同层次的客户需要不同档次的服务，愿意为不同服务水平和质量支付不同价格。

（2）不同层次的客户对开发相同的服务有不同的反应，对企业的利润率有不同影响。较高层次的客户对新服务的反应更强烈，更有可能增加购买量。

（3）不同驱动因素引起不同层次的客户的购买行为并影响他们的购买量，企业可通过对不同层次的客户提供差异化的服务组合，促使客户成为更高层次的客户。

一般而言，客户需求的类型有 4 种（见表 6-6）。

表 6-6　客户需求的类型

客户需求的类型	解释	举例
环境需求	客户服务人员要预测客户对环境的需求。	以客户到银行办理业务为例，当客户填写单据时，可能他就需要一把椅子；如果客户需要等候很长时间，那么他就会希望等候区有报纸、杂志可以阅读，以打发时间。
情感需求	客户在感情上需要获得客户服务人员的理解和认同，这种需求最难预测。	客户需要客户服务人员认同自己的某种观点、接受自己的某个意见等。
信息需求	信息需求是指客户对有关产品或服务的质量、价格、品种等方面的需求。	客户到餐厅用餐时，期望知道餐厅有什么菜、哪道菜是招牌菜、点餐后需要多长时间才能上菜、每道菜的价格是多少等；客户购买电视机时，期望知道电视机的尺寸是多少、价格是多少、有什么功能、售后服务有哪些等。
便利需求	便利需求是指客户对产品的使用、购买等提出的方便要求。便利需求是客户的普遍心态，而且便利需求会随着社会经济的发展和客户消费水平的提高而日趋强烈。	产品的数量和单位便于客户选择合适的规格，产品销售的时间和地点便于客户随时随地购买，产品的包装便于客户携带等。

二、客户需求层次

客户需求是不断发展和变化的。随着较低层次需求的满足，客户会追求更高层次的需求。基于于马斯洛的需求层次理论，客户需求也可以分为五个层次，它们从低到高依次是产品需求、服务需求、体验需求、关系需求、成功需求（见表6－7）。

表6－7　客户需求层次

客户需求层次	内涵
产品需求	类似于人的基本需求（衣食住行），客户的基本需求与产品有关，包括产品的功能、性能、质量、价格。客户都希望以较低的价格获得高性能、高质量的产品。一些购买力较弱的客户仍然以产品质量及价格作为采购的主要依据。
服务需求	随着人们购买力的增强，客户的需求上了一个台阶。客户采购时，不再局限于关注产品本身，同时还关注产品的售后服务，包括产品的送货上门、安装、调试、培训及维修、退货等服务保证。
体验需求	目前，人们逐渐从工业经济、服务经济时代步入了体验经济时代。客户采购时，不愿意被动地接受服务商的广告宣传，而是希望先对产品做一番“体验”，如试用、品尝等，或者转为主动地参与产品的规划、设计、方案的确定，“体验”创意设计、决策等过程。客户服务人员与客户互动的每一个时空点，如一个电话、一份邮件、一次技术交流、一次考察、一顿晚餐等，对客户而言，都是一种体验。体验记忆会长久地保存在客户大脑中。客户愿意为这种“唯一”的体验付费。
关系需求	客户在购买了称心如意的产品、享受了舒适的服务、得到了愉快的体验的基础上，如果能同时结交朋友、扩大社会关系网，一定会超出买家的购买预期。社会关系网能够帮助客户获得社会的信任、尊重、认同，获得满足感；在需要或面临困难时，会得到朋友的帮助和关怀；可以与朋友共同分享和交换信息、知识、资源、快乐等；关系的建立一般会经历较长时间的接触和交流、资源的投入，需要双方具备共同目标、彼此尊重、相互信任、相互关爱、相互依赖、信守诺言等要素。
成功需求	获得成功是每一个客户的目标，是客户最高层次的需求。客户购买产品或服务都是从属于这一需求的。企业不能只看见客户的产品或服务需求，而要能识别和把握客户内在的、高层次的需求，否则，难以赢得商机。

通常情况下，客户并不十分清楚或不能清晰地表述自己的问题或需求，因此，在没有完整、清楚地把握客户的需求之前，企业即使将最好的产品或者服务推荐给客户也无济于事。在不同的行业、不同的企业，客户的购买力、购买行为可能不尽相同，但是，都不同程度地存在上述五个层次的需求。我们可以运用前述分析方法，更准确、清晰地识别、判断我们的客户需求处于哪一个层次上，从而有针对性地规划、实施有关的产品策略、服务策略、客户关系策略。

三、识别客户需求的方法

通常而言，客户需求可以分为两大类：一是显性的需求，二是潜在的需求。对于前者其实非常好理解，有很多客户服务人员都会直接询问客户需要些什么，而对方回答的就属于前者。但客户给出的答案往往是模棱两可的，并不是很精确的，他们可能不会说出自己对产品的一些期待、预算等，这些就是潜在的需求，需要业务人员进行识别。只有更精准地洞察用户需求，客户服务人员才能为客户提供更好的服务，让客户拥有更好的体验。那么如何识别客户需求呢？常用的方法有深度访谈法、体验中心法、市场调查法、竞争对手研究法、数据挖掘法等（见表 6－8）。这些方法都已经被很多企业使用并取得了成效。

表 6－8　客户需求识别的方法

识别客户需求的方法	具体内容
深度访谈法	客户服务代表或管理人员定期调查和访谈企业重要客户，讨论和分析客户的需求、客户对企业产品或服务的意见或建议等。
体验中心法	企业设立体验中心，全方位展示品牌价值，让客户通过体验来了解产品的功能或性能，并获取客户反馈。对一些高科技产品、时尚产品而言，这是一种新颖、有效的识别客户潜在需求的方法。
市场调查法	企业采取自设意见箱、打电话或发问卷的方式，或者聘请第三方市场调查机构，进行客户需求的收集。
竞争对手研究法	企业通过分析同行业竞争对手的产品或服务的设计方法、价值设置等，从竞争对手身上挖掘客户对产品或服务的需求点。
数据挖掘法	基于人工智能、机器学习、大数据、统计等技术的数据挖掘，可以高度自动化地分析客户需求信息，从中挖掘客户需求模式，预测客户需求趋势，帮助企业决策者调整市场策略，从而减少经营风险。

四、挖掘客户需求的技巧

客户需求是客户开发及维护的核心，挖掘客户需求是客户沟通工作中最为重要的一环。客户服务人员可通过“望、闻、问、切”进行客户需求的挖掘。

（一）“望”——用眼观察

客户服务人员在与客户沟通及提供服务的过程中要眼观六路、手眼并用，时刻保持对客户的关注，观察客人的表情、行为及形象特征，为客户构建画像，对客户进行细分，以便选择恰当的沟通方式展开话题，采取相应措施，快速识别客户需求。

（二）“闻”——用心倾听

客户服务人员在与客户沟通过程中，要注意倾听客人发出的需求信号、倾听客人对产品或服务的评价、反馈意见等，通过“倾听”挖掘出客人需求，采取相应的服务举措。

（三）“问”——适度提问

微课：如何利用提问挖掘客户的需求

客户服务人员要了解客户的需求，提问题是最直接、简单、有效的方式之一。通过提问，客户服务人员可以准确、有效地了解客户的真正需求，为客户提供他们所需要的服务；同时进一步挖掘客户的深层次需求，从而精准地知晓客户需求。

（四）“切”——综合判断

“切”是对望、闻、问之后的整体把握，通过用眼观察、用耳倾听、用心体察和适度提问后，综合所有获取的信息，切准要害，仔细分析，准确判断并识别客户需求。

同步案例

老太太买李子

有一天，一位老太太离开家门，拎着篮子去楼下的菜市场买水果。走进第一家店，老板很热情地说道：“阿姨，这是我们刚进的新鲜李子，又大又红又甜，才五块钱一斤。请问您想要多少呢？”老太太看了看，没说要不要，转身走了。

然后老太太又来到第二家水果店，老板回答说：“里面有青李子和红李子，青李子偏酸一点，红李子偏甜。”老太太问道：“青李子酸吗？”老板直接拿了一个青李子让老太太尝了尝（体验式营销），老太太品尝后问老板多少钱一斤，然后买了三斤。

在称李子的过程中，老板好奇地问道：“别人买李子都是挑红的，个大的，阿姨您怎么专挑酸的呢？”老太太说道：“这李子不是买给我自己吃的，是我儿媳妇怀孕了，最近特别爱吃酸的。”

老板说道：“哎呀，那先恭喜您了，都说酸儿辣女，您这马上就要抱孙子了啊！我听说怀孕期间的女人多吃水果，尤其是含维生素 C 高的水果，生出来的宝宝又白又胖又聪明呢！”老太太很高兴，就问道：“那什么水果含维生素 C 高啊？”老板说道：“听书上都说，猕猴桃有‘维 C 之王’的称号。”

老太太赶紧问道：“那你们这有猕猴桃没？多少钱一斤啊？”

最终老太太买了三斤青李子、一斤猕猴桃。之后也经常光顾第二家水果店，成了店里的常客。

思考：

（1）两家水果店对着同样一位老太太，为什么销售的结果完全不一样呢？

（2）通过以上案例，你认为应该如何挖掘客户需求？

项目小结

本项目的主要训练内容是帮助学生加强对客户沟通的理解与沟通技能的提升。首先，本项目围绕客户沟通的含义、作用、内容、客户沟通的准备等方面对客户沟通进行了系统的介绍。其次，本项目介绍了与客户进行沟通的多种方式，包括面对面沟通、电话沟通、网络沟通、广告沟通等，进而选择与客户沟通的合适方式。最后，本项目分析了客户需求的识别方法与挖掘客户需求的技巧，以实现良好的客户沟通。

理论知识测试

一、单选题

1. 一个完整的沟通过程包括（　　）。

A. 信息发送、接收　　B. 信息发送、反馈

C. 信息发送、接收、反馈　　D. 信息接收、反馈

2. 沟通的过程是（　　）。

A. 双向的过程　　B. 单向的过程　　C. 多向的过程　　D. 以上都不是

二、多选题

1. 企业可以采取以下哪种方式与客户进行沟通？（　　）

A. 面对面沟通　　B. 电话沟通　　C. 网络沟通　　D. 广告沟通

E. 情感沟通

2. 识别客户需求的方法主要有（　　）。

A. 深度访谈法　　B. 市场调研法　　C. 数据挖掘法　　D. 体验中心法

E. 经验积累法

3. 客户需求的分类主要有（　　）。

A. 环境需求　　B. 便利需求　　C. 精神需求　　D. 情感需求

E. 信息需求

4. 与客户沟通前，客户服务人员要做哪些准备？（　　）

A. 准备好可能需要的信息资料　　B. 明确沟通目标

C. 了解客户的沟通风格　　D. 了解客户需求的层次
E. 了解客户的基本信息

5. 以下属于客户沟通的内容的是（　　）。
A. 信息沟通　　B. 情感沟通　　C. 理念沟通　　D. 需求沟通
E. 政策沟通

三、判断题

1. 客户沟通贯穿于客户关系发展和企业交易过程的始终。（　　）
2. 挖掘客户需求是客户沟通工作中最为重要的一个环节。（　　）
3. 企业非常重视与客户保持沟通，因为客户沟通有利于提升客户满意度。（　　）
4. 客户时间宝贵，沟通时应快速进入主题，不需要开场白。（　　）
5. 客户有直接需求，也有潜在需求，其中潜在需求需要业务人员通过“望、闻、问、切”进行挖掘。（　　）

项目实训

挖掘并分析客户需求

实训要求：

以小组为单位，选择学生所在城市某个企业或商家的客户个体/群体，选择合适的沟通方式与该客户个体/群体进行沟通，了解客户的需求，分析客户的个性特点和购买动机。

实训内容：

1. 针对所选的客户个体/群体，列出客户的基本信息、客户的沟通风格、与客户沟通的目标、沟通前需要准备的工具及资料、客户可能会提出的问题及准备如何应对等。

2. 分析所选用的沟通方式的优劣，分析客户的直接需求与潜在需求，形成客户需求分析报告，阐述下一步的应对措施。

成果及评价：

1. 每组提交一份客户需求分析报告，报告中要求包括需求挖掘的过程与分析结果，每组以小组 PPT 的形式进行报告。

2. 教师对每组学生的报告评定成绩，对有代表性的需求分析报告进行点评。

项目七 管理客户投诉

学习目标

知识目标

- 熟悉客户抱怨的含义和来源；
- 理解客户投诉的类型和心理；
- 理解企业投诉处理的五个原则；
- 理解客户投诉处理的流程。

能力目标

- 能够正确分析客户投诉的原因；
- 能够辩证分析客户抱怨对企业的积极和消极影响；
- 能够熟练掌握客户投诉处理的一般流程与技巧；
- 能够使用正确的方法处理不同类型的客户投诉。

素养目标

- 弘扬爱岗敬业精神，倡导“客户至上”的职业价值观；
- 培养具体问题具体分析的辩证思维，学会一分为二地看待问题；
- 培养在工作中优先处理情绪再处理事情的思维习惯；
- 认知到忍耐与宽容是优秀客户服务人员的一种美德；
- 养成细致严谨的工作作风、持之以恒的态度。

项目解析

根据客户服务与管理职业学习活动顺序，本项目可以分解为以下三个学习任务。

案例导入

“3 · 15”保护消费者权益，也在保护消费市场

每年的3月15日为国际消费者权益日，如果将其视为企业参加的一场考试，那么消费者是考官，消委会是阅卷人，零投诉是最满意的答卷。我国每年的国际消费者权益日都会聚焦不同主题，这些主题都真实体现消费者需求，展现了消费者在更有保障、更深层次、更大范围、更可持续性等方面对企业提出了新要求。

“3 · 15”国际消费者权益日于1983年由国际消费者联盟组织确定。1987年9月，中国消费者协会被国际消费者联盟组织接受为正式成员。自1991年起每年的3月15日，中央电视台“3 · 15晚会”都会为保护消费者权益发出呼声，揭露一系列企业失信行为。一旦在“3 · 15晚会”上曝光或被点名，对企业来说通常需要花费很长时间来挽回口碑，有时是致命的打击，甚至会影响整个行业在市场经济中的地位，更危及市场经济良性运行与社会的和谐稳定。

随着《中华人民共和国消费者权益保护法》的深入普及，以及基于信息技术的投诉、咨询渠道的便利化，消费者维权意识不断增强，消费者投诉量也在不断增加。国家市场监督管理总局2022年3月发布的数据显示，2016年至2021年投诉量不断上升（见图7－1）。在所有投诉问题中，质量问题、售后服务、合同问题、食品安全、广告问题等相对突出，这些问题也是持续增加的网购诉求的投诉重点。有效解决和减少这些投诉是企业获得消费者认可和可持续发展的基础。

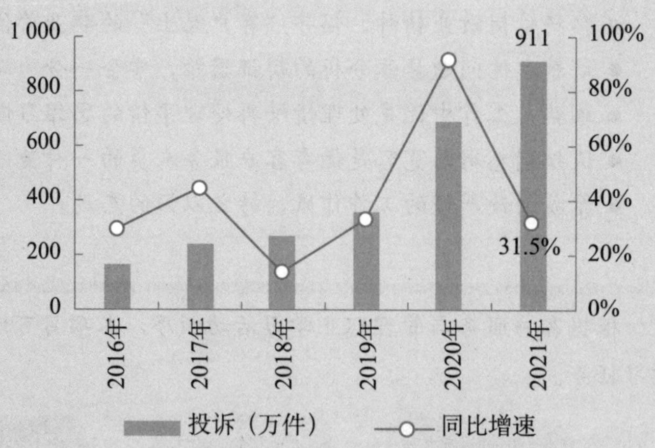

图7－1 国家市场监督管理总局发布的2016年至2021年投诉量对比

事实上，“3 · 15”影响力日益增大的背后，意味着消费已成为经济发展强劲的推动力，持续改善消费环境、全面促进消费对国家和企业经济发展意义重大，因此我国“十四五”规划纲要明确提到“强化消费者权益保护”。当前在我国进入高质量发展阶段，

"高质量"也应落在对产品与服务的要求上，因为保护消费者权益也就是保护消费市场。

资料来源：孙博洋．市场监管总局：去年受理消费者投诉举报咨询超 2 300 万件网购新消费诉求增加［EB/OL］．人民网，2022-03-20.

思考：

（1）我国每年的"3·15"国际消费者权益日聚焦的主题发生了什么变化？结合"3·15晚会"的具体案例，分析消费者能通过哪些渠道维权，维权的背后反映了哪些未被满足的需求。

（2）请结合客户投诉对企业的意义，分析"3·15"如何在保护消费者权益的同时也在保护消费市场。

任务一 识别客户抱怨

尽管大多数企业都在提倡"微笑服务、客户至上"，但在服务过程中，客户抱怨还是经常出现。面对客户抱怨，人们通常会产生一种挫折感和恐惧感，并形成本能抗拒心理。还有一些企业经营者或员工认为是客户在找麻烦，认为客户抱怨只会带来负面影响，他们甚至以杜绝客户抱怨为目标。但是，客户抱怨真的能完全消除吗？客户抱怨对企业而言一定是坏事吗？

一、正视客户抱怨的客观存在

微课：认识客户抱怨

（一）客户抱怨的含义

客户抱怨是指客户对企业产品或服务的不满或责难，是客户对自己的需求和期望没有得到满足的一种有声或无声的表达。

客户抱怨在行为反应上大体有两种：非投诉型抱怨和投诉型抱怨。其中，非投诉型抱怨往往具有私人行为的特征，包括不再购买某品牌、不再光顾某商店、说某品牌或某商店的坏话等。投诉型抱怨则是公开行为，是客户对企业产品或服务不满意而提出的书面或口头上的异议、索赔和要求解决问题等行为，包括向商店或制造企业、政府有关机构投诉，要求赔偿等。

上述两种抱怨行为的出现比例有较大差异。据统计，对于企业产品质量和服务的不满，只有4%的客户会公开抱怨，其他的客户大多会保持沉默，今后将不会购买该企业的产品或服务，因此真正公开抱怨的客户只是冰山一角。换句话说，公开抱怨表示客户对企业仍有期待，希望企业能改善产品质量或服务水平。毕竟，没有抱怨并不等于满意，而大部分不满意的客户是不抱怨的。

（二）客户抱怨的来源

客户抱怨之所以会一直产生，是因为受到以下客观因素的影响。

1. 不可避免的服务失误

不可避免的服务失误是导致客户抱怨的主要原因。在提供服务的过程中，即使最优秀的客户服务人员也不可避免地会出现服务的失败和错误。从客户角度来看，服务失误是企业所提供的服务水平未达到客户期望，超过了客户的承受能力所造成的；从企业角度来看，服务失误是企业提供的服务水平未达到其规定的服务标准而导致客户需求未被满足而出现的状况。

导致服务失误的原因主要有四个方面：

（1）服务属性所致。服务提供过程中具有高度的不确定性，客观上存在失误的概率。

（2）服务企业所致。企业的服务硬件、软件和服务人员（从业经验、服务技能、服务态度、身体状况、情绪状况）都会对服务质量与水平造成不同程度的影响。

（3）客户方面的原因。客户因自身的疏忽、自身情绪问题或对服务预期不当等也会导致服务失误。

（4）外部环境因素。外部环境因素主要是一些不可控的导致企业承诺不兑现的外部环境因素，如自然灾害或黑客攻击。

同时，服务失误的发生形式也是多样的，可以按照失误的性质和内容进行划分（见表7-1)。了解服务失误的类型划分，有利于企业明确解决问题的方向。

表7-1　服务失误的类型

分类标准	类型	含义	具体示例
按照失误的性质	结果失误	结果失误是指服务提供者没有实现基本的服务内容，是核心服务失误	1. 产品服务本身问题，如航空公司提供变质食物、行李处理错误等。 2. 没有可使用的服务，如酒店将客户已预订好的客房提供给了其他客户；酒店本应24小时提供热水，但客人使用时却没有热水。 3. 不合理的等待服务，如银行营业厅办理业务的客户较多时，四个窗口却只开了一个，使客户等待时间过长等。

续表

分类标准	类型	含义	具体示例
按照失误的性质	过程失误	由于服务传递方式上的缺陷和不足使客户感知受到影响，是企业对客户需要和请求不当反应而造成的失误	1. 对特殊需要的不当反应，如饭店忽视客人提出不放辣椒的忌口要求等。 2. 对客人差错的不当反应，如宾馆对客户遗失财务的漠视等。 3. 对混乱现象的不当反应，如影院没有劝阻观众保持安静，导致观影环境嘈杂等。 4. 对特殊客户群体的不当反应，如对弱势群体的歧视行为等。
按照失误的内容	态度类服务失误	在服务过程中因服务人员的不良态度导致客户因厌恶而投诉或不配合	1. 服务人员不良行为，如流露出工作厌倦情绪、服务人员内讧、工作纪律差等。 2. 服务态度不好，如采取傲慢无礼或敷衍塞责等不友善态度。 3. 服务方式不佳，如过分热情、接待慢、缺乏语言技巧、不顾客户需求一味介绍产品。
	技术类服务失误	员工对产品不了解无法回答客户问题，导致客户不满	1. 工作能力不足，如产品相关知识不足导致无法及时解决客户提出的问题。 2. 个人心态与自信不足导致无法顺利回应客户需求。
	质量类服务失误	公司提供的产品或服务存在货不对版或者不履行合同中的承诺，导致客户失望	1. 企业没有认真、全面地提高产品质量，包括生产工艺问题、经销商管理问题或客户使用问题等，导致反复维修。 2. 广告误导，如夸大产品价值功能、过度美化产品、大力宣传售后服务但不兑现。

课堂讨论

以小组为单位，请同学们结合具体的例子，分析并讨论如下问题：服务失误的确不可避免，对于客户而言，态度类服务失误和质量类服务失误哪一个对企业的影响更大？

2. 日益复杂的市场竞争手段

随着市场竞争的白热化和信息网络的便利化，有些企业会制造客户抱怨向竞争对手发起攻击。对于这类以恶意攻击为目的的客户抱怨，企业也应加以识别并制定应对策略。

只有在正视客户抱怨的客观存在之后，企业才有可能摒弃逃避心态，而将重心放在理性分析客户抱怨、明确处理客户抱怨的正确方向，这样最终有助于企业与客户建立良好的信任关系。

由于服务失误和市场竞争都不可避免，因此如果企业能对客户抱怨的发展过程进行预测分析并及时处理或补救，就能够重新建立信誉、提高客户满意度、维持客户忠诚度。

二、了解客户抱怨的行为过程

客户抱怨是否一定会对企业产生负面的影响，这个问题受到很多因素的影响。虽然服务失误是导致客户不满和抱怨的主要原因，但服务失误的后果却有多种可能性。

具体来说，由于服务失误的程度不同，客户抱怨的行为反应也会不同，最终对客户满意度和消费行为意向产生不同的影响。一般情况下，服务失误后客户的相关行为会产生一系列复杂的传导过程（见图 7－2）。

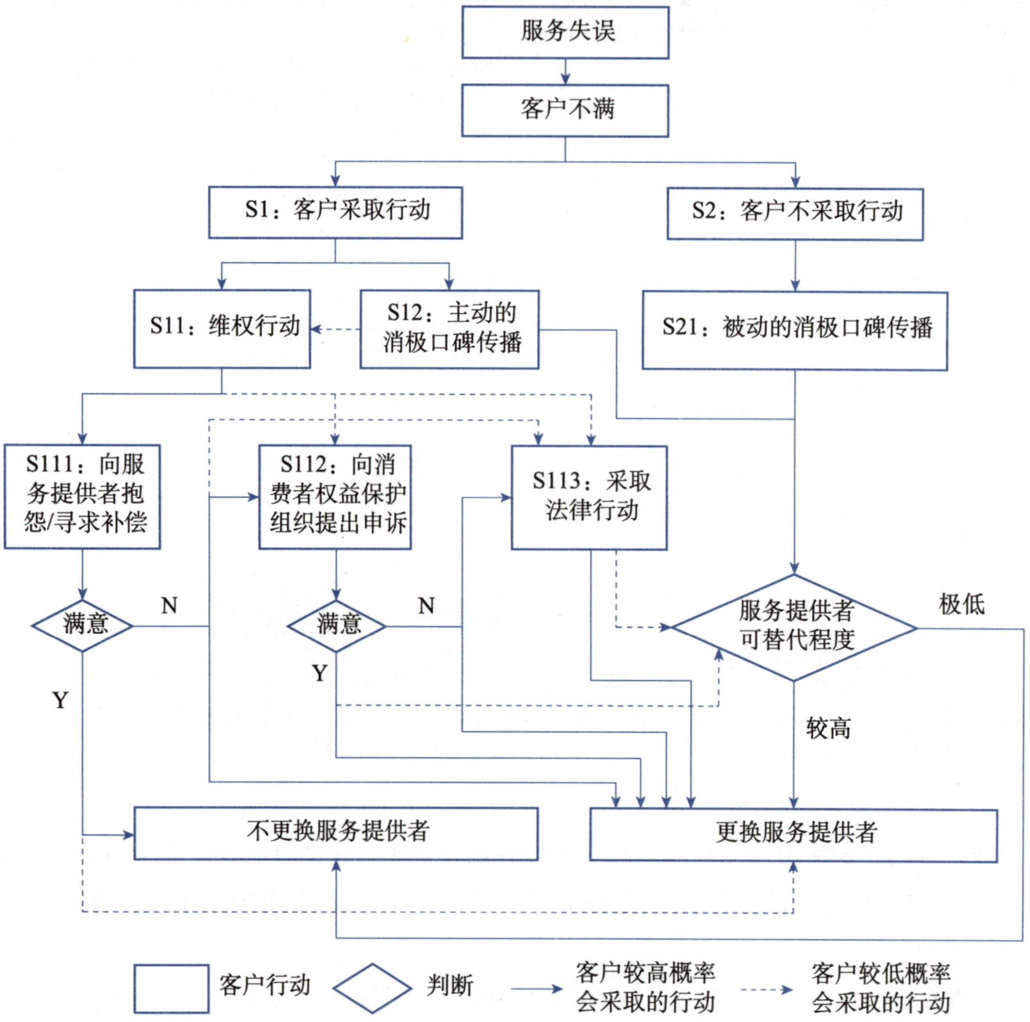

图 7－2　服务失误的后果——客户不满行为的传导过程

从图 7－2 可以看出，客户抱怨是一个逐步累积并恶化的过程。在这个过程中，企业是否积极干预将对最终结果产生直接影响。因此，在了解客户抱怨的行为过程后，企业才更有可能重新审视客户抱怨给企业带来的影响，从而调整企业的应对策略，努力发挥企业经营者和员工的主观能动性。

三、辩证看待客户抱怨的影响

客户抱怨不一定会给企业带来负面的影响，因为客户抱怨不代表客户流失或企业失败。根据客户抱怨行为的传导过程，客户抱怨会产生两种完全不同的结果。换句话说，企业只有辩证地看待客户抱怨对企业的影响，才能为后续的理性分析和正确处理客户抱怨打下基础。

（一）客户抱怨对企业的积极影响

从积极的影响来看，客户抱怨隐藏着巨大的价值。客户抱怨从表面上看会让企业及员工不好受，但实际上能给企业经营敲响警钟，说明企业的各项工作存在隐患，消除隐患便能赢得更多的新客户，同时留住忠诚的老客户。具体来说，客户抱怨会给企业带来的积极影响，主要表现在以下三个方面。

1. 客户抱怨使企业服务更完善

客户的不满是企业改善服务的基础和动力。客户抱怨是企业的宝贵信息，有利于企业改进服务质量，提高服务水平。客户表现出的抱怨，实际上是赋予企业一次改进产品或服务的机会。一切的产品更新或新产品的开发无一不是对客户需求的一种满足，而这些潜在的需求往往表现为客户的各种不满。有些服务人员会认为，客户越来越难以满足，越来越难伺候，其实是自己的服务不能满足客户。企业可以通过分析客户的抱怨、牢骚、投诉等，发现产品或服务的不足，并以此为契机，不断提升客户满意度。因此，客户抱怨是有价值的，企业应该善待不满意的客户。

2. 客户抱怨是企业创新的源泉

客户抱怨实际上是常常被企业忽视的一个非常有价值且免费的市场信息来源。客户抱怨有可能为企业带来意想不到的收获，有可能是企业创新的源泉。例如，客户抱怨相机光圈速度不好掌握，于是傻瓜照相机便被发明了；客户抱怨使用海尔洗衣机洗地瓜时排水管老是被堵，海尔就研发了“洗地瓜洗衣机”；有人抱怨开关电视和选频道不方便，于是有了遥控器；有人抱怨收音机笨重、不便携带，于是有了随身听。研究表明，大量的工业品的新产品构思来源于客户抱怨。客户抱怨一方面有利于纠正企业营销过程中的问题与失误，另一方面可能反映了企业产品或服务所不能满足的客户需要。

3. 客户抱怨是企业建立忠诚的契机

妥善处理客户抱怨在减少负面信息传播的同时还可以促进销售，客户的满意度会影响其购买行为。研究表明，处理好客户的抱怨，70%的客户还会继续购买；如果能够当场解决，95%的客户会继续购买；如果提出抱怨的客户的问题能够得到圆满解决，其忠诚度比从来没有抱怨的客户要高。因此，客户抱怨为企业提供了恢复客户满意的补救机会，鼓励不满客户投诉并妥善处理，能够防止客户流失，建立客户忠诚。

投诉虽然不可避免，但没有投诉，企业就得不到及时纠偏，也就不能保持进步。因此，从某种角度来看，客户抱怨是企业改进工作、提高客户满意度的机会。因为客户服务工作的实践表明，不满意但沉默的客户才是最大的隐忧，企业挽回的难度较大。

（二）客户抱怨对企业的消极影响

从消极的影响来看，服务失误的确会造成客户不满的传递，减弱客户的满意度和忠诚度，给企业造成很多消极影响。这些消极影响具体表现在以下五个方面。

1. 造成客户流失

服务失误对企业最直接的显性影响就是会造成客户流失，包括未投诉客户的流失和投诉未得到解决或得到解决的客户的流失。

2. 企业形象受损

当企业出现服务失误导致客户不满后，不满客户会向其他人讲述他所遭受的经历。当这种负面信息广为传播时，企业形象必然会受到不良影响。

3. 企业经营受损

面对服务失误，客户有时会采取强烈或恶意的报复行为，包括散布负面信息来诋毁企业，甚至破坏企业正常营业秩序。例如，在医疗纠纷中，患者妨碍医疗秩序，影响其他患者就医，就会给医院正常运行造成严重的不良后果。

4. 增加服务成本

由于第一次没有将服务做好，企业无论是做第二次“服务复原”，还是对客户进行赔偿，都会增加企业的服务成本并减少企业的服务收益。

5. 客户信任度下降

对服务失误特别是服务失误频发的企业，客户信任度必然会下降。例如，在提供搜索引擎优化（SEO）服务的企业中，个别企业以不正当方式迅速提高某些客户的网站排名而造成了其他客户的不满，这时企业的客户信任度必然会下降。

任务二 分析客户投诉

随着市场竞争的日趋激烈和消费者维权意识的不断增强，如何及时、有效地处理投诉，将客户不满转化为客户满意，在保护客户合法权益的前提下维护企业自身合法权益，已成为所有企业面临的一个重要课题。

事实上，客户投诉是客户不满和抱怨的升级，而导致抱怨升级的原因除员工本能的抗拒之外，更多时候是员工因缺乏相关培训而逃避或掩盖问题。

因此，妥善处理客户投诉需要企业在两个方面下功夫：一是指导员工做好客户投诉的分析，二是让员工掌握处理服务失败的方法与技巧。关于如何做好客户投诉的分析，涉及三个方面的内容。

一、调整面对客户投诉的心态

正确的心态是理性分析的前提。在对客户投诉开展客观分析之前，客户服务人员首先需要调整面对客户投诉的心态。工作中的客户抱怨并不是不可饶恕的错误，关键是客户服务人员要以诚意和良好的职业素养面对客户，只有这样才能更好地平息客户的抱怨。

（一）调整心态的措施

具体来说，客户服务人员可以从以下四个方面来调整自己的心态。

（1）保持积极、良好的心态。工作中，客户服务人员常会因为服务失败而收到客户的抱怨和投诉。客户服务人员如果缺乏良好的心态和坚强的意志，就很容易沮丧、难过，甚至自暴自弃，对客户产生抵触情绪，也就无法沉下心来看清自己的问题。

（2）能够虚心接受他人意见。在客户服务中，对于服务工作的不足之处，客户提出意见和建议，如果客户服务人员能够不断地接受各方面的意见，并改正和完善，就能够促使企业和个人获得不断的进步。

（3）保持客观公正的态度。客户服务人员应既不掺杂个人的意愿，也不被他人意见左右。只有秉持这种评价的态度，才能正确地认识自己，以降低自身挫折感和恐惧感。

（4）主动寻求帮助。当因客户投诉产生负面情绪时，客户服务人员既可以与主管单独沟通，也可以同事之间互相疏导以缓解情绪，或者申请相应的培训，通过提高技能或增强心理调适能力来减少负面情绪。

（二）做好面对客户投诉的心理准备

当然，面对客户投诉最多的往往是企业的一线员工，为了更好地应对日常工作中难以避免的各种客户投诉，一线员工可以尝试采取以下技巧来帮助自己做好心理准备。

（1）避免感情用事。当客户在话语或态度上比较过激时，客户服务人员必须克制自己，应尽可能冷静、缓慢地交谈，这样既可以缓冲客户的激动情绪，也为自己争取思考的时间。

（2）具备代表企业的心理。客户服务人员是企业客户服务的重要代表，应为客户提供优质的服务体验；反之，投诉的客户将会要求企业负责人出面，甚至与客户服务人员发生争执，造成不良影响。

（3）具备随时化解压力的心理。客户服务人员可以采取第三者的立场来观察自己忍受客户愤怒的姿态，同时也可向身边的人诉说整个事件以及所遭受的痛苦，以这种方法来缓解自己的情绪。

（4）具备将客户抱怨当磨炼的心理。平静的、乐观的心态有利于客户服务人员积极地处理抱怨。

（5）具备将客户投诉当成贵重情报的心理。客户会通过投诉将其需求动向反馈给企业。企业应善待客户的投诉，重新认识客户的投诉。

（6）不要害怕客户的投诉。换一个角度来看，客户投诉为企业提供了改善产品或服务的机会。

（7）不要有“客户的攻击是在针对我”的心理。

二、分析客户投诉的类型

客户投诉的目的是想得到某些方面的满足，而分析投诉正是为了从众多投诉中挖掘有规律性的问题或有价值的信息，挖掘客户的潜在需求，从投诉中寻找市场商机，让客户投诉转变为企业利润的增长点。

界定客户投诉的类型应是分析客户投诉的第一步，它有助于企业快速明确问题的类型和影响程度，进而明确问题的处理方向。

客户投诉的类型可以从不同角度进行划分，每起客户投诉可以从多个角度进行界定。常见的客户投诉类型如表 7－2 所示。

表 7－2　客户投诉的类型

划分标准	客户投诉类型	具体解释
按投诉的严重程度	一般投诉	一般投诉是指投诉的内容、性质轻微，投诉事件未对投诉人造成很大的损害，或者投诉人的投诉言行对企业的影响不是很大
	严重投诉	严重投诉是指投诉所涉及的问题比较严重，对投诉人造成了较大的物质或精神上的伤害，投诉人非常愤怒从而发表对企业不利的言论

续表

划分标准	客户投诉类型	具体解释
按投诉的原因	产品质量投诉	产品质量投诉是指因产品的质量、性能、安全等方面存在问题而引发的投诉
	服务投诉	服务投诉是指投诉人因对企业提供的相关服务、客户服务人员的服务方式和态度等方面不满而提出的投诉
	价格投诉	价格投诉是指投诉人认为他所购买的产品或服务价格过高或者物非所值而产生的投诉
	诚信投诉	诚信投诉是指投诉人因购买产品或服务后，发现产品的实用价值或自己感受到的服务与企业宣传和承诺不相符而产生的投诉
按投诉的行为	消极抱怨型投诉	主要表现为投诉人向客户服务人员不停地抱怨，诉说自己各个方面的不满意，投诉人投诉的重心在于表达“不满意”
	负面宣传型投诉	主要表现为投诉人在公共场合或除企业外的其他人面前传播产品或服务的负面评价，其投诉的重心在于“广而告之”企业的缺陷与不足
	愤怒发泄型投诉	主要表现为投诉人情绪激动或者失控，其投诉的重心在于以愤怒、敌对的方式宣泄自己的“不满意”
	极端激进型投诉	主要表现为投诉人以极端的方式与客户服务人员发生争吵或做出一些过激行为，不达目的决不罢休，这类投诉一般也称为客户冲突
按投诉的目的	建议型投诉	建议型投诉是指投诉人可能不是在自己心情不好的情况下向企业提起投诉，恰恰相反，这种投诉很可能是伴随投诉人对企业的赞誉而发生的，即投诉人是怀着一种“尽管这样不错，但那样会更好”的想法来向企业提起投诉的
	批评型投诉	批评型投诉是指投诉人对企业心怀不满，但情绪相对平静，只是将这种不满向企业表达出来，但不一定要让企业作出相应的承诺
	控告型投诉	控告型投诉是指投诉人已被激怒，情绪激动，要求企业作出某种承诺

在一定情况下，同一划分标准下的客户投诉是可以互相转变的。例如，一般投诉如果处理不当，极有可能演变成严重投诉，甚至导致企业发生重大危机；相反，如果严重投诉处理得比较得当，也可以转化为一般投诉。

三、分析客户投诉的心理

分析客户投诉的心理是处理客户投诉的基础。面对客户投诉，仅仅做到投诉类型的分析还不够。客户服务人员只有深刻洞察客户投诉时的心理状态，并分析其心理需求，才有助于后续采取合适的措施解决客户投诉。

一般而言，客户投诉的心理类型主要有六种（见表 7-3）。

表 7-3 客户投诉的心理类型

客户投诉的心理类型	客户投诉的目的	引起投诉的主要原因
求补偿的心理	为了得到态度、行动及物质上的补偿，使自己在精神和物质上受到损害时有其他方式的补偿、赔偿	产品或服务质量问题
求消除问题的心理	消除问题，不让它再发生	企业规章制度
求尊重的心理	希望得到理解与重视、尊重与道歉，客户服务人员认可客户的投诉行为，并立即采取相应措施解决相关问题，使客户的自尊心和荣誉得到尊重	服务态度
求重视的心理	得到认真对待，让别人听取自己的意见	企业管理问题
求发泄的心理	为了维持心理平衡，发泄内心的愤怒、委屈、羞辱感，或让某人得到惩罚，需要客户服务人员对客户表示关心和理解，给予他们空间、余地，耐心地倾听并提供帮助	自身情绪问题
求兑现和合理解释	希望立即采取行动	承诺不兑现

当然，客户心理往往比较复杂，但客户心理往往与引起客户投诉的原因有关。因此，将客户投诉的心理与引起投诉的主要原因和投诉目的结合起来，将有助于客户服务人员准确把握客户抱怨背后的意图，并恰当地响应客户的主要心理需求。

课堂讨论

以小组为单位，请同学们分析下面两类服务场景下客户投诉心理的区别，并回答如下问题：为什么同样是物质补偿，在不同消费场景下，客户却有不同反应？

场景 1：每个人都曾经都见过或有过在餐厅吃饭时遭受服务失败而投诉的事件，商家若给予足够的物质补偿，我们就会满意。

场景 2：当我们在进行剧本杀等参与性体验性娱乐活动因遭受服务失败而投诉时，如果商家只提供了退费或免费送一次的物质补偿时，我们往往不会满意。

任务三 处理客户投诉

一、了解客户投诉处理的五个原则

（一）坚持“以客户为中心”

客户服务人员只有坚持“以客户为中心”的观念，才会有平和的心态处理客户投诉。

这包括三个方面的含义。

（1）客户服务人员应该认识到有抱怨和不满的客户是对企业仍有期望的客户。

微课：如何处理客户投诉

（2）客户服务人员应对客户的投诉表示欢迎，处理过程中保持热情的态度。客户服务人员应对于客户投诉行为给予肯定、鼓励和感谢，这样可以使客户感到客户服务人员是与他们站在一边的，从而消除内心情感上的对立和隔阂，促使客户在洽谈中采取合作的态度，双方共同探讨解决面临的问题。企业可运用多种方法鼓励客户投诉。例如，确定服务标准，帮助客户识别服务失误，促使不满意客户进行投诉或抱怨；利用小册子或醒目的标牌等，告诉客户投诉的方式、步骤、机构、负责人等；采用快捷的联系方式（如免费电话、24 小时接待、电子邮件等），从技术上支持客户投诉。

（3）换位思考，站在客户的立场上思考问题，关心服务失误对客户情绪或精神造成的损害，尽可能地满足客户的要求。客户投诉一旦产生，客户在情绪或精神上会受到负面影响，且心理上会强烈认为自己是对的。即使原因在客户自身，客户服务人员也不要采取强硬态度，而应站在客户的立场上思考，如此想法和看法就会有很大的转变。

（二）不与客户争辩

这其实是第一个原则的延伸，处理客户投诉的目的是获得客户的理解和再度信任，而不是争论对错。不与客户争辩包含两个方面：

（1）不争辩既有助于平息客户怒气，也有助于自己认真倾听客户陈述。客户服务人员在倾听时，应不断地表示自己是在认真听的，不要流露出不耐烦的情绪，也不能打断客户的倾诉，而是冷静、客观，不要为自己辩解，更不要急于下结论。即使是在与客户的沟通中，因为存在沟通障碍而产生误解，客户服务人员也绝不能与客户争辩。客户投诉时，往往有情绪，与客户争辩只会使事情变得更加复杂，使客户更加情绪化，导致事情恶化，结果赢得了争辩，失去了客户。

（2）不要推卸责任。当客户投诉或抱怨时，客户服务人员不要推卸责任，更不要寻找各种理由和借口；如果推卸责任，则会让客户更加恼怒，问题就无法得到解决。

（三）情绪优先处理

先处理情绪，后处理问题，这是一个关键原则。这一原则背后有两个原因：第一，人是容易情绪化的，当遇到负面事情的时候，人的情绪很容易崩溃，导致无法理性解决问题，甚至会放大问题，让事情变得更糟糕。第二，其实大多数问题主要是情绪问题。例如，某人一旦觉得某一件事情一定要完成，就会特别着急，着急到身边的人都变成了障碍和对立面，无法听进去别人的观点或建议。一般而言，当人的情绪发泄完，常常会恢复理性。

处理情绪包括处理好沟通双方的情绪：一是服务人员的情绪，二是客户的情绪。处理好客户的情绪，不是讨好、吹捧或哄骗客户，而是在真诚的基础上，能够察觉自己的情绪，理解别人的情绪，互相尊重，互相合作，处理冲突。客户服务人员应先控制好情绪，然后解决问题，否则看似表面上解决了问题，由于态度和方式不正确，必然留下隐患。

（四）抓住处理时机

如果客户服务人员只重视情绪的处理而不切实找到问题并解决问题，就会陷入内耗、产生认知偏见、行为退缩，这无益于解决客户投诉。因此，在初步缓解了情绪，双方都愿意沟通的情况下，客户服务人员应与客户友好沟通，确认事实、了解真相，抓住时机处理问题。

抓住处理时机包括三层含义：

（1）快速反应。一旦出现投诉或抱怨，客户服务人员要立即做出反应、及时处理。企业采取实际行动不仅让客户感觉受到了尊重，感受到企业解决问题的诚意，还可以防止客户的负面言论对企业造成更大的损害。

（2）依据规范的处理流程，明确给予解决方案，并报送处理流程和进展。客户服务人员在道歉后一定要给予解决方案，并确定时间并汇报进展。对于客户正常的抱怨，客户服务人员要给予相应的解释和答复；对于不能马上处理的问题，客户服务人员要给予明确的解决时限，同时要及时上报主管部门，确保承诺兑现；对于不知如何回答的问题，客户服务人员应如实向客户说明，并保证在获知结果后，马上给客户回复，或者视情况请求主管出面解决。

（3）承担过失、积极补偿。客户服务人员可以根据实际情况，给予客户一定的补偿，从而挽回客户的信任。对于重要客户，客户服务人员可以给予其超出预期的补偿，让重要客户感受到诚意和惊喜，提高其忠诚度。客户服务人员应注意界限与角色，不应承诺超出自己岗位权限的事项，如价格、成本、时间安排等。

企业只有制定相关管理制度，客户服务人员才能成功抓住处理时机。例如，企业内部应协调执行统一的客户政策，不踢皮球；授权一线员工灵活处理客户的投诉或抱怨；表彰和奖励受理客户抱怨的优秀员工等。

（五）确认处理结果

客户服务人员应确保问题得到妥善、彻底的解决，而非勉强、凑合，让客户真的满意而去。企业应建立投诉回访制度，监督和追踪投诉的处理效果。因此，客户服务人员应持续关注，确认结果。当所有方案兑现以后，客户服务人员还需要主动联系客户，确认解决的结果，目的是增加客户的信任度。例如，一般在处理完成后一个星期之后，客户服务人员应进行电话回访，了解问题的后续解决情况。

此外，及时总结也很重要，不要在同一个地方重复犯错。在处理过程中，客户服务人员应对每一个投诉及其处理进行详细记录，事后分析原因，并改进工作方式，制定预案，避免每天都在为服务做“善后”。

同步案例

将客户投诉当礼物的海尔

客户投诉是企业会面临的共同难题，但应对客户投诉的不同方法会让企业有完全不同的结局。

很多商家面对客户投诉时，多数的处理方式是道歉，希望诚恳的态度中得到客户的原谅，一旦遇到不讲理的客户，多数商家会采取冷处理的方式，直到最后将客户拖到没有耐心了，事情也就处理了。在现实中，很多商家在接到客户投诉后，往往敷衍了事，久而久之，就失去了客户的信任。

那么，品牌信任度很高的海尔是如何处理客户投诉的呢？熟悉海尔的人都应该听过“地瓜洗衣机”的故事。

1996 年，海尔接到四川分中心信息反馈，德阳市中江县村民家中的洗衣机经常发生排水管道堵塞的故障。接到投诉后，海尔第一时间派出了工程师检查，在维修时发现，村民经常用洗衣机来洗地瓜，导致洗衣机的排水管经常被泥浆堵塞，甚至使洗衣机无法转动。

一般情况下，这个问题的原因确实是消费者洗衣机使用不当，洗衣机就只能用于洗衣服，而不是用来洗地瓜，解决方法就是企业派人向村民讲解正确使用洗衣机的方法。但海尔并没有纠正客户的使用，更没有拒绝保修。海尔工程师认为：“不能说用户不对，我们海尔的理念是用户永远是对的，不是改变用户，而是改变我们自己。”洞察到用户这种特别的需求，海尔当即决定：既然四川农民朋友有洗地瓜的需求，我们就应该改进洗衣机产品。于是海尔研发人员在较短时间内迅速地开发出一种大排水管，能洗地瓜、土豆等带泥沙物品的“地瓜洗衣机”，推出后迅速打开了农村市场。除了洗地瓜外，海尔还根据不同地区的差异化需求研发了“打酥油洗衣机”“洗龙虾洗衣机”“削土豆皮洗衣机”“洗荞麦洗衣机”“防老鼠咬的洗衣机”等产品，而每个产品背后都有一段来自用户的故事。

“用户的抱怨就是最好的礼物。”一些“奇奇怪怪”的产品都是海尔基于客户的真实需求专门研发的。现在，在青岛海尔文化展览馆还能看到展出的这些见证时代的电器。

请查找资料并总结和分析：

（1）海尔售后服务的流程是怎么样的？为什么海尔售后获得了良好口碑？

（2）“地瓜洗衣机”的诞生归功于海尔客户服务人员在处理客户投诉时做到了哪些原则？

二、掌握客户投诉的处理流程

一般而言，客户投诉的处理由企业客户联络中心负责，并指派专职人员受理。基于顺畅的客户投诉渠道和规范的客户投诉处理流程，客户服务人员在搜集完整的客户投诉信息和原因后，依靠不同部门的协作解决客户问题，以提高客户满意度，降低客户流失率。具体来说，在接到客户投诉后，企业规范的客户投诉处理流程包括八个步骤（见图 7－3）。

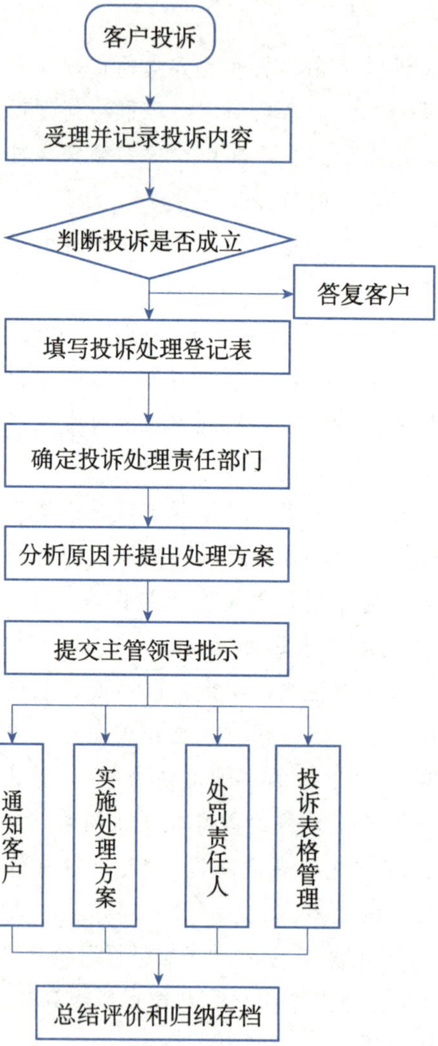

图 7－3　客户投诉的一般处理流程

（1）受理并记录投诉内容。在倾听过程中，客户服务人员应详细地记录客户投诉的全部内容，如投诉人、投诉时间、投诉对象、投诉要求等。

（2）判断投诉是否成立。了解客户投诉的内容后，客户服务人员要判定客户投诉的理由是否充分、投诉要求是否受理。如果投诉不能成立，客户服务人员应以婉转的方式答复客户，取得客户的谅解并消除误会。

(3) 填写投诉处理登记表。客户服务人员按照企业的规定在线上系统登记或填写纸质登记表。

(4) 确定投诉处理责任部门。根据客户投诉的内容，客户服务人员应确定相关的具体受理单位和受理负责人，如属于售后问题，应由售后部处理；属于质量问题，则交质量管理部处理。

(5) 分析原因并提出处理方案。客户服务人员要查明客户投诉的原因及造成客户投诉的具体责任人，再根据实际情况，制定赔偿方案。

(6) 提交主管领导批示。对于客户投诉问题，管理层应予以高度重视，相关部门主管应对投诉处理方案一一过目，及时做出批示，根据实际情况采取一切可能的措施，挽回已经出现的损失。

(7) 落实处理方案及相关事项。具体包括：1) 通知客户，实施处理方案；2) 将处理情况通知客户，并尽快地收集客户的反馈意见；3) 对直接责任人和部门主管要按照有关规定进行处罚，依照投诉所造成的损失大小，扣罚责任人一定比例的绩效工资或奖金，对不及时处理问题造成延误的责任人进行追究；4) 将所有处理过程中的表格进行整理。

(8) 总结评价和归纳存档。客户服务人员应对投诉处理过程进行分析与综合评价，并形成文档记录，吸取经验和教训，改进服务质量。总结评价的内容应兼顾两个目标：一是致力于解决个别客户的问题并让其满意，维持单个客户的忠诚度；二是致力于改善整体服务系统，提高服务质量，降低投诉率，让所有客户满意，最终培养更多的忠诚客户。对于第二个目标，企业可以从以下方面入手进行改进：1) 将日常事务和重复步骤自动化；2) 设备标准化；3) 流程简化和减少步骤；4) 快速的信息传递。

上述只是客户投诉的一般处理流程，每个企业会在此基础上根据业务的不同制定独特的处理流程。

需要注意的是，有效的客户投诉处理流程往往是标准化的，尤其是在当前科学技术日新月异、商务活动全球化的背景下，对标国际标准、加强流程的标准化对企业而言越来越重要。例如，为了优化企业内部的产品投诉处理程序，ISO10002：2004《质量管理 顾客满意度 组织处理投诉指南》提供了方向。当投诉不能在企业内部解决时，企业可学习和参考 ISO 10003：2018《质量管理 顾客满意 组织外部争议解决指南》，它能指导企业从争议解决过程中获得信息，能够有效地促进产品和过程的改进，并提升该企业的声誉，提高客户满意水平。

三、掌握客户投诉处理要点

沟通是人们分享信息、思想和情感的过程，也是解决客户投诉的必要途径。无论是哪个行业，客户服务人员在处理客户投诉的过程中，都离不开与客户的沟通。客户服务人员与客户保持良好沟通是处理好客户投诉工作的重要一环。

客户服务人员处理客户投诉时，应掌握以下要点。

（一）注意时机和场合

在处理客户投诉时，客户服务人员一定要注意时机和场合。从时机来看，客户服务人员应避免与正在气头上的客户立即沟通，应该等客户的情绪相对平静以后再与其沟通。从场合来看，客户服务人员要让投诉客户离开投诉现场，双方应到一个安静的地点进行沟通，从而增强沟通效果。

（二）冷静处理

面对投诉的客户，客户服务人员要保持冷静、多听少说，特别是对于冲动型的客户，客户服务人员的态度显得尤为重要，因为稍有不慎，就会造成客户更大的不满。在与客户沟通时，客户服务人员不要打断客户的谈话，要等客户陈述完毕后再提出自己的看法。

（三）认真倾听

倾听是一种有效的沟通方式。当客户对产品或服务进行投诉时，通过倾听客户服务人员可以发现客户的真正需求，从而获得处理投诉的重要信息，弄清问题的本质及事实。善于倾听不仅可以使投诉客户增强对客户服务人员的信任感，还可以使客户服务人员从中获取有用的信息，从而更有效地开展工作。

（四）取得谅解

客户服务人员在接受客户投诉时，应迅速核实情况，并向客户表示歉意，安抚客户情绪，尽量运用客户能够接受的方式取得其谅解。例如，在考虑客户的需求或感受的前提下为其提供全面的售后服务，如免费维修、包退、包换等，减少或弥补客户损失、取得客户谅解、赢得客户信任。

（五）提供解决方案

为了平息客户的不满，客户服务人员可以主动了解客户的需求和期望，使双方达成一致。单方面地提出客户投诉处理方案往往会引起客户的质疑和不满，不妨变换一种思路来主动询问客户希望的解决方法，有时更能被客户接受。如果客户的要求在企业接受的范围内，双方很容易达成共识；如果客户要求过高或投诉已经无法在企业内部解决了，就需要采用其他的方法。

项目小结

本项目的主要训练内容是解决学生对各种客户抱怨的理性认识不够以及处理技巧不足

的问题。首先，本项目介绍了如何识别客户抱怨，包括正视其客观存在、了解其行为过程以及辩证看待其影响。其次，本项目阐释了分析客户投诉的方法，包括调整面对客户投诉的心态、分析客户投诉的类型以及心理。最后，本项目介绍了客户投诉处理的五个原则、处理流程以及处理要点。

理论知识测试

一、单选题

1. 客户不满意的关键原因是（　　）。

A. 感受到的服务质量与客户心理期望值有差距

B. 客服部门不负责任

C. 企业的客户服务意识不强

D. 客户过于偏激

2. 下列选项中不属于客户服务人员正确处理客户投诉原则的是（　　）。

A. 迅速采取行动

B. 站在客户的角度换位思考

C. 先处理事情，后处理情感

D. 不与客户争辩、耐心倾听客户的抱怨

3. 关于客户抱怨对企业的积极影响，表述不正确的是（　　）。

A. 可以挽留客户，防止客户流失　　B. 使企业服务更完善

C. 增加企业知名度　　D. 是企业创新的源泉

4. 在客户投诉处理的流程中，处在填写投诉处理登记表和分析原因并提出解决方案之间的程序是（　　）。

A. 记录投诉内容　　B. 判断投诉是否成立

C. 确定投诉处理责任部门　　D. 答复客户

5. 客户希望听到“如果我无法立刻解决您的问题，我会告诉您我处理它的步骤与时间”，这体现了客户（　　）的需求。

A. 需要客户服务人员迅速反应　　B. 需要被倾听

C. 需要客户服务人员专业　　D. 需要被关心

二、多选题

1. 服务失误往往是不可避免的，常见的导致服务失误的原因有哪些？（　　）

A. 服务属性所致　　B. 服务企业所致

C. 客户方面的原因　　D. 外部环境因素

2. 下列情形会使企业因员工而导致客户流失的有（　　）。

A. 对客户没有问候或微笑

B. 传递不准确的信息或缺乏应有的专业知识

C. 忽略客户的存在

D. 鲁莽的服务态度

3. 客户在投诉时，可能的心理有（　　）。

A. 期待问题尽快解决　　B. 希望得到适当补偿

C. 发泄不满情绪　　D. 帮助企业提高服务水平

4. 客户服务人员在受理客户投诉，与客户沟通的过程中，要形成完整的沟通记录，包括（　　）等。

A. 投诉时间　　B. 投诉人　　C. 投诉对象　　D. 投诉要求

三、判断题

1. 在分析客户投诉时，界定客户投诉的类型及其影响是第一步。（　　）

2. 如果客户不投诉，就说明产品或服务符合客户的期望。（　　）

3. 对待客户的无理要求，客户服务人员可以不予理睬。（　　）

4. 职业化的服务代表要有良好的心理素质，能够有效控制自己的情绪。（　　）

5. 客户服务人员若要做好客户抱怨分析，不仅应掌握客户抱怨的分析步骤，还要调整自己面对客户抱怨的心态。（　　）

项目实训

调查并展示学生所在城市某个公司的典型客户投诉处理流程

实训要求：

以小组为单位，调查学生所在城市某个公司的产品或服务的内容以及所处理过的客户投诉处理案例，并选取 2 个成功案例将客户投诉处理流程、方法和技巧展示出来。

实训内容：

1. 分别针对所选的客户投诉处理案例，列出该案例中的服务失误原因、类型以及处理难点。

2. 基于一般的服务投诉处理流程，绘制每个案例完整的投诉处理流程图。

3. 根据上述投诉处理流程图，结合所学投诉处理方法和技巧，描述和分析这些方法和技巧在案例每个环节中是如何落地的，最后撰写一份分析报告。

成果及评价：

1. 每组提交一份包含 2 个成功的客户投诉处理过程与方法落地的分析报告。

2. 教师对每组学生的报告评定成绩，对有代表性的分析报告进行点评。

项目八 培养客户忠诚

学习目标

知识目标

- 了解客户满意的内涵及特征、主要内容和影响因素；
- 认知客户满意度管理的内涵，了解客户满意度管理对企业的意义，把握提升客户满意度的具体策略；
- 掌握客户满意度调查的基本步骤、客户满意度调查问卷的设计方法；
- 了解客户忠诚的内涵、特征、类型。

能力目标

- 能够进行客户满意度调查；
- 能够识别忠诚客户并对其进行分类；
- 能够掌握提升客户忠诚度的方法。

素养目标

- 树立“以客户为中心”的经营理念，想客户之所想，急客户之所急，解客户之所难；
- 强化社会责任意识、规则意识和奉献意识；
- 切实体会“打铁还需自身硬”的道理，培养潜心钻研业务、乐于精耕细作的职业素养；
- 从提升客户满意度入手，培养关心他人、尊重客户的职业素养。

项目解析

根据客户服务与管理职业学习活动顺序，本项目可以分解为以下四个学习任务。

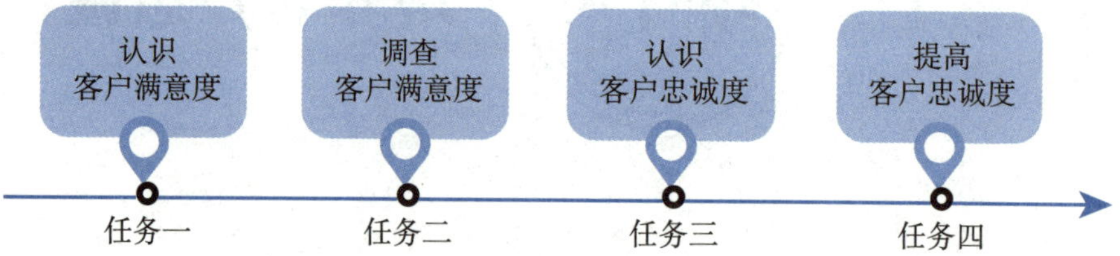

案例导入

华为手机的客户忠诚

2020年12月22日，企鹅智库发布了《2020—2021智能手机消费趋势&用户忠诚度与流失度报告》，报告显示在手机品牌中，华为手机以73.3%的客户忠诚度高居榜首。这说明在更换手机时，超70%的华为客户选择继续使用华为手机，转而购买其他品牌手机的客户占比较低。这一方面有赖于华为将客户视为唯一的使命，为客户提供了高质量、高技术水平的手机产品；另一方面，得益于华为优秀的客户忠诚管理。手机维修一直是令客户头疼的问题，为了让客户送修更方便，2015年年底，华为开展了“快递双向免费”的寄修服务，并在2018年建立了覆盖各省、自治区、直辖市的寄修中心。在寄修过程中，工作人员会致电客户告知维修进展，做到了“省心服务”“放心维修”“透明维修”。

2020年暑期，华为服务店为户外工作人员提供了“爱心驿站”服务，欢迎户外作业人员到店纳凉、充电、饮水，并在完成维修后提供免费贴膜、维修赠礼等回馈。在县区新开业的华为服务店还举行了“新店服务月”活动，为县区进店客户提供免费贴膜、保外维修免人工费等福利。

华为的“碎屏服务宝”为客户提供了多样化的增值服务。例如，客户手机屏幕因意外破碎或者开裂时，可在华为服务店免费更换原装屏幕；“无忧服务”使客户可享受购买后2年官方质保和2年内2次低价意外故障维修；“延长服务宝”让客户在标准保修服务期的基础上延长1年或半年的保修时间。

这些服务免除了客户的后顾之忧，使华为建立了良好的企业形象，为华为赢得了客户的信赖和忠诚。

资料来源：吴敏，蒋娅娜，等．客户关系管理［M］．北京：人民邮电出版社，2021.

思考：

(1) 华为的客户忠诚度为什么比较高？

(2) 你认为客户怎样才会建立对企业、品牌的忠诚？

(3) 请结合案例，解读和分析华为的创新与发展。

任务一 认识客户满意度

面对激烈的市场竞争，企业需要思考“如何从一个客户身上挖掘更多的价值”。答案有两个：一是让客户多次购买企业的产品或服务，提高客户的复购率；二是让客户将企业的产品或服务分享给其他人，为企业吸引更多的新客户。要想达成这两种效果，一个根本前提是让客户满意。

一、认识客户满意

微课：认识客户满意

在完全竞争的市场环境下，没有任何一家企业可以在客户不满意的情况下获得发展。换句话说，客户满意是企业战胜竞争对手的有力手段，是企业持续发展的必要条件，是实现客户忠诚的基础。

（一）客户满意的内涵及特征

1. 客户满意的内涵

客户满意是指客户通过对一种产品或服务的可感知效果，与他的期望值相比较后所形成的愉悦或失望的感觉状态，是一种心理活动。客户满意取决于产品的实际消费效果和消费预期的对比，当产品的实际效果达到客户的预期时，就形成了满意，否则就会导致客户不满意。

从另一个角度来看，客户满意其实是一种综合评价，这种综合评价可简化为一个公式，即满意＝可感知效果－期望。如果可感知效果低于期望，客户就会抱怨；如果可感知效果与期望相匹配，客户就会满意；如果可感知效果超过期望，客户就会非常满意甚至惊喜。

对于客户满意的概念，应明确以下 5 点：

（1）客户满意是客户消费了企业提供的产品或服务之后所感到的满足状态，这种状态是个体的一种心理体验。

（2）客户满意是以客户总体为出发点的，当个体满意与总体满意发生冲突时，个体满意服从于总体满意。

（3）客户满意是建立在道德、法律和社会责任基础上的，有悖于道德和社会责任的满意行为不是客户满意的本质。

(4) 客户满意是相对的，没有绝对的满意，因此企业应持续向客户提供优质的产品或服务，不断向客户满意趋近。

(5) 客户满意有鲜明的个体差异。一个人十分满意的产品或服务，另一个人可能会不满意，因此企业不能追求统一的满意模式，应提供差异化的产品或服务。

2. 客户满意的特征

结合客户满意概念和日常消费体验，我们可以归纳出客户满意的 3 个特征，即主观性、层次性、动态性（见图 8－1）。

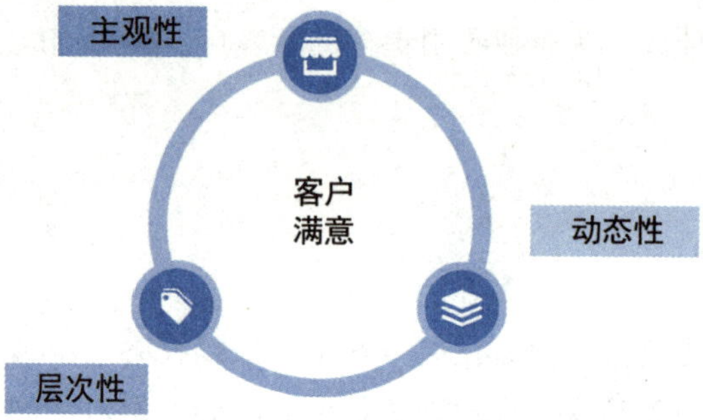

图 8－1 客户满意的特征

1. 主观性

客户满意的主观性是指客户的满意程度是建立在其对产品或服务的体验上，感受的对象是客观的，而结论是主观的。客户满意的程度与客户的自身条件相关，如知识和经验、收入状况、生活习惯、价值观念等有关，此时，客户还会受到社交媒体的影响。

2. 层次性

客户满意的层次性是指处于不同需求层次的人对产品或服务的评价标准不同，因此不同地区、不同消费水平的人或一个人在不同条件下，对同一款产品或同一项服务的评价也不尽相同。

3. 动态性

客户满意是一个随时间发展而变化的动态过程。一方面，任何产品都是有生命周期的，服务也有时间性，客户的评价会随着感知对象本身的变化而变化；另一方面，客户需求具有变化性，尤其是随着社会经济和文化的发展，客户的需求和期望相应增加，客户满意随之发生变化，甚至会从满意转为不满意。

（二）客户满意的内容

客户满意因人、因时、因地而异。客户在接受产品或服务的过程中获得的满意程度和满意层次是不一样的。客户满意可按横向和纵向两个维度划分，不同维度包括不同的内容

（见图 8－2）。

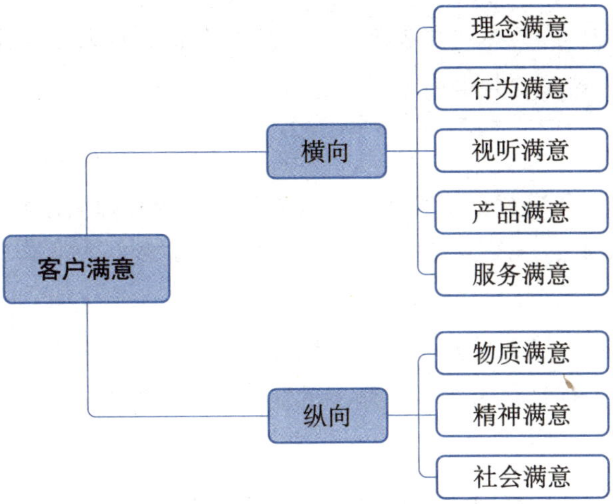

图 8－2　客户满意的内容

1. 横向

客户满意横向划分为理念满意、行为满意、视听满意、产品满意和服务满意 5 个方面。

（1）理念满意。理念满意是指企业的文化、经营宗旨、经营理念和价值观念等带给企业内部客户和外部客户的心理满足状态。令客户满意的企业经营理念是企业全部行为的指导思想，也是企业的精神所在。

（2）行为满意。行为满意是指客户对企业"行动"的满意，包括客户对企业行为机制、行为规则和行为模式的满意，它是理念满意诉诸计划的行为方式，是客户满意战略的具体执行和运作。企业应建立一套完善的运作系统，这套系统被全体员工认同和掌握，并且系统对每个员工都是公平和公正的。系统运行的结果使客户满意最大化，给企业带来最佳经济效益和社会效益。

企业在行为满意实施过程中要做到了解和认识客户，从客户的角度出发，为客户提供满意的服务。企业只有全面掌握客户的心理需求和需求倾向，才能及时、准确地推出令客户满意的产品或服务。

（3）视听满意。视听满意是指企业具有可听性和可视性的外在形象带给内外部客户的心理满足状态。

可听性满意包括企业的名称、产品的名称、企业的口号、广告语等给人的听觉带来的美感和满意度。

可视性满意是客户满意直观的外在形象，既是客户快速认识企业的途径，也是企业强化公众印象的集中化、模式化手段。企业是否拥有一套视觉满意系统，将直接影响客户的满意程度。可视性满意包括企业的标志满意、标准字满意、标准色满意 3 个基本要素。

课堂讨论

列出几个你比较熟悉的品牌广告语，说说这些广告语的优点是什么。你比较喜欢的广告语有哪些？喜欢这些广告语的原因是什么？

（4）产品满意。产品满意是指产品带给内外部客户的心理满足状态，包括客户对产品品质满意、产品时间满意、产品数量满意、产品设计满意、产品包装满意、产品品位满意、产品价格满意等。

（5）服务满意。服务满意是指企业整体服务带给内外部客户的心理满足状态，包括客户对企业的绩效满意、保证体系满意、服务的完整性和方便性满意以及情绪和环境满意。

2. 纵向

客户满意纵向划分为物质满意、精神满意和社会满意 3 个方面。

（1）物质满意。物质满意是指客户在消费企业提供的产品或服务过程中产生的满意。影响物质满意的主要因素是产品的使用价值，如功能、质量、设计、包装等。物质满意是客户满意中最基础的层次。

（2）精神满意。精神满意是指客户在对企业提供的形式产品和外延产品的消费过程中产生的满意，是客户对企业的产品给他们带来的精神享受、心理愉悦、价值观念的实现、身份的变化等方面的满意状况。影响精神满意的因素有产品的外观、色彩、设计理念、服务质量等。因此，产品仅仅满足客户物质层面的需求是不够的，企业还应该在产品生命周期的各个阶段采取不同的营销手段和服务方式，为产品创造人情味，迎合客户精神层面的需求。

（3）社会满意。社会满意是指客户在消费企业提供的产品或服务的过程中体验到的社会利益的维护程度。影响社会满意的因素包括产品或服务的道德价值、政治价值和生态价值。道德价值是指在产品或服务的消费过程中，不会产生与社会道德相抵触的现象；政治价值是指在产品或服务的消费过程中不会导致政治动荡、社会不安；生态价值是指在产品或服务的消费过程中不会破坏生态平衡。

（三）客户满意的影响因素

客户的满意或不满意的感觉及程度主要受 4 个因素的影响（见图 8－3）。

1. 产品或服务的让渡价值

客户对产品或服务的满意会受产品或服务的让渡价值的影响。客户得到的让渡价值高于其期望值，就倾向于满意，客户所得到的让渡价值与期望值之间的差值越大，客户越满意；客户得到的让渡价值低于其期望值，就倾向于不满意，客户所得到的让渡价值与期望值之间的差值越大，则越不满意。

图 8－3 客户满意的影响因素

2. 客户对平等或公正的感知

客户的满意还会受到客户对平等或公正的感知的影响。在购物时客户会问自己:"和其他的客户相比，我是否得到了企业的平等对待?""与我获得的服务相比，其他客户在购物时是否得到了更好的待遇、更合理的价格、更优质的服务?""我为这项产品或服务花的钱是否合理?""以我所花费的金钱和精力，我所得到的比其他人得到的是多还是少?"公正的感知是客户对产品或服务满意感知的中心。

3. 客户对服务成败的归因

这里的服务包括与有形产品相关的售前、售中和售后服务。归因是指个体从主观的感受与经验出发，对自己或他人行为原因进行推论的认知过程。当客户因一种结果（服务比预期好太多或差太多）而震惊时，他就会试图寻找造成这种情况的原因，而他对原因的评定就会对其满意度造成影响。

例如，网店虽然为客户补发了漏发的产品，但产品没有在客户期望的时间内送达，客户就会试图寻找造成这种情况的原因，从而影响其满意度。如果客户认为造成这种情况的原因是网店运营者没有及时处理漏发产品、补发产品时间晚，客户就会感到不满；如果客户认为导致这种情况的原因是自己下单时没有仔细检查订单，而且补发物流运输速度较慢，那么其不满意程度就会降低一些，甚至会认为网店是情有可原的。

对于企业给客户提供的惊喜赠品，如果客户认为"这是企业应该做的"或"企业现在的服务质量提高了"，那么这些惊喜赠品在提高这位客户的满意度上并不会发挥巨大效用；如果客户认为"企业重视我才会为我提供这种服务"或"这个品牌重视与客户的情感连接才会这样做"，那么这些惊喜赠品就会大大提高客户对企业的满意度，进而让客户将对惊喜赠品的满意延伸为对企业的信任。

4. 客户的情感

客户的情感同样可以影响其对产品或服务的满意的感知。这些情感可能是稳定的、事先存在的，如客户的情绪状态和客户对生活的态度等。非常愉快的心态、健康的身心和积极的思考方式等都会对客户体验产品或服务时所产生的感觉产生正面的影响；反之，当客户正处在一种恶劣的情绪中，就会将消沉的情感带入对产品或服务的反应中，即便产品或服务只是出现了一个小小的问题，也许就会引起客户的不满。

课堂讨论

回想自己的网购经历，说一说你最满意的一次购物经历是怎样的。你在这次购物前对所购商品或服务有什么样的期望，其又给了你什么样的体验？

二、认知客户满意度管理

客户满意对企业发展的促进作用是显而易见的，问题的关键是企业如何正确分析客户满意度，建立客户满意度测评体系，从而有针对性地分析企业经营中存在的问题和不足，并在此基础上，采取有效的改进措施，提高客户满意度。

（一）客户满意度管理的内涵

客户满意度是测量客户满意水平的量化指标，是指客户对企业及其产品或服务的满意程度。客户满意度也是客户对企业的一种感受状态，并且在这种感受状态下客户更容易发生交易行为。对于客户满意度的理解，应注意以下 3 点：

（1）客户满意度是一个相对的概念，是客户期望值与最终获得值之间的匹配程度。

（2）客户的期望值与其付出的成本相关，付出的成本越高，期望值越高。例如，人们排长队在网红奶茶店买奶茶，一定是希望买到比一般奶茶店口感更好的奶茶。

（3）客户参与程度越高，付出的努力越多，客户满意度就越高。如某网店的限时秒杀活动、“双 11”的限量抢单活动等。

客户满意度是对客户满意程度的度量，它会对客户忠诚度造成直接影响，并最终影响企业的利润水平和竞争力。因此，企业开展客户满意度调查，可以了解客户对企业产品或服务的满意情况，帮助自己精准地找到进入市场的切入点，即满足客户需求和期望的切入点。

虽然满意是一个不确定的概念，满意的标准会因人而异，但我们知道，客户满意状况是由客户期望和客户感知两个因素决定的。客户是否满意与期望成反比关系，与感知成正比关系。

因此，客户满意度的大小可以用数学公式表示为：$c=b/a$。在公式中，c 为客户满意度；b 为客户感知值；a 为客户期望值。当 c 等于 1 或接近 1 时，表示客户的感受为“比较满意”；当 c 小于 1 时，表示客户的感受为“不满意”；当 c 大于 1 时，表示客户的感受为“非常满意”。

（二）客户满意度管理对企业的意义

企业的客户满意度指数与经济增长和市场增值成明显的正相关关系。有调查表明，企业的客户满意度指数若每年提升一个百分点，则 5 年后该企业的平均资产收益率将提高 11.33 个百分点。对企业而言，满足客户的需求和期望将取代追求质量合格或服务达标而成为企业所追求的最高目标。

1. 有利于企业了解客户需求和期望，调整经营战略，提高经营绩效

通过客户满意度测评，企业可以尽快适应买方市场，确立“以客户为关注焦点”的经营战略。企业应掌握客户当前和未来的需求，满足客户需求并争取超越客户期望。客户的需求和期望是不断变化的，企业如果想要获得主动，就必须通过定期和不定期的客户满意度测评来了解客户不断变化的需求和期望，及时调整企业经营发展战略，把握机会，持续不断地改进产品或服务并提供新产品，真正做到以客户为中心。

2. 有利于企业改进质量和制定新的经营发展战略

企业可以通过客户满意度管理，发现影响客户满意度的关键因素，明确产品或服务存在的亟须解决的问题，并对症下药，制定有效的客户满意策略。此外，企业还要持续关注竞争对手的情况，确定企业与其主要竞争对手在满足客户需求和期望方面的情况，即各自处于什么优势和劣势，这样企业可以做到知己知彼，制定合适的竞争策略和经营发展战略。

3. 有利于企业节约成本，提高经济效益

客户满意度管理贯穿于企业生产经营的全过程，企业应从设计产品之初就考虑到客户的需求和期望，使其提供的产品或服务得到客户的认可，并令客户满意。通过定期的客户满意度测评，企业就会越来越了解客户，可以准确地预测到客户的需求和期望的变化。这样，企业就不用花费更多的时间和精力进行市场调研，新产品的研制和生产也会少走弯路，从而减少资金浪费，压缩成本，利用有限的资源最大限度地提高企业的经济效益。

三、理解提高客户满意度的策略

企业只有长期不懈的努力，才能不断提高客户的满意度。企业应建立客户满意度监测机制，保证客户满意度处于非常满意或满意水平，即使出现小问题，企业也能很快补救。企业应该将客户满意度作为经营活动的一项重要事项，并确立相应的目标要求、考核体系等有效监控机制和持续改进机制。

（一）通过产品质量提高满意度

一般而言，产品质量是客户考虑的第一要素，产品质量是客户满意的基础。首先，企业要实现全面质量管理，将质量贯穿于生产的全过程，通过工作质量来确保产品质量。其次，企业要加强结果检验。在将产品销售给客户前，检验人员必须严格检验，不达标产品坚决不准销售，即使很小的质量问题也不能放过，要追求“零缺陷”。

（二）通过服务提高满意度

较高的服务质量可以为企业带来较高的客户满意度，进而产生较高的客户忠诚度，最终带来较高的收益增长率和利润率。随着竞争的加剧、市场的透明化，企业产品同质化现象严重，越来越多的企业将目光聚焦在服务上，希望通过完善的服务来提高客户满意度。服务已经成为企业寻求差异化、赢得竞争优势的主要途径。

1. 服务承诺

服务承诺是指企业向客户公开表述的要达到的服务质量。首先，服务承诺一方面可以起到树立企业形象、提高企业知名度的作用，另一方面可以成为客户选择企业的依据之一。但更重要的是，它还可以成为客户和公众监督企业的依据，使企业承受持续改善的压力。其次，企业建立服务承诺的过程，实际上是深入了解客户要求、不断提高客户满意度的过程，这样可以使企业的服务质量标准真正体现客户的要求，使企业找到努力的方向。再次，根据服务承诺，企业能够制定反映客户需求的、详细的质量标准，再依据质量标准对服务过程中的质量管理系统进行设计和控制。最后，服务承诺还可以产生积极的反馈，使客户有动力、有依据对服务质量问题提出意见，从而使企业明确了解其所提供服务的质量和客户所预期的质量之间的差距。

有效的服务承诺应具备哪些特征呢？服务承诺应该无条件、容易理解与沟通、有意义、简洁、准确，复杂、令人困惑且有大量附加条件的服务保证，即使制作精美，也不会起作用。容易引起误解的服务承诺会引发有误差的客户期望。

2. 服务补救

服务补救是指企业为重新赢得因服务失败而已经失去的客户好感而做的努力。有研究表明，客户流失率降低5%，企业利润就会翻一番。因此，企业积极努力地挽回因为对一次服务体验不满而流失的客户是有意义的。服务所包含的一系列环节和大量因素都会对客户的服务体验产生影响，并最终影响客户满意度。客户与企业接触的每一个点，都会影响客户对服务质量的整体感觉。客户与企业接触的每一个具体的点都是关键点。客户会使用关键点来评价企业的服务质量。因此，对于关键点，企业需要制订服务补救计划。该计划包括以下步骤。

（1）道歉。服务补救开始于向客户道歉。当企业感觉到客户的不满时，应指定客户服务人员向客户道歉。道歉在一定意义上意味着承认失败，一些企业不愿意这样做。企业必须认识到服务的易变性，存在失败的风险是企业的固有特征。承认失败，认识到向客户道歉的必要性，真诚地向客户道歉，能让客户深切地感知到他们对企业的价值，并为企业重新赢得客户好感的后续工作铺平道路。

（2）紧急复原。这是道歉的自然延伸，也是不满意的客户所期望的。客户希望知道企业将采取哪些措施以消除其不满的产生根源。

（3）移情。当紧急复原的工作完成后，客户服务人员应对客户表示理解和同情，能设身处地地为客户着想，这也是成功的服务补救所必需的。客户服务人员应对愤怒的客户表示理解，理解因服务未满足客户需求而对客户造成的不良影响。

（4）补偿。移情之后的下一步工作是补偿客户。企业可以赠券给客户，如一份免费点心券、一张机票、一张高质量客房住宿券等。补偿的目的不是向客户提供服务替代品，而是告诉客户，企业愿意对他们的失望负责，愿意为服务失误承担一定的损失。

（5）跟踪。企业必须检验挽回客户好感的努力是否成功，跟踪可以使企业获得评价补救计划的机会，以识别哪些环节需要改进。

当然，并非每一次客户不满都需要上述全部的五个步骤。有时，客户仅仅是对服务的某一个具体环节失望，这时只要采取前两个步骤就可能达到服务补救的目的。一个道歉和一项紧急复原行动即可让客户满意。如果客户被企业的服务失误所激怒，而针对这种情况则需要采取服务补救的全部五个步骤。

（三）认真评估客户的反馈

企业应该主动探寻和收集客户的反馈信息，而不能被动地等待。企业只有精心设计客户反馈系统或客户投诉管理系统，才能使客户信息源源不断地流入企业。企业应该建立客户满意度评估系统，这一系统应该建立以下信息的基础上：一是来源于客户调查和客户投诉管理系统的外部信息，二是企业对员工本身服务的数量、质量的评估。

（四）建立以客户满意为导向的企业文化

企业文化是企业的灵魂，对企业内部具有导向、凝聚和规范作用。如果企业想将以客户满意为导向的理念植根于员工的思想中，并在其行为中体现出来，必须先要将这种观念融入企业文化中。客户满意的本质就是要求企业树立起以人为本、忠诚服务的价值观和经营理念，从经营管理的各项基础工作抓起，向客户提供不断改进和提升的优质服务，并将以客户满意为导向的思想、理念和行为规范真正贯彻落实到管理者和员工的思想、行动中，形成以客户满意为导向的企业文化，以此来支撑企业的不断发展和进步。

（五）建立客户导向的组织结构及业务流程

以客户满意为导向的企业文化是软件保证，它构筑了员工的价值观和行为模式。但仅有软件支撑是不够的，企业必须建立合理的组织结构、通畅的业务流程来确保客户导向的目标得以实现。企业在设计组织结构和业务流程时，必须站在客户的角度，一切都要以能给客户增加价值为依据。合理的组织架构保证了流程效率，通畅的业务流程能完善客户的全面体验，进而保证客户对整个业务流程满意。

（六）控制客户的期望值

客户满意是客户对企业和员工提供的产品或服务所作的正面、肯定的评价，是客户对企业的客户关怀的认可。客户满意是一种个人的感受，其产生源于客户对产品或服务的实际价值与客户的期望所进行的比较。企业为客户提供产品或服务前，要研究客户对产品或服务的期望所在，然后以超出客户期望值的产品或服务来满足客户的需求，使他们感到满意。这种满意将使客户产生对企业产品或服务的重复购买行为，并且客户会主动将自己的良好感受传递给亲朋好友，从而为企业招徕更多的客户。

提高客户满意度的关键是企业必须根据自身实际情况，有效地控制客户对产品或服务的期望值。企业应该尽可能准确地描述产品，而不要夸大产品的性能、质量与服务，否则只能吊起客户的胃口，适得其反。由于客户的期望值会发生变化，企业在描述产品或服务内容后，还要描述其与竞争对手产品的比较、市场需求的变化，必要时还应介绍产品的不适用情况，让客户做好心理准备，以达到控制客户期望值的目的。如果企业为了获得客户，玩文字游戏，赋予客户过高的期望值、过大的想象空间，结果一定是搬起石头砸自己的脚；相反，如果客户的期望值比较客观，企业的产品或服务能超越客户的期望值，客户就会比较满意。

同步案例

格力，质量与服务并驾齐驱，为消费者打造美好生活

在格力的经营理念中有这样一句话：“一个没有精品的企业是没有未来的企业”。格力的发展正是一条不断夯实产品质量基石的质量立身之路。

1995 年，格力建立了制造行业独一无二的筛选分厂，对进厂的每一个零配件进行严格监测，严把产品质量关，全面提升产品质量。

2012 年，格力提出“以品质替代售后服务，最好的服务就是不需要售后服务”的质量管理方针，并组织公司中高层及质量管理技术人员推进质量管理创新。同年，格力开始推行和建立 T9 质量管理体系。

2016 年，格力独创“D-CTFP 质量技术创新循环”和“质量预防五步法”，从根本上解决了制约企业质量水平持续提升的关键问题，从而构建和完善了完美质量管理模式。

2015 年，格力提出“让世界爱上中国造”的品牌定位，在长期坚持不懈地对品质追求的基础上，“让世界爱上中国造”的格力完美质量管理模式也最终形成。2018 年，格力凭借“让世界爱上中国造”完美质量管理模式荣获“中国质量奖”。

2019 年，由格力主导起草的《质量管理　基于顾客需求引领的创新循环指南》

（GB/T 38356—2019）以国家标准发布。

在严格把控产品质量的同时，格力也在不断优化服务。2006 年，格力率先对消费者提出 6 年免费包修服务，为空调行业整体质量提升起到了引领和推动作用。

2021 年，格力电器又宣布 2021 年 3 月 1 日起销售的格力家用空调可享受 10 年免费包修服务。对于老用户，格力电器则提供以旧换新服务，老用户登录“格力董明珠店”参加以旧换新活动，最高可享受 380 元/套的购机补贴。

正是凭借高品质的产品和服务，格力空调连续多年在中国标准化研究院顾客满意度测评中心发布的空调行业顾客满意度调查结果中占据榜首。

请查找资料并总结和分析：

在培养与提高客户满意度上，格力的做法有什么值得学习的地方？

任务二 调查客户满意度

一、了解客户满意度的衡量指标

客户满意度指标是指用以测量客户满意程度的关键因素。要评价客户满意的程度，企业必须确定与产品或服务有关的、能全面反映客户对产品或服务满意程度的代表性的衡量指标。常用的客户满意度衡量指标有以下五个：

（1）美誉度。美誉度是指客户对企业的褒扬态度。对企业持褒扬态度的客户，肯定对企业提供的产品或服务是满意的，即使客户本人不曾直接购买或使用该企业提供的产品或服务，也一定直接或间接地接触过该企业的产品或服务，因此他们的意见可以作为满意者的代表。

（2）指名度。指名度是指客户指名消费某企业产品或服务的程度。如果客户对某种产品或服务非常满意，他们就会在消费过程中放弃其他选择而指名购买某企业的产品或服务。

（3）回头率。回头率是指客户消费了该企业的产品或服务后再次消费，或如果有可能，愿意再次消费，或自己虽不能重复消费，却推荐他人消费的比例。

（4）抱怨率。抱怨率是指客户在消费了企业提供的产品或服务之后产生抱怨的比例。客户抱怨是客户不满意的具体表现，包括非投诉型抱怨和投诉型抱怨。企业通过了解客户抱怨率就可以知道客户的不满意状况，所以抱怨率也是衡量客户满意度的重要指标。

（5）销售力。销售力是指企业的产品或服务的销售能力。通常来说，如果客户对企业提供的产品或服务比较满意，产品或服务就有良好的销售力，主要表现为销售量大、购买金额多、价格敏感度低等方面；如果客户对企业提供的产品或服务不满意，产品或服务就不具备良好的销售力。

二、掌握客户满意度调查的基本步骤

客户满意度调查包括明确调查内容、确定调查对象、选择调查方法、设计调查问卷、实施调查、分析调查数据 6 个步骤。

（一）明确调查内容

企业开展客户满意度调查，首先要识别客户和客户的需求结构，明确开展客户满意度调查的内容。

一般而言，客户满意度调查的内容主要包括 5 个方面（见表 8-1）。

表 8-1　客户满意度调查的内容

客户满意度调查的内容	具体说明
产品内在质量	包括产品技术性能、可靠性、可维护性、安全性等
产品功能需求	包括产品的使用功能、产品的辅助功能（如舒适性）
产品外在需求	包括产品外观需求、包装需求、防护需求、价格需求等
产品服务需求	包括售前、售中和售后服务需求
产品外延需求	包括零配件供应、产品介绍物料、使用培训支持等

（二）确定调查对象

客户满意度调查对象既可以是企业外部客户，也可以是企业内部客户（见表 8-2）。

表 8-2　识别和确定调查对象

企业内部客户	企业外部客户
企业内部的受益者（全体员工） • 上下级关系员工 • 平行职能关系员工 • 流程关系员工（前后的过程或上下道工序关系）	企业外部的受益者 • 供应商 • 投资者 • 经销者 • 消费者 • 最终使用者

企业应该在综合考虑自身所属行业性质、调查对象的类型（如个人、组织）、调查对象的分布特征、调查对象的流动性、企业与调查对象联系的难易程度、调查预算等因素的

基础上来确定调查对象。

如果企业的客户规模相对较小，可以选择普查，即将所有客户作为调查对象，对所有客户进行调查；如果企业的客户规模较大，可以选择抽样调查，即采用适当的抽样方法，如简单随机抽样、分层随机抽样、多阶段抽样等方法，按照一定程序从所有客户中选择一部分客户作为调查对象，对其进行调查，并根据调查结果对总体进行推断。

（三）选择调查方法

常用的客户满意度的调查方法有面访调查、定点拦访、电话调查、留置问卷、邮寄问卷等。各种调查方法的操作方式与优点、缺点如表 8-3 所示。

表 8-3 常用的客户满意度调查方法

调查方法	操作方式	优点	缺点
面访调查	调查人员到调查对象的家中或单位中，按照调查问卷或调查提纲对调查对象进行面对面的直接访问	调查比较深入、详细	调查费用较高、人力资源消耗较大
定点拦访	调查人员在选定的地点（如商场或购物中心内、交通路口等地方），按照一定的规则（如每隔几分钟拦截一位行人，或每隔几个人拦截一位行人等）选取调查对象，在现场对其进行问卷调查	可以进行比较深入的调查	人力资源消耗较大
电话调查	调查人员拨打调查对象的电话，按照调查问卷向调查对象进行提问，并及时记录答案	与面访调查、定点拦访相比更加节约人力资源	不宜进行深度调查
留置问卷	调查人员通过进入调查对象家中或采用定点拦截的方式找到调查对象，将问卷留置调查对象处，并向调查对象说明问卷填写要求，约定一定时间后（如一天或两天）调查人员再登门回收填写好的问卷；或者调查人员将调查问卷统一发放至某些单位或组织，由单位或组织统一向调查对象发放问卷并回收	保密性较强	调查费用较高
邮寄问卷	调查人员将问卷通过邮寄的方式送达调查对象，并要求调查对象按照规定的要求和时间填写问卷，然后邮寄给调查人员	调查区域广，调查费用较低	问卷回收率较低，且时效性较差

开展客户满意度调查的企业在选择调查方法时，应该综合考虑调查对象、调查的企业所属行业、问卷内容、调查预算、调查时效要求等因素。表 8-4 为某些企业开展客户满意度调查时调查方法的选择。

表 8-4　客户满意度调查方法的选择

调查对象	调查的企业所属行业	问卷内容	适宜选择的调查方法
个人	零售业	问卷内容较少，调查对象可在 15 分钟内填写完成	定点拦访，拦截地点可以为商城或购物中心内外、产品销售地点；电话调查
		问卷内容较多	面访调查、邮寄问卷
	餐饮业	问卷内容较少，调查对象可在 15 分钟内填写完成	定点拦访，拦截地点为客户消费地点
		问卷内容较多	面访调查、邮寄问卷
	住宿业	问卷内容较少，调查对象可在 15 分钟内填写完成	定点拦访，拦截地点可以是餐厅、入住登记处等旅客集中出现的地方；留置问卷，留置地点为旅客的房间内
		问卷内容较多	留置问卷，留置地点为旅客的房间内
	批发业	问卷内容较少，调查对象可在 15 分钟内填写完成	电话调查
		问卷内容较多	邮寄问卷
公司、企业等组织型客户	所有行业	问卷内容较少，调查对象可在 15 分钟内填写完成	电话调查
		问卷内容较多	面访调查，调查人员与调查对象代表进行面对面的沟通

（四）设计调查问卷

问卷设计是整个满意度调查工作中关键的环节，调查结果是否准确、有效，很大程度上取决于此。

1. 问卷的设计思路

（1）明确客户满意度指数测评目的。

1）了解客户的需求和期望，调查客户对质量、价值的感知，制定质量标准；

2）计算客户满意度指数，识别客户对产品的态度；

3）通过与竞争者比较，明确本企业的优劣势。

（2）将四级指标（即非常满意、满意、基本满意、不满意）转化为问卷上的问题。

（3）对设计好的问卷进行预调查，一般抽取 30～50 个样本，采用面谈或电话采访形式，除了解客户对产品或服务的态度外，还可以了解其对问卷的看法，并进行相应修改。

2. 问卷的基本格式

问卷包括介绍词、问卷说明、问题和受访者的基本情况等内容。

（1）撰写介绍词。以下为介绍词的示例：

尊敬的用户：

您好！我们是××公司，于本月开展用户满意度调查。目的是获得您对我公司产品或服务的客观评价，以便我们持续改进，使大家真正满意。

感谢您的参与和配合！对于每份有效问卷，我们将赠送一份实用的礼品给答题者。

（2）填写问卷说明。为了使答卷规范，便于整理和统计，一般应在问卷上标明答题的要求，如请受访者在认为合适的项目方框内打“√”，或在画横线处填写文字。

（3）设计问题。问卷中的问题可分为封闭式问题、多选题、开放式问题和半开半闭式问题四种类型。

1）封闭式问题。主要形式为是非题。一般采用“是”或“否”、“有”或“无”的答题方式。例如：

您是否使用质量管理软件？A. 是　B. 否

2）多选题。多选题一般给出三个或更多答案，受访者可选一个或多个答案。例如：

您希望质量管理软件包含下列哪些内容？

A. ISO 9000 实施指南　　B. 质量管理方法

C. 优秀企业经验　　D. 各类表格和文件范本

3）开放式问题。这类问题不给出答案，由受访者自由发表意见。例如：

您已购买过几套质量管理软件？________

您认为该软件对工作有什么帮助？________________________________

4）半开半闭式问题。常见的是在封闭式的选项后面，增加开放式回答。例如：

您购买该软件的原因是（　　）。

A. 工作忙，需要现成工具　　B. 需要培训资料

C. 价格便宜　　D. 内容丰富

E. 其他原因________

（4）受访者的基本情况。在问卷最后，列出所要了解的受访者基本情况的项目，如受访者的姓名、电话、通信地址等。

（五）实施调查

企业可选择第一方、第二方或第三方进行客户满意度调查，但这三种方式的客观性、可靠性、经济性存在差异。相对来说，委托第三方进行客户满意度调查比较客观、科学、公正，可信度较高，但费用较高，因此大多企业采用第一方调查的方式。此种方式包括内部客户满意度调查和外部客户满意度调查。

1. 内部客户满意度调查

常见的内部客户满意度的调查方法有问卷调查、不记名意见箱（实物信箱、电子邮件）、面谈访问。

2. 外部客户满意度调查

对外部客户满意度的问卷调查，较常用的方法有：

（1）面谈访问。调查人员可以与一个受访者面谈，也可以与多个受访者集体面谈。调查可以比较深入，但人力成本高、范围不够广，且易受调查人员素质的影响，客观性不强。

（2）邮寄问卷调查。该方法涉及的客户范围较广，但回收率低，且时间成本较高。

（3）电话调查。该方法比较直接、快捷，但受时间限制，调查不够深入。

（4）电子邮件调查。该方法将问卷以附件的形式发送给受访者，受访者可回复邮件，或将问卷打印出来，填写后传真给调查人员。

（5）互联网调查。企业可主页上放置调查问卷，让受访者直接填写，提交即可。

此外，企业还可以采用留置问卷调查、秘密客户调查等方法。企业还可以通过消费者协会的信息、各种媒体的报道、行业协会的研究、订单编号分析等方法来实施调查。

课堂讨论

为保证调查结果的准确性、有效性，企业实施调查时要注意哪些问题？

（六）分析调查数据

企业采取各种方法收集客户满意度调查信息后，需要选择合适的方法分析信息，以挖掘更多有价值的信息。常用的分析方法有方差分析法、相关性分析法、满意度重要性矩阵分析法等。

方差分析法适用于比较不同部门、不同细分市场或不同类型客户满意度水平的差异情况；相关性分析法适用于分析客户在不同方面的满意度水平的关联程度；满意度重要性矩阵分析法适用于发现企业在产品或服务中哪些方面存在优势、哪些方面存在劣势。下面对满意度重要性矩阵分析法进行重点介绍。

满意度重要性矩阵分析法列出了企业产品或服务的所有绩效指标，为每个绩效指标设置重要性和满意度两个属性，根据客户对该绩效指标的重要程度和满意程度的打分，将影响企业满意度的各个因素归进矩阵中（见图 8-4），从而判断企业在哪些因素上具有优势，在哪些因素上具有劣势并需要改进。

在满意度重要性矩阵中，横轴表示企业的客户满意度评价，纵轴表示企业的客户重要性评价。对于企业来说，横轴表示客观情况，纵轴表示主观判断。

当客观和主观评价都很高时，企业处于竞争优势区中，说明对于客户来说，在此区域中的因素为关键因素，而且客户对这些因素的满意度评价较高，这些优势因素需要企业继续保持并发扬，使之成为自己的长期竞争优势。

当客观评价低、主观评价较高时，企业处于亟须改进区，说明这些因素对客户来说非常重要，但是当前企业在这些方面的表现较差，意味着企业要及时采取措施优先改进。

当客观和主观评价都较低时，企业处于次要改进区，说明在此区域的指标对客户来说并不是最重要的，虽然客户对这些因素做出的满意度评价较低，但这并不会对企业产生较大影响，因此企业没有必要对这些因素投入大量的人力、物力，可以暂时将其忽略。

当客观评价高、主观评价较低时，企业处于保持现状区，即客户对该区域内因素的满意度评价较高，但对于客户来说，该区域中的因素并不是最重要的，属于企业的次要优势。对于这些因素，企业可以注意发挥这些因素的优势，使其向企业竞争优势的方向发展。

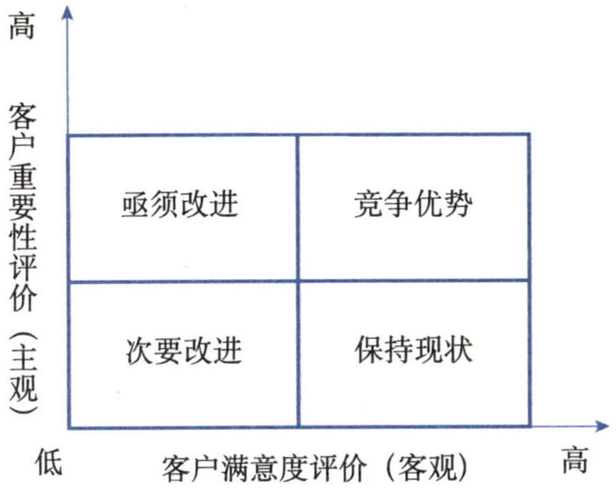

图 8-4　满意度重要性矩阵

任务三　认识客户忠诚度

一、客户忠诚的内涵、特征和类型

（一）客户忠诚的内涵

微课：客户忠诚度管理

在客户导向的时代，客户忠诚已成为营销学界和实业界的热点话题。随着服务经济的崛起，有关客户忠诚的研究逐渐兴起。目前对于客户忠诚并无一个权威通用的定义，许多学者从不同角度进行了阐述。许多学者最初认为高频度的购买即客户忠诚，但是从单纯的行为取向不能解释忠诚的产生、发展和变化。客户的高度重复的购买行为可能并非基于某一种偏好，而是因为各种约束的存在而导致转换障碍。因此，态度取向被加入客户忠诚的定义中来。态度取向是指客户对产品或服务积极倾向的程度和将产品或服务作为首选并积极推荐的心理许诺。

客户忠诚分为两个层面：一是心理层面的忠诚，表现为客户心理上对某种品牌的关注、认可、欣赏和追随；二是行为层面的忠诚，表现为客户重复和持续购买。相应的，客户忠诚一般采用两种不同的度量方法：客户的忠诚态度和客户的忠诚行为，即态度忠诚和行为忠诚。

态度忠诚是指客户忠诚于某个企业的意愿，它是以客户是否有愿意忠诚于该企业的态度来度量的，是客户长期购买自己偏爱的产品或服务的强烈意愿。

行为忠诚就是客户实际表现出来的重复购买行为。客户信息一般都存储在企业的客户数据库中，是客户与企业已经发生的交易行为的记录。

客户对企业的态度或在该企业的购买行为只是解释客户忠诚度的一个组成成分。企业只有综合分析客户的购买行为和客户对企业的态度，才能更准确地衡量他们的忠诚度。从理论上来说，态度忠诚和行为忠诚应该是一致的。但是通过实践人们研究发现，这两种客户忠诚度量之间的相关系数往往很小，有时甚至根本不相关。简单地说，就是许多客户表示愿意继续购买某企业的产品或服务（态度忠诚），但最后实际上离开了该企业（没有行为忠诚）；或者正好相反，客户表现出不愿意继续忠诚于某企业的态度，但实际上却没有离开该企业。因而，态度忠诚并不代表行为忠诚，行为忠诚也并非意味着态度忠诚。

综上所述，客户忠诚是指客户对某品牌或某企业的信赖、维护和希望购买其产品或服务的一种心理倾向和重复购买行为。忠诚的客户是这样的：当他想买一种自己曾经使用过的产品或将来可能需要的产品时，他首先想到的是原来提供该产品或服务的企业。

（二）忠诚客户的价值

忠诚客户是企业巨大的财富，对企业有着重要的价值，主要体现在以下几个方面。

1. 提升企业销售量

忠诚客户都是良性消费者，他们会从企业重复购买产品或服务，而不会刻意追求价格折扣，并且他们会带动和影响自己周围的人做出同样的购买行为，从而保证了企业销售量的不断增加，使企业有稳定的利润来源。

2. 提高企业竞争地位

企业的忠诚客户会持续地从企业而非企业的竞争对手购买产品或服务，从而形成了企业稳定的市场份额。由于这部分客户对其他品牌的无视，对该品牌价格及某些方面的问题不敏感，因此企业的市场地位会更加稳固。即便客户发现所购产品或服务存在某些缺陷，或者产品或服务在使用中发生故障，也能做到以谅解的心态主动向企业反馈信息，求得解决，而不是通过投诉、向媒体披露等手段扩大事端，正因为如此企业才会取得更大的收益，获得持续的竞争优势。

3. 降低企业营运成本

大量的理论研究与实践活动都证明了保持老客户比开拓新客户在成本上更具优势。开拓一个新客户要付出更多的时间、精力、财力等。一项研究表明，花一倍的精力维持的老客户的数量相当于花十倍精力开拓的新客户的数量。因此，培养客户的忠诚能降低企业拓展市场的营销成本。

4. 有利于新产品的推广

忠诚客户面对企业推出的新产品、新业务，能因心理效应的影响而对其产生信任感和消费欲望，从而有利于企业新产品推广的成功。近年来，国产手机品牌如华为、小米不断推出新款手机，赢得了中国消费者的追捧，打破了国外品牌手机市场份额较大的局面。

5. 避免频繁的价格战

忠诚客户可使企业避免频繁的价格战。一般而言，忠诚的客户会排斥企业的竞争对手，他们不会被企业竞争对手的小利所诱惑，会拒绝其他品牌的吸引。只要忠诚的纽带未被打破，忠诚客户甚至不屑于理会胜企业一筹的竞争对手，所以企业也就不必与竞争对手进行价格战。

(三) 客户忠诚度的内涵

客户忠诚度是指客户忠诚于企业的程度，是从客户满意度引申出的量化概念，是由于质量、价格、服务等诸多因素的影响，客户使用产品或服务满意后产生的对某种产品或服务的品牌或企业的信赖、维护或希望重复购买的一种心理倾向的程度。

(四) 客户忠诚的特征

1. 重复购买次数多

客户忠诚实际上反映了客户的一种持续性购买行为。在一定时期内，客户对某一品牌产品或服务重复购买的次数越多，说明其对这一品牌的忠诚度就越高；反之，则越低。应该注意的是，在确定这一指标的合理界限时，对于不同的产品或服务必须区别对待，如重复购买汽车与重复购买饮料的次数是没有可比性的。

2. 购买挑选时间短

消费者购买商品时，通常会经过仔细比较和挑选。由于信赖程度有差别，对不同品牌的产品，消费者购买决策时间的长短是不同的。一般来说，购买决策时间越短，说明消费者对某一品牌商品形成了偏爱，对这一品牌的忠诚度越高；反之，则说明其对这一品牌的忠诚度越低。在运用这一标准衡量品牌忠诚度时，必须剔除因产品性能、质量等方面的差异而产生的影响。

3. 对价格的敏感程度低

通常而言，价格是影响消费者消费的最敏感因素之一，但不同消费者对商品价格的敏感程度有一定差异。消费者对于喜爱和信赖的商品，对其价格变动的承受能力强，即敏感程度低；而对于不喜爱的商品，消费者对其价格变动的承受能力弱，即敏感程度高。由此亦可衡量消费者对某一品牌的忠诚度。运用这一标准时，要注意消费者对于该产品的需求程度、产品供求状况以及市场竞争程度等因素的影响，在实际运用中，要排除它们的干扰。

4. 对竞争对手产品的态度冷漠

消费者对某一品牌态度的变化，大多是通过与竞争者相比较而产生的。企业可以根据消费者对竞争对手产品的态度，判断其对其他品牌的忠诚度的高低。如果消费者对竞争对手的产品兴趣浓、好感强，就说明他们对某一品牌的忠诚度低；如果消费者对竞争对手的产品没有好感、兴趣不大，就说明他们对某一品牌的忠诚度高。

5. 对产品质量问题的承受能力强

每个品牌都可能出现瑕疵。如果消费者对某一品牌的忠诚度高，则对该品牌偶尔出现的产品质量问题会以宽容和同情的态度对待，并相信品牌会很快加以妥善处理；相反，若消费者对某一品牌忠诚度低，则可能对产品出现的质量问题承受能力低，甚至会传播产品的负面信息。

衡量品牌忠诚度的指标体系相当复杂，除以上特征外，客户重复购买的长期性、对企业品牌的情感、推荐潜在客户等因素也相当重要。客户忠诚度需要从多个方面来综合衡量。

（五）客户忠诚的类型

管理学大师彼得·德鲁克曾说过，企业的目的就是创造顾客。在现今这样一个产品丰富、收入提高的时代，客户无疑具有重要的发言权。谁了解客户、谁拥有客户、谁留住客户，谁就是最大的赢家。根据客户对企业及产品的依恋程度，忠诚客户可分为七种类型（见表 8-5）。

表 8-5　忠诚客户的类型

序号	忠诚客户的类型	表现属性
1	垄断忠诚	客户别无选择下的顺从
2	惰性忠诚	客户由于惰性而不愿意寻找其他供应商。客户是低依恋、高重复的购买者
3	潜在忠诚	客户是低依恋、低重复的购买者
4	方便忠诚	客户是低依恋、高重复的购买者
5	价格忠诚	对价格敏感的客户会忠诚于最低价格的零售商

续表

序号	忠诚客户的类型	表现属性
6	激励忠诚	企业通常会为经常光临的客户提供奖励
7	超值忠诚	典型的感情或品牌忠诚。超值忠诚的客户是高依恋、高重复购买的客户，这种忠诚对很多企业来说都是最有价值的

随着生产技术的不断改进，产品种类层出不穷，服务方式推陈出新，客户期望值越来越高。企业要想在激烈的竞争中获得一席之地，不仅要依靠各种促销方式赢得忠诚客户，更要与客户建立良好的关系，树立良好的口碑，培养一批高依恋度、高重复购买率的超值忠诚客户。

二、区分客户满意与客户忠诚的关系

在现代市场上，许多产品在品质方面的差别越来越小，导致产品的品质不再是客户选择产品的主要标准。客户越来越看重企业能否满足其个性化的需求或能否为其提供高质量、及时的服务，因此，对客户忠诚和客户满意的研究的重要性越来越凸显。

客户忠诚和客户满意是一对相互关联的概念，但这两个概念具有明显的区别。实际上，客户满意是客户需求被满足后的愉悦感，是一种心理活动。客户满意度与态度相关联，企业争取客户满意的目的是尝试改变客户对产品或服务的态度；客户忠诚所表现出来的则是购买行为，并且是有目的性的、经过思考而决定的购买行为。企业可从两个方面衡量客户忠诚度，即客户保持度和客户占有率。需要注意的是，客户忠诚是一个处于相对稳定状态的动态平衡，企业无法购买到客户永远的忠诚，而只能保持或增加客户的忠诚。

（一）客户满意不等于客户忠诚

客户忠诚来自客户的满意，但二者存在本质区别。客户只有意愿，却没有行动，对于企业来说没有意义。满意度衡量的是客户的期望和感受，而忠诚度则反映了客户未来的购买行动和购买承诺。客户满意度调查反映了客户对过去购买经历的意见和想法，只能反映过去。客户忠诚度调查则可以预测客户最想买什么产品、什么时候购买、这些购买可以产生多少销售收入。

（二）客户忠诚是客户满意的升华

客户满意是一种心理满足的程度，是客户消费之后所表现出的态度；客户忠诚可以促进客户重复购买行为的发生，表现为一种后续的、持续的交易行为，对大多数企业来说，客户忠诚才是更需要关注的。

（三）客户忠诚比客户满意更有价值

很多时候，许多企业并没有深刻理解客户满意与客户忠诚的差异，而是将两者混淆使用，这使得企业的客户关系管理步入了误区。在竞争日趋激烈、以客户为导向的市场环境中，越来越多的企业持续追逐客户满意度的提升，并且大多数时候，很多企业追逐的成效并不尽如人意。如果企业只追求客户满意度，在某种程度上往往并不能最终解决问题。尽管企业的客户满意度提高了，但企业的获利能力并没有改善，企业利润并没有增加。究其原因，关键就是企业没有使得客户对企业的满意上升到对企业的忠诚。

不可否认，客户满意度是导致重复购买的最重要因素。满意度达到某一高度，会促使忠诚度大幅提高。客户忠诚度的获得必须有一个基础的客户满意度水平线，在这个满意度水平线下，客户忠诚度将明显下降。但是，客户满意度绝对不等于客户忠诚度。

任务四 提高客户忠诚度

一、实现客户忠诚的策略

忠诚客户是企业的巨大财富。因此，企业若想维系客户、保持客户忠诚，就必须与客户建立和保持一种有价值的关系，并且不断地、努力地为客户创造更多、更好的价值。一般而言，企业可以通过以下策略提高客户忠诚度。

（一）努力实现客户完全满意

客户越满意，忠诚的可能性越大。企业应该提供使客户满意或非常满意的产品或服务。

（1）通过提供高性价比的产品或服务实现客户完全满意。

（2）重视客户的反馈意见，并不断满足客户的需求。

（3）忠诚是企业与客户之间双向的互动行为，企业不能单方面地追求客户对企业的忠诚，而忽视了企业对客户的忠诚。

（二）通过财务奖励措施，为忠诚客户提供特殊利益

企业的利益建立在客户能够获得利益的基础之上，企业要赢得客户忠诚，可以给予客户一定的财务奖励和特殊关照，如利用价格这一直观、有效的手段予以回报。

（1）清除妨碍和不利于客户忠诚的因素，废除一些不合理的规定，要让老客户从忠诚中受益，得到更多的实惠。

（2）奖励重复购买者，使忠诚客户得到回报、犹豫客户得到奖励，即企业应制定有利于与客户形成持久合作关系的价格策略。

（3）制定激励忠诚客户的有效措施，并避免奖励计划带来的不足。

（三）采取多种有效措施，切实提高客户的转移成本

1. 加强与客户的结构性联系

经验表明，客户购买某家企业的产品越多，对该企业的依赖性就越强，客户流失的可能性就越小。因此，企业在为客户提供物质利益的同时，还可通过向客户提供更有深度的服务，从而与客户建立结构性联系。例如，企业可为客户提供生产、销售、调研、管理、资金、技术、培训等方面的帮助，以及开展交叉销售与关联销售，为客户提供更多的购买相关产品或服务的机会。企业要不断地让客户有这样的感觉：只有购买该企业的产品，自己才会获得额外的价值，而其他企业是办不到的。这样就可以增加客户对企业的依赖性，从而提高客户忠诚度。

小米建立米粉圈就是一个很好的例子。小米在其官方网站建立了小米社区，将有共同爱好、共同价值观的粉丝进行聚拢，通过同城会、米粉节等不断深化社区的活力，并在小米社区平台引导粉丝进行内容创造，与核心粉丝建立了良好的互动关系，通过一系列的优惠措施以及尊崇体验带给核心粉丝更高的溢价。小米还通过微信平台对粉丝遇到的产品售后问题进行维护，以解决因产品设计缺陷可能产生的粉丝流失问题。同时，小米在各大社交媒体平台与客户零距离贴近，包括小米手机的创始人在内的公司高层管理者会亲自做一系列的客服工作，耐心解答客户部分提问。总之，小米通过构建稳固的粉丝群，与粉丝建立了良好的互动关系，使粉丝有了归属感，感到自己被重视、被尊重，得到了粉丝的认同与追随，因而提高了客户忠诚度。

2. 提高客户服务的独特性与不可替代性

个性化的产品或服务是客户关系发展到一定阶段时客户的必然要求，企业如果不能满足这种要求，将始终无法成为客户心目中理想的企业，也就无法成为客户唯一、持久的选择。为此，企业必须不断创新，不断地利用高新科技成果，开发出独特的产品或者服务，不断提供竞争对手难以模仿的个性化的产品或者服务，如提供个性化信息、个性化售后服务和技术支持，甚至个性化解决方案。

3. 提高客户的转移成本

一般而言，如果客户在更换品牌或企业时感到转移成本太高，或者客户原来所获得的利益会因为更换品牌或企业而受到损失，或者将面临新的风险和负担，就会保持对原品牌或企业的忠诚。例如，软件企业为客户提供的有效服务支持包括提供免费软件、免费维修

保养及故障处理等，并帮助客户学习如何正确地使用软件。那么，一段时间以后，客户学习软件使用方法时所花的时间、精力将会成为一种转移成本，使客户在别的选择不能体现明显优越性时自愿重复使用，成为忠诚客户，而不会轻易流失。此外，个性化的产品或服务在提升客户满意度的同时，也增加了客户的特定投入，如时间、精力等，即增加了转移成本，因而能够提高退出壁垒，从而有效地阻止客户离开。例如，网上书店一般具有基于历史交易数据的客户需求推荐系统，客户能够从中获益。如果客户转向另一家网上书店，就将损失其在原网上书店中的交易积累和大量交互点击的投入，失去本来可以得到的利益，这样就会使客户选择留下。

（四）增加客户对企业的信任感与情感交流

一系列的客户满意必然会产生客户信任，长期的客户信任就会形成客户忠诚。因此，企业要获得高水平的客户忠诚，就必须将工作重心放在赢得客户信任上，而不能仅仅停留在客户满意上，并且要持续不断地加强客户对企业的信任，这样才能获得客户对企业的持续忠诚。

除了增加客户信任感之外，企业还要加强与客户的情感交流。建立客户忠诚说到底就是赢得客户的心。企业在与客户建立关系之后，只有努力寻找交易之外的关系，如加强与客户的感情交流和感情投资，才能巩固和强化企业与客户的关系，从而提高客户转换购买的精神成本，使客户不忍离去。具体而言，企业在开展与客户的情感交流时要做到以下两个方面。

1. 与客户积极沟通，密切交往

企业应当积极地与客户进行定期或不定期的沟通，如定期对客户进行拜访或者经常通过电话问候客户，真正了解和重视客户的想法和意见，并邀请客户参与企业的各项决策，让客户觉得自己很受重视。对于重要客户，企业负责人要亲自接待和登门拜访，努力加深双方的情感联系，并且发展联盟式客户关系。在客户的重要日子（如生日、结婚纪念日、厂庆日等），采取恰当的方式予以祝贺，如邮寄节日贺卡、赠送鲜花或礼品等。在酒店服务中，如果酒店善于通过前台全面收集客户的详细资料，了解到今天哪位客人过生日，从而进行相应的关怀，如送鲜花、生日蛋糕、长寿面等，就会使客户感觉到自己很受重视。此外，企业还可邀请客户参加各种娱乐活动，如打保龄球、观赏歌舞、参加企业年会等，加强感情投资，表达对客户的关爱，以增进彼此的友情，强化双方的关系。

2. 了解客户需求，并能够超越客户的期待

企业应时刻留意客户需求的变化，并不断地满足和超越客户期待。例如，当你走进家门口的一家超市，拿起一瓶醋看了看，然后又放了回去，这时老板走过来告诉你：“先生，您夫人平常买的是××牌子的醋，她是我们的老客户，可以记账消费，而且打九折，您只

要签个名，就可以拿走。”这家超市老板的客户关系工作就做得不错，他首先熟悉自己的常客，记得她一贯购买的品牌，并且认得她的丈夫，不仅如此，这家超市还允许老客户记账消费。因为超出了客户的期待，客户自然会对这家超市留下好印象。再如，现在客户对酒店的要求越来越高，尤其是老客户，他们不希望每次用餐都回复相同的询问，如“喝点什么酒”“吃些什么菜”等。如果酒店服务员能够对老客户喜欢喝的酒、吃的菜记得一清二楚，那么就会使老客户有“在家的感觉”，提升客户的满意度和忠诚度。当客户有困难时，如果企业能够伸出援手，如利用自己的社会关系帮助客户解决问题，雪中送炭，就更能赢得客户的信赖。

（五）加强企业内部管理，为建立和提高客户忠诚度提供基础保障

1. 提高员工满意度与忠诚度

研究发现，员工满意度与客户满意度成正相关关系。员工满意度提高 5%，客户满意度将提高 10%。因此，企业应通过培养和提升员工的满意度与忠诚度，为提升客户的满意度和忠诚度奠定坚实的基础。

2. 避免因员工流失导致客户流失

有些客户之所以保持与某家企业的往来，主要是因为该企业及其员工的出色表现以及与他们建立的良好私人关系。因此，企业要避免因员工流失导致客户流失，做好相应的应对措施。

二、实施客户忠诚计划

客户忠诚计划是指通过维持客户关系和培养客户忠诚而建立客户长期需求，并降低其品牌转换率的客户计划。客户忠诚计划的形式包括客户分级会员制、累计消费奖励制度、增值服务或其他奖励方式等，如航空公司的里程计划、信用卡的累计使用奖励。其目的在于奖励忠诚客户、刺激消费并留住核心客户，是实施客户关系管理的一种重要手段和方式。

客户忠诚计划是一种营销策略。企业向客户提供忠诚计划，以鼓励客户的参与，并最终推动客户对品牌的持久忠诚度。客户参与忠诚计划，可以获得不同的优惠、特殊的福利等，企业也会从中获得效益。这也是一种客户留存策略，吸引并鼓励客户继续向企业购买而不是向竞争对手购买产品或服务，从而让企业的忠诚客户继续留存下来。

（一）明确客户忠诚计划的目标

根据企业对忠诚客户的定义及对客户忠诚度的测评可以对客户进行分类。例如，某企业定义真实忠诚客户是重复购买并有忠诚意愿的客户，这些客户不仅会坚持购买该品牌，还会向他人推荐。根据行为-态度的划分方法，真实忠诚客户、潜在忠诚客户、虚假忠诚

客户和不忠诚客户这四类客户往往同时存在于一个企业中。如果企业的客户忠诚计划目标只是简单设定为发展真实忠诚客户，势必会造成资源的浪费。因为无论是虚假忠诚客户还是潜在忠诚客户，企业并不一定能将其开发为真实忠诚客户。

因此，企业在制订客户忠诚计划时，需要明确最终目标到底是获得哪一个或是哪几个类型的忠诚客户。以移动通信服务商为例，一个客户忠诚计划并非只追求实现真实忠诚客户一个目标，它还应该包括降低虚假忠诚客户的比重，通过利益刺激来吸引某些潜在忠诚客户，通过更高水平的服务来实现对高端真实忠诚客户的维护等目标。

（二）锁定目标客户

企业推行客户忠诚计划时，很关键的一点就是要瞄准目标客户。客户忠诚计划不倡导普惠制，企业应将重点放在那些能真正对企业利润有重大贡献或是具有潜在价值的客户群上。企业应根据客户忠诚计划的目标找出这类客户，将有限的成本最大化地投入这些真正对企业有价值的客户群体。

（三）确定客户忠诚计划的内容

企业应结合自身情况并根据不同客户类型实现差异化营销策略及服务，这是实施客户忠诚计划的关键。目前，很多企业推出了各种各样的客户忠诚计划，但本质上来说，各类客户忠诚计划主要有三种形式，即一级阶梯客户忠诚计划、二级阶梯客户忠诚计划、三级阶梯客户忠诚计划。具体而言，目前企业常用以下四种方式。

1. 独立积分计划

独立积分计划是指单个企业仅为客户对自己的产品或服务的消费行为和推荐行为提供积分，在一定时间段内，根据客户在该企业消费的积分额度，提供不同级别的奖励。这种方式比较适合容易引起多次重复购买和延伸服务的企业。能否建立一个丰厚的、适合目标消费群体的奖励机制，是独立积分计划成败的关键因素之一。很多超市和百货商店发放给客户的各种优惠卡、折扣卡都属于独立积分计划。但是这种积分计划也有其缺点，由于这种方式只是单个企业提供的积分，企业首先需要有相关的软件提供支持，并且需要研究合适的积分奖励方法。此外，这种积分方式的可模仿性很强，这一缺点也是实行独立积分计划的企业需要考虑的。

2. 积分联盟计划

积分联盟计划是指众多的合作伙伴使用同一个积分系统，这样客户凭一张卡就可以在不同商家积分，并尽快获得奖励。与企业自己设立的积分计划相比，积分联盟计划更有效、更经济、更具有吸引力。当然，这种方式存在的最大隐患是当联盟中的商家实力不对等时，实力较弱的一方可能会处于不利的位置。例如，某几个航空公司合作，大量旅客在

A 航空公司的国际航线上积累里程，而到 B 航空公司兑换免费机票，这将对 B 航空公司造成冲击。因此，在谈判联盟协议时，企业应对这些问题加以考虑。

3. 联名卡和认同卡

与积分联盟计划不同，联名卡和认同卡是信用卡，发卡行对联名卡和认同卡的信贷批准方式与一般的普通信用卡很接近。联名卡是非金融界的营利性机构与银行合作发行的信用卡，其主要目的是增加公司的销量。

4. 会员俱乐部

对于那些客户集中、单个客户创造的利润非常高、与客户保持密切联系非常有利于业务扩展的企业来说，建立会员俱乐部与客户进行更加深入的交流，能赋予客户忠诚计划更多的情感因素。与单纯的积分计划相比，会员俱乐部有利于企业增强与客户的沟通，更关注客户的态度忠诚，更有利于推进客户的行为忠诚。

企业在制订具体的客户忠诚计划时，要注意这个计划不能轻易地被竞争对手模仿，可以从四个方面采取差异化策略。

（1）计划方式差异化，要采取与竞争对手不同的方式；

（2）激励政策差异化；

（3）客户管理级别化，对不同级别的客户采用不同的政策；

（4）服务差异化，为客户提供差异化的超值服务或增值服务。

此外，企业的客户忠诚计划应该是动态的，能够持续为客户创造价值，如不断推出新产品或新服务，提供增值服务和持续的购买奖励，并且购买奖励要随着客户购买金额的差异而不同。

（四）构建支持系统

客户忠诚计划不仅涉及客服部门和营销部门，企业所有部门都应参与其中，一个围绕客户满意、客户重购、客户推荐的支持系统是客户忠诚计划有效实施的保证。支持系统不仅包括客户忠诚计划本身的内容，还应将该计划整合到企业营销计划中。企业应建立客户关系管理（CRM）系统以支持客户忠诚计划的运行。

（五）实施效果的评价

客户忠诚计划的实施不是一个阶段性任务，企业需要根据横向（企业间）及纵向（计划实施前后）的对比，对客户忠诚计划的实施效果进行评价。企业既要建立客户满意度的测评和反馈收集系统，也要建立一个客户参与和互动的社区，将企业对客户广播式的交流变成企业与客户、客户与客户之间交互式的交流，从而不断改进客户忠诚计划的内容。

课堂讨论

长久以来，电信运营商保持客户忠诚的首要因素都是客户转移成本过高，客户要更换运营商就需要更换手机号码，而这会极大地影响客户的社交与生活，尤其是在客户的手机号绑定各大 App 和服务之后。2019 年 12 月，携号转网在全国范围内正式施行，客户有权利保留手机号码并更换运营商。那么，携号转网会对电信运营商的客户忠诚造成什么样的影响？电信运营商又该怎样维护客户忠诚呢？

项目小结

本项目的主要训练内容是加强学生对客户满意和客户忠诚这两个关键问题的理解。因为获得客户满意与培养客户忠诚是企业孜孜不倦追求的目标。首先，本项目介绍了客户满意的内涵与影响因素，提出企业开展满意度管理的意义和具体策略。其次，本项目阐释了客户满意度的衡量指标以及客户满意度调查的步骤。再次，本项目介绍了客户忠诚度的内涵、特征与类型，并对客户满意度和客户忠诚度进行了区分。最后，本项目提出了实现客户忠诚的策略，以及客户忠诚计划的实施过程。

理论知识测试

一、单选题

1.（　　）是指客户对某品牌或某公司的信赖、维护和希望购买其产品或服务的一种心理倾向和重复购买行为。

A. 客户满意　　B. 客户忠诚　　C. 客户满意度　　D. 客户忠诚度

2. 客户忠诚给企业带来的效应不包括（　　）。

A. 推荐新客户　　B. 重复购买　　C. 口碑效应　　D. 成本增大

3. 企业的精神、使命、经营宗旨、经营哲理和价值观念等带给企业内部客户和外部客户的心理满足，属于（　　）。

A. 产品满意　　B. 行为满意　　C. 服务满意　　D. 理念满意

4. 以下对客户满意论述正确的是（　　）。

A. 客户满意是一种心理的满足　　B. 客户满意就是降价向客户售卖产品

C. 客户满意是客户关系管理根本目的　　D. 客户满意是客户期望值较高

5. 客户忠诚实际上是客户的一种（　　）行为。

A. 断续性　　B. 阶段性　　C. 持续性　　D. 非理性

二、多选题

1. 下列属于客户忠诚度高的表现的有（ ）。

A. 尝试购买更多的产品　　B. 对价格不敏感

C. 即便遇到产品不满意，也不投诉　　D. 对企业的品牌产生情感和依赖

E. 主动向他人推荐企业及企业的产品

2. 以下属于客户满意的纵向层面的是（ ）。

A. 物质满意　　B. 精神满意　　C. 社会满意　　D. 产品满意

E. 视听满意

3. 客户忠诚给企业带来的效应包括（ ）。

A. 长期订单　　B. 回头客　　C. 额外的价格　　D. 良好的口碑

E. 新的成本

三、判断题

1. 客户满意和客户满意度是同一个概念。（ ）

2. 客户忠诚度管理工作是阶段性的，经营状况好的时候不需要。（ ）

3. 只要客户不投诉，就说明客户对产品和服务是满意的。（ ）

4. 忠诚客户来源于满意的客户，满意的客户一定是忠诚客户。（ ）

5. 信任是实现客户忠诚的基础，因此企业必须加强与客户之间的信任和情感关系。（ ）

项目实训

设计并调查学生所在城市某个企业的产品或服务的客户满意度情况

实训要求：

以小组为单位，设计并调查学生所在城市某个企业的产品或服务的客户满意度情况，并对调查结果进行分析，撰写调查报告并展示。

实训内容：

1. 分别针对所选企业的产品或服务进行客户满意度问卷设计，列出问卷题目。

2. 选择特定客户群体进行样本调查并进行统计分析。

3. 根据调查结果撰写调查报告，报告要说明调查时间、调查方式、调查过程、调查结果和启示。

成果及评价：

1. 每组提交一份问卷设计、一份调查报告。

2. 教师对每组学生的问卷设计和调查报告评定成绩，对有代表性的问卷设计和调查报告进行点评。

项目九 恢复客户关系

学习目标

知识目标

- 理解客户保持与客户流失的含义；
- 掌握客户保持的内容、方法；
- 掌握客户流失的类型；
- 熟悉挽回流失客户的流程。

能力目标

- 能够正确看待客户流失；
- 能够分析客户流失的原因；
- 能够掌握防止客户流失的方法及挽回流失客户的措施。

素养目标

- 学会换位思考，站在客户的角度思考问题，始终以客户为中心，持续提供高品质服务；
- 培养具体问题具体分析的辩证思维，学会一分为二地看待问题；
- 培养在工作中优先处理情绪再处理事情的思维习惯；
- 增强危机意识，有效化解经营风险；
- 养成细致、严谨的工作作风，持之以恒的态度。

项目解析

根据客户服务与管理职业学习活动顺序，本项目可以分解为以下两个学习任务。

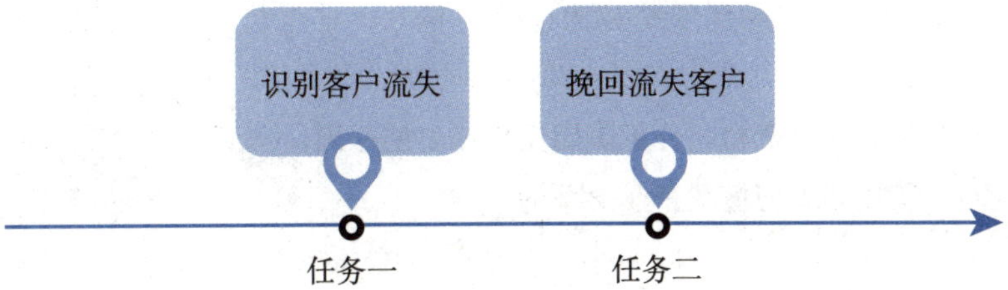

案例导入

美团：如何挽救“冷血无情”的企业形象？

2020 年 9 月 8 日，《人物》杂志微信公众号发布了一篇题为“外卖骑手，困在系统里”的深度报道。文章的创作团队通过与数十位外卖骑手、配送链条各环节的参与者、社会学学者的交流，讲述了多个外卖骑手的故事，外卖平台服务效率提高的背后却是系统算法在不断压缩配送时间，骑手为了避免差评、维持收入，不得已选择逆行、闯红灯等做法，导致外卖骑手自身危险大大增加。同时，因骑手与外卖平台不存在劳动雇佣关系，平台劳动保障体系模糊，大量骑手遭遇交通事故后，外卖平台便将责任转嫁给保险公司，使得骑手无法顺利获得索赔，这也将骑手权益问题进一步被放大。外卖骑手的权益不被重视，甚至成为外卖平台“压榨”的对象。

截至 2020 年 9 月 9 日，文章阅读量超过 300 万，话题传播热度达到高潮。外卖平台无不在追逐利益最大化，将风险转嫁到了最没有议价能力的骑手上，骑手承担了大多数压力，这引起用户公愤，激起用户同情心。

美团作为外卖平台外卖骑手量最多的企业之一，首当其冲受到影响，存在较大的客户流失风险。用户纷纷表示冷血无情的美团让人太失望、太愤怒，认为美团没有做到一个企业应承担的责任，骑手沦为跑单机器。

2020 年 9 月 9 日，美团在舆论快速发酵下迅速发表声明回应称：“没做好就是没做好，没有借口，系统的问题，终究需要系统背后的人来解决，我们责无旁贷。”在声明中，美团表示将会更好地优化系统，更好保障安全，改进骑手奖励模式，关怀骑手与家人并且认真听取大家意见。在舆论风波后，美团召开了 53 场骑手恳谈会，并于 2020 年 11 月 26 日推出首个“骑手体验与生态建设”计划，其后相继推出“健康守护包”，落实“袋鼠宝贝公益计划”，并设立骑手专属节日“717 骑士节”，对骑手进行关怀。同时，通过优化骑手 App 界面，增加“骑手评价商户”功能升级、骑手申诉处理流程、完善“老带新”机制、加快智能取餐柜铺设等措施提升用户体验，保障骑手权益。

美团通过积极承认不足不断地提供解决方案，塑造“有责任、有担当、有人情味”企业形象，让用户看到了美团的改进和努力，重燃起了对美团的信任。

思考：

（1）根据背景资料，分析美团用户流失的原因。

（2）美团是如何挽救企业形象的？

任务一 识别客户流失

客户是企业的重要资源，在今天产品高度同质化的品牌营销阶段，企业与企业之间的竞争集中地体现在对客户的争夺上。然而，企业在不惜代价发展新客户的过程中，往往会忽视或无暇顾及已有客户的流失情况，结果就出现这样一种窘况：新客户在源源不断地增加，而辛辛苦苦找来的客户却在流失。有研究显示，企业获取一个新客户的成本是留住一个老客户的五倍左右。因此，对企业来说，留住老客户，预防客户流失，无疑会给企业带来可观的价值。

一、认识客户保持

微课：认识客户流失

（一）客户保持的基本内涵

客户保持是企业维持已建立的客户关系，使客户不断重复购买产品或服务的过程。客户保持也是以增强客户的忠诚度为目的，使客户不断重复购买产品或服务，达到提高客户保持度和提高客户占有率的重要管理手段。

进入 21 世纪以来，生产同质产品的企业越来越多，导致产能过剩，企业面临的是较以前更为激烈的市场竞争环境。提高客户满意度、培育客户忠诚度、进行客户保持是市场竞争的需要。

客户保持对维持企业利润具有巨大的作用，有效保持有价值的客户已成为企业成功的关键。过去大多数企业都以短期的市场份额变化来估计企业的得失，其实，增加市场份额并不一定能够提升企业利润。因为企业争取高市场份额的成本可能会大大超过所能获得的收益。目前，衡量一个企业是否成功的标准不仅是企业的投资收益率和市场份额，还包括该企业的客户保持率、客户份额及客户资产收益率等指标。一个企业只要多维系 5%的客户，则利润就可有显著增加。这样，以客户份额作为衡量企业业绩的标准显得更为现实。

企业可通过两种方法增加客户份额：一是吸引新客户，二是保留老客户。其中，保留老客户是企业客户关系管理的主要目标之一。客户保持的重要作用就在于：从现有客户中获取更多市场份额，从而增加企业的产品盈利，降低企业的销售成本；赢得口碑宣传，提高客户的忠诚度；提高企业的信誉度、美誉度等。

课堂讨论

以两人为一小组，结合具体的例子，分析并讨论如下问题：对企业而言，吸引新客户与保持老客户哪一个更重要？

（二）客户保持的内容

随着越来越多的企业管理层意识到维持客户的重要性，越来越多的企业对客户保持的内容进行了探索。一般而言，企业主要通过以下三个方面对客户保持内容进行把握。

1. 建立、管理并充分利用客户数据库

企业必须重视客户数据库的建立、管理工作，注意利用数据库来开展客户关系管理，应用客户数据库来分析现有客户情况，找出客户数据与购买模式之间的联系，以及为客户提供符合他们特定需要的定制产品和相应服务，并通过各种现代通信手段与客户保持自然、密切的联系，从而建立持久的合作伙伴关系。

2. 通过客户关怀提高客户的满意度与忠诚度

客户关怀应该包含在客户从购买前、购买中到购买后的客户体验的全部过程中。购买前的客户关怀活动主要是企业在提供有关信息的过程中与客户沟通和交流，这些活动能为以后企业与客户建立关系打下基础。购买期间的客户关怀与企业提供的产品或服务紧密地联系在一起，包括订单的处理以及各个相关的细节都要符合客户的期望，满足客户的需求。购买后的客户关怀活动主要集中于高效地跟进和圆满地完成产品的维护和修理的相关步骤。售后的跟进和提供有效的关怀的目的是促使客户重复购买，并向其周围的人做对产品有利的宣传，形成口碑效应。

3. 利用客户投诉或抱怨，分析客户流失原因

为了留住客户，企业必须分析客户流失的原因，尤其是分析客户的投诉和抱怨。客户对某种产品或服务不满意时，客户可以选择表达不满（即抱怨）或离开。如果客户拂袖而去，企业连消除其不满的机会都没有。投诉的客户给了企业弥补的机会，他们极有可能再次光临。因此，企业应该充分利用客户投诉和抱怨这一宝贵资源。企业不仅要及时解决客户的不满，而且应该鼓励客户提出不满意的地方，以改进企业产品的质量和重新修订服务计划。

（三）客户保持的方法

客户保持是企业通过努力来巩固及进一步发展与客户长期、稳定关系的动态过程。企业可以采取以下方法实施客户保持。

1. 注重产品质量

长期稳定的产品质量是保持客户的根本。高质量的产品本身就是优秀的推销员和保持

客户的强力凝固剂。这里的质量不仅是产品符合标准的程度，还应该是企业不断根据客户的意见和建议，开发出真正满足客户喜好的产品。随着社会的发展和市场竞争的加剧，客户的需求趋向个性化，与众不同已成为一部分客户的追求。

2. 提供优质服务

在激烈的市场竞争中，服务与产品质量、价格、交货期等共同构成企业的竞争优势。由于科技发展，同类产品在质量和价格方面的差距越来越小，而在服务方面的差距却越来越大，客户对服务的要求也越来越高。虽然再好的服务也不能使劣质产品成为优质产品，但优质产品会因劣质的服务而失去客户。

大多数客户的不满并不是因为产品质量本身，而是由于服务问题。客户能够用双眼观察到的质量往往比产品或服务的质量重要得多。产品或服务的可信度、一致性、货物运输的速度与及时性、书面材料的准确度、电话咨询时对方是否彬彬有礼、员工的精神面貌等因素都很重要，其中一些甚至非常关键。有人提出，在竞争焦点上，服务因素已经逐步取代产品质量和价格，世界经济已进入服务经济时代。

3. 塑造品牌形象

面对日益繁荣的商品市场，客户的需求层次有了很大的提高，他们开始倾向于选择特定的品牌，偏好差异性增强，习惯于指名购买。客户品牌忠诚的建立，取决于企业的产品在客户心目中的形象。只有让客户对企业有深刻的印象和强烈的好感，他们才会成为企业的忠诚客户。

4. 实施价格优惠

价格优惠不仅仅体现在低价格上，更重要的是企业能向客户提供其所认同的价值，如增加知识量、改善品质、增加功能、提供灵活的付款方式和资金融通方式等。例如，对于中间商客户，生产企业通过为其承担经营风险而确保其利润不失为一种具有吸引力的留住客户的方法。

5. 加强感情投资

企业一旦与客户建立了业务关系，就要积极寻找商品之外的关系，用这种关系来强化商品交易关系。如在个人客户的生日、结婚纪念日，企业客户的厂庆纪念日等重要的日子，采取适当的方式表示祝贺。对于重要客户，企业负责人要亲自接待和走访，并邀请他们参加本企业的重要活动，使其感受到企业所取得的成就离不开他们的全力支持。对于一般的客户，企业可以通过建立俱乐部、联谊会等固定沟通渠道，保持并加深双方的关系。

6. 组织团体活动

为实施客户保持，企业可组织一些团体活动。实施团体活动前，企业先要确定客户是否认为团体活动有意义，分析企业是否有明显的“品牌个性”；若有，可考虑组织团体活动，成功的团体活动能提高转换成本。

7. 开展知识学习活动

建立学习关系也是客户保持的重要方法。在实现知识学习活动前，企业应先确认客户同意使用客户信息来建立个性化关系；然后利用获得的客户信息，建立学习关系，向客户提供个性化服务。当客户发现其单独与其他企业建立学习关系的成本很高时，学习活动通常能提升客户黏性。

企业应权衡上述客户保持方法的侧重点，并选择合适的方法。

实战演练

目前，几乎每个企业都会采取相应方法措施以有效维持与客户的关系。请以小组的形式调查身边的企业，搜集企业进行客户保持的措施并分析哪些措施比较有效且值得推广。

二、认识客户流失

客户是企业的重要资源，也是企业的无形资产。客户流失意味着企业资产的流失，因此，对客户流失进行分析十分必要。客户流失管理的目的是阻止或避免客户流失，提高企业的盈利水平和竞争力。

（一）客户流失的含义

客户流失是指客户由于某些原因，不再购买企业的产品或服务，与企业终止业务关系的行为。简单来讲，客户流失是本企业的客户由于种种原因不再忠诚，而转向购买其他企业产品或服务的现象。客户流失与客户保持是相对的概念。当企业无法保持原有的客户关系时，客户转向了其他的供应商，那么从企业的角度来看则是发生了客户流失。同时，企业在为客户提供服务的过程中，客户不满意会直接导致客户流失，流失的可能性与不满意程度成正相关关系。当然，满意的客户不一定是忠诚客户，仍然有流失的风险。

（二）客户流失的类型

客户流失的成因复杂、流失类型众多，如客户主动选择另外一个供应商、使用其他企业的产品或服务（主动流失），或者由于客户恶意欠款等原因导致企业被迫中止业务（被动流失）。

1. 主动流失

（1）自然流失。客户由于破产、身故、移民或迁徙等原因，或者由于客户目前所处的地理位置位于企业产品或服务的覆盖范围之外，使客户无法再享受企业的产品或服务。一般情况下，这类客户流失占的比例很小。

（2）需求变化流失。客户自身的需求变化也会导致客户流失。伴随着科技进步和社会习俗的变化，客户需求变化较快。例如，某互联网用户由甲运营商提供的4M带宽ADSL接入服务换成乙运营商提供的100M光纤接入服务等。

（3）竞争流失。竞争流失一般表现为趋利流失。受竞争对手的营销活动的影响，有时客户会终止与企业的客户关系而转变为竞争对手的客户。例如，某企业一直租用价格较高的A空间服务商提供的云服务器，由于B空间服务商开展周年庆促销活动，同样配置及带宽的云服务器价格只有A空间服务商价格的60%，于是该企业决定不再租用A空间服务商的云服务器。

（4）过失流失。过失流失是一种失望流失，是由于企业自身工作中的失误引起客户不满意而造成的，如客户因对企业产品或服务不满意，从而终止与该企业的客户关系。客户因失望而流失的原因可能是多方面的。例如，企业产品或服务的价格偏高，客户感到企业产品性能或服务存在不足，企业未能处理好投诉、服务态度恶劣、企业负面消息被曝光等等，都是客户流失的原因。过失流失在客户流失总量中所占的比重较高，企业可以在分析客户流失因素的基础上，采取有效措施来预防过失流失。

现实中，因企业自身的原因造成的客户流失占了绝大部分，而因竞争对手的原因造成的客户流失的占比较小。由于竞争和过失原因流失的客户有可能通过挽留会回到本企业，属于挽留对象，尤其是因过失流失的客户是企业的挽留重点。客户流失的原因不尽相同，挽留成功的概率和挽留的价值也不一样，企业应根据具体情况决定是否要对其进行挽留。

2. 被动流失

（1）非恶意流失。非恶意流失是指客户由于遗忘或其他原因，如因未及时缴费而造成的客户流失。这类流失比较容易避免，且出现这种情况的可能性并不大。有效避免客户非恶意流失的方法就是为客户提供业务提醒服务。

（2）报复性流失。报复性流失是指客户因对企业的产品或服务不满而出现的客户流失。为了防止和减少这类流失，企业必须及时、妥善地处理客户的抱怨和投诉。

（3）恶意流失。恶意流失一般是由于客户的失信或故意诈骗等原因而导致的。避免这类客户流失的最好办法是建立完善的客户资料库、评估客户信誉度、采用客户预付费方式等措施，必要时可以通过法律措施来解决。对于恶意流失客户而言，企业一般没有对其进行挽留的必要。

（三）客户流失的原因分析

很多企业面对客户不断流失到竞争对手的窘境时，第一反应就是精疲力竭地去开发新客户以弥补流失客户的损失，这是无可厚非的。但对于客户为什么流失这个问题企业应冷静下来思考：我的客户为什么会流失？怎样才能留住老客户？

一般而言，客户流失的原因可以从企业和客户两个方面进行分析。

1. 企业方面的原因

(1) 企业核心服务的失误。企业核心服务的失误是导致客户流失的主要原因。其中，第一类失误包括一系列失误屡次发生、服务水平较低；在提供产品或服务的过程中多次发生失误；在产品或服务提供过程中发生一次重大的失误；提供不完整的服务或无法提供服务等。第二类失误包括提供错误的账单或没有及时更正错误的账单。第三类失误包括提供的产品或服务对客户个人、家庭或个人物品造成伤害，甚至导致损失。

(2) 销售人员的失误。销售人员的失误是导致客户流失的第二大原因，主要表现为：对客户漠不关心、不礼貌、不及时回应、臆想客户需求、忽略客户差异等；不关心客户的意见，未认真倾听、回应；对客户草率、不友好和表现出无兴趣状态等。

(3) 价格因素。价格因素是导致客户流失的第三大原因。研究学者在对 500 名客户的进行调查时发现，30%的客户认为价格因素是导致他们转换商家的原因，9%的客户将价格因素列为导致他们转换商家的唯一原因。价格因素还可以细分成四个子因素。第一个子因素是高价。客户由于价格高于自己的参考价格而转换商家。参考价格包括某种标准价格、客户自我认知的价格或者竞争对手的价格。第二个子因素是价格提高，即客户由于价格提高而流失。实际上，这一类客户的参考价格是前一次购买时的价格。第三个子因素是不公平的价格措施。客户认为受到欺骗或认为价格不公平。第四个子因素是欺诈价格。客户因为感到价格有欺骗成分而流失，如客户最后支付的价格高于商家最初的报价。

(4) 给客户造成的不便。企业给客户造成的不便包括客户对线下企业地理位置、营业时间、等待服务的时间、等待预约的时间等方面感到不方便。在上面的调查中，20%的客户因不方便而流失，21.6%的客户认为不方便是导致其转换商家的唯一原因。线上企业也会给客户带来不便，如付款条件、升级限制、电商平台的“二选一”等。

(5) 企业对失误的反应。在一些客户流失行为的研究中，客户的流失并不是因为产品或服务的失误，而是因为产品或服务的提供者对失误做出不恰当的反应，主要有以下几种：第一，企业对客户指出的失误虽然做出正面反应（如改正错误或补偿损失），但这种反应十分勉强和被动，说明企业没有诚意；第二，企业对客户的抱怨和投诉没有反应；第三，企业对客户指出的失误做出负面反应，把错误归咎于客户。

(6) 企业伦理道德问题。企业为了追求利润最大化，而在其经营行为中存在不合法、不道德、不安全和违背社会规范的因素，也会导致客户流失。

2. 客户方面的原因

(1) 客户“移情别恋”。一些客户缺乏品牌忠诚度或忠诚度较低，遭遇新的诱惑，如竞争对手提供更好的产品或服务，就会转向对方。有的企业为了能够迅速在市场上获得有利地位，往往会不惜代价，以优厚条件来吸引那些资源丰厚的客户，客户流失就会出现。

(2) 客户消费需求升级。随着“95 后”“00 后”逐渐成为消费主力，客户习惯的变化，品牌、品质、品类以及性价比、服务体验的升级，客户迎来了消费升级的时代。全球购、海外购让客户的消费选择从国内扩展到全球。近年来，跨境电商的爆发式增长印证了消费升级正在迅猛地发生。社会变化非常快，企业如果不能及时跟上客户需求的变化，也会造成客户流失。

（3）客户其他行为。个别客户自恃实力强大，为拿到企业的市场“最优待遇”，以主动流失进行要挟，若企业满足不了他们的特殊需求，就转向其他企业。另外，有的客户转行业、换地域等都是导致客户流失的原因。

三、正确看待客户流失

理想状态下，企业可以保持所有客户的忠诚，使所有客户都与企业建立长期合作关系，不断复购。但实际上，客户流失是一种客观存在的现象，企业不能无视它，也不必谈之色变，而应正确看待它，从而合理对待客户流失。

（一）客户流失对企业影响巨大

每一位客户都有自己的社会关系，其中可能就有企业的其他客户或者潜在客户。一位重复购买的客户流失，不仅会使企业失去该客户未来可能贡献的收益，还可能使企业因此失去与受其影响的其他客户、潜在客户交易的机会，从而极大地影响企业对客户的开发与维持。

客户流失会不断消耗企业的财力、物力、人力，影响企业形象，造成巨大损失。优质客户的流失不仅意味着企业多年来投入客户关系维护中的成本与心血付诸东流，还可能意味着竞争对手多了一位优质客户，这会使企业在市场竞争中处于不利地位。同时，一些具有较高知名度和行业地位的客户流失更是能成为“风向标”，引发其他客户的担忧，造成他们对企业实力的怀疑甚至带动其他客户流失。

因此，企业必须重视客户流失，及时与出现流失倾向的客户沟通，争取消除误会、恢复关系；对于确实无法挽留的客户，要尽量消除对企业的不利影响。

（二）客户流失不可避免

新陈代谢是自然界的客观规律，客户的自然流失是企业一种正常范围内的损耗。客户的生命周期是有限的，没有永恒的客户关系，也没有永不流失的客户。客户关系在客户生命周期的任一阶段、任一时间都可能出现倒退甚至终止，不论是新客户、老客户，还是大客户、小客户，都有流失的可能。

对于企业而言，想要留住所有客户是不现实的，因为企业无法满足所有客户的所有需求。由于客户本身原因造成的流失，企业是很难避免的。因此，企业应当冷静、客观地看待客户流失，确保客户流失率控制在较低水平即可，不可盲目追求“零流失”。

（三）流失客户可能被挽回

对于某些流失的客户，企业只要采取对应的措施，是有可能使客户“回归”的，特别是对于竞争流失的客户，只要企业提供更好的产品、更优惠的价格，就有很大可能将客户争取回来。有研究显示，面向流失客户销售，成功概率接近 1/4；而面向潜在客户销售，成功率仅为 1/16。可见，挽回流失客户较开发新客户容易得多。企业若是能重新获得流失客户，还能经由这些客户接触更多的潜在客户，因此企业不能放弃流失客户。

在客户没有流失倾向时，企业就要防范客户流失，竭力维护客户忠诚；在客户出现流失征兆时，企业应当引起重视，积极对待，尽力恢复与客户的关系；当客户流失时，企业应该尽力挽留流失客户。

同时，如果对客户流失的原因进行深入分析，企业可以获得大量珍贵的信息，发现经营管理中存在的问题，采取必要措施及时改进，从而有效控制客户流失；相反，如果任由客户流失，企业既不分析客户流失的原因，又不采取有效措施加以防范，那么这些不足之处就会持续引起现有客户的不满，客户会持续流失。

四、客户流失预警与防范

在竞争激烈的市场中，一旦发生客户流失，特别是大客户的流失，企业业绩就会受到严重影响。如果在客户流失后再进行挽留工作，企业不仅要消耗大量的资源，而且挽留结果未可知。所以，在客户关系维系方面，客户流失预警与防范工作要重于客户挽留工作。

客户流失虽然不可避免，但企业可以通过客户流失预警来尽量减少客户流失。

（一）客户流失预警

1. 客户流失预警的概念

客户流失预警是指企业通过对客户一定时间段内的支付行为、业务行为及基本属性进行分析，揭示隐藏在数据背后的客户流失模式，预测客户在未来一段时间内的流失概率及可能的原因，指导客户挽留工作。流失预警对大多数企业而言具有重要的作用，它可以帮助企业在早期预测未来即将流失的重要客户，从而及时进行相应的营销活动来挽留客户。

2. 客户流失预警模型

企业通过客户流失预警分析找到流失可能性大且对企业价值贡献较大的客户，针对可能发生流失的原因，有选择、有针对性地采取客户挽留措施，并通过以下三个环节建立客户流失预警模型：建立客户流失数据模型→及时判别、及时预警→适时进行有针对性的调整。

（1）建立客户流失数据模型。企业可通过两种方法建立客户流失数据模型。

1）借助数据标准进行评估。企业可针对产品或服务情况设立单一标准，将处于标准线以下的客户暂定为流失客户，并在综合考虑客户基本信息的基础上，对此类客户从整体角度进行加权评估。

2）运用数据模型进行分析。企业经采集数据建立了客户信息数据库，提升了数据挖掘的精确度，增强了客户流失预警模型的准确性。企业应确定客户流失预警模型的主要变量。客户流失预警模型的主要变量可根据产品或服务内容具体选择，可对分析数据加权处理。在获得主要变量后，管理者根据企业产品或服务的特征，推断各主要变量之间的相互关系，通过科学的数据分析，准确地建立客户流失数据模型。

（2）及时识别、及时预警。企业在获得流失客户信息后，要做到及时识别、及时预警。客户流失类型可以通过流失原因进行识别，具体如下。

1）因不可逆因素导致的被动流失。一般情况下，不可逆因素是指客户遇到经济困难、客户恶意拖欠费用以及新技术应用等。此类客户一般无再次开发的价值。

2）因主观因素导致的主动流失。此类流失一般是由企业服务的缺失、同行的竞争及客户其他原因等造成的。

通过对流失客户分类，企业可及时对有价值的客户进行挽留，及时向相关责任部门发布预警信息并进一步采取相应措施。例如，客户关系管理部门及时进行关系维护，销售部门及时制定有针对性的营销策略，上级主管部门要及时进行干预。

（3）适时进行有针对性的调整。客户流失预警模型不仅包括反映在数据上的统计分析，还包括机动灵活地针对客户意见适时调整营销策略，从而提高客户满意度，降低客户流失率。

1）忠诚客户和重要客户维护。忠诚客户是企业建立客户流失预警模型的主要对象，企业需要重点针对忠诚客户的意见和重要客户的要求对营销策略进行适时调整。

2）挖掘客户诉求。对客户提出的意见，企业可通过直接沟通的方式，挖掘客户诉求。例如，通过电话回访了解客户意图；通过短信提醒、发送节日祝福和优惠活动，跟踪客户反馈；通过邀请客户参加大客户座谈会、与重要客户面对面沟通，加强与重要客户的情感交流等。

3）制定营销服务策略。针对客户的诉求，企业应制定具有针对性的营销服务策略，寻找服务短板，提升产品和服务质量；企业还可针对老客户开展优惠活动，这样既能提高老客户的忠诚度，又能吸引新客户；企业对老客户提出的意见要认真分析、及时整改，并且将整改结果反馈给客户。

微课：客户流失防范与挽回

（二）客户流失防范

企业要防范客户流失，最根本的是提升核心客户的满意度，进而形成客户忠诚度。具体措施有以下六个方面。

1. 实施全面质量管理

实施全面质量管理是创造优质产品或服务的关键。关系营销的中心内容是最大限度地实现客户满意，为客户创造最大价值，提供高品质的产品或服务。企业实施全面的质量管理时，应有效控制影响质量的各个环节、各个因素。只有企业的产品或服务满足或超过客户期望，企业才有可能建立持久、忠诚的客户关系。

2. 重视客户抱怨管理

客户抱怨是客户对企业产品或服务表示不满的反应，它表明企业的管理和服务存在一定的问题。很多企业对客户抱怨抱有敌视的态度，对待客户的抱怨行为感到不满，认为这会有损企业的声誉，这种想法是不对的。尽管客户的抱怨会对企业的声誉造成一定的影响，但也是推动企业向前发展的动力。企业应针对客户的抱怨对自身的管理和产品或服务进行改善，以提高客户的满意度。

3. 提高员工满意度

员工满意度的增加会促使员工给客户提供更加优质的产品或服务，最终提高客户满意度。例如，海底捞火锅是餐饮企业中以员工满意度为核心企业文化的标杆企业，企业管理者深知员工是接触客户的第一道生命线，提高员工满意度就能让员工工作得开心，从而提高服务水平，进而提高客户满意度。

4. 建立以客户为中心的组织机构

企业拥有大量的忠诚客户，能够带来巨大的经济效益，但是与客户互动的最终目的不是交易，而是建立持久、忠诚的客户关系。在这种观念下，就要求每一个部门、每一位员工都应以客户为中心，所有的工作都应建立在让客户满意的基础上。为客户增加价值，加强客户体验，达到让客户长期满意的效果。

5. 建立客户流失预警系统

对客户流失管理的一个有效的方法就是建立客户流失预警系统。客户流失预警的目标是通过特定方法分析哪些客户具有较大的流失概率，从而对这些客户进行有目的、有区别的挽留工作，尽量减少客户流失给企业带来的损失。

客户流失预警从本质上来说是一种数据分析过程，常用的数据分析方法主要有逻辑回归法、决策树法、神经网络法等，这些方法在银行、保险等领域已得到了广泛应用。

通过建立客户流失预警系统，企业可以提高对高价值客户挽留的成功率，降低客户流失率和挽留成本，做到有的放矢，减少由于客户流失带来的经济损失。

6. 建立客户关系的评价体系

客户关系的正确评价对防范客户流失具有重要的作用。只有及时对客户关系进行正确的评价，企业才能对客户流失做出相应的防范措施，以增强客户关系的牢固性。通过评价，企业既可以识别客户关系中最牢固和最薄弱的部分，还可以分辨最容易接纳的客户关系和有待加强的客户关系。

任务二　挽回流失客户

一、了解客户流失挽回的流程

客户流失的时间不等，从表现出流失征兆到最终流失可能仅有数天时间。因此，挽回流失客户是一项与时间赛跑的工作，企业要把握住客户从出现流失征兆到与其他企业建立业务关系之间的“窗口时间”，采用各种方法说服客户，使其回心转意。为了达成这样的效果，企业需要建立固定的机制，设计完整的流程，以专门进行客户挽回工作。

（一）建立响应机制

客户流失属于突发性事件，要想及时发现并响应，企业就需要建立长效响应机制。客户挽回工作需要企业多部门协作完成，因此响应机制也需要多部门参与建立，包括但不限于客户关系部门、公共关系部门、客户服务部门和市场部门等。有时候，企业还需要吸纳渠道合作伙伴、数据分析公司、市场调查公司等外部成员。

基于该响应机制，各部门能够实现畅通的信息交流与及时的信息回应。当发现客户流失情况时，企业可以第一时间集合各部门的力量，开展客户挽回活动。

（二）发现挽回机会

发现挽回机会是成功挽回客户的基础，越早发现挽回机会，企业可用于制定、实施挽回方案的时间越充裕，挽回的成功率也就越高。挽回机会是指能通过挽回为企业创造价值的有利情况，这需要满足两个条件：一是客户达到了挽回标准，具备挽回价值；二是时间处在“窗口时间”内，客户还未与企业全面脱离或还没有转向其他企业。

为了及时、精准地发现挽回机会，企业要将客户流失预警模型与客户挽回标准结合起来，一旦客户出现流失倾向，就要立即判断其是否符合挽回标准；确定需要挽回后，当即通过响应机制将信息传达给相关职能部门。同时，公共关系部门监控外部舆情，市场部门监控市场波动，客户关系部门监控客户组织信息，能为挽回机会的判定提供更多支撑信息，这是对客户流失预警模型的有益补充。

（三）制定挽回方案

发现挽回机会后，企业就需要尽快制定客户挽回方案。挽回方案要求能快速实施并契合客户的需要，这样才能打动客户，使客户回心转意。

1. 调查原因

虽然通过客户的历史数据，企业可以判断客户流失的类型，但要想挽回客户，企业还应该了解客户流失的具体原因。对此，企业应该第一时间与客户沟通，做好流失原因调查，只有这样才能“对症下药”。

2. 表明态度

在与客户的初次交流中，企业就需要表明自己的态度，就服务失误、质量问题、未满足客户期待等问题向客户表示歉意，并表示希望与客户继续合作、愿意提供更高质量的产品或服务。

3. 设计有针对性的方案

企业应与客户协商，得到双方都能接受的方案。企业要根据对客户流失原因的了解，制定相应对策，如对价格敏感型客户给予优惠价格；对产品或服务不满的客户承诺后续为其提供高质量的产品或服务；对需求变化的客户，与之探讨产品或服务的更新换代和功能优化等。

（四）实施挽回方案

企业根据前面制定的挽回方案，协调各职能部门实施方案，如协调售后部门维修或更换产品，协调生产部门改良产品，协调市场部门开展营销活动，协调公共关系部门发布相关信息等。企业实施挽回方案时一定要及时、到位，在实施挽回方案后还要进行客户回访，询问客户是否满意。

（五）评估挽回成果

企业应分析、评估客户挽回工作成果，包括挽回效果（挽回客户维持了多久、其做出了多大贡献）、工作费效比（投入费用与产出效益之比）、类似客户流失预防效果等，这将为以后的客户挽回工作提供帮助。通常而言，客户关系部门负责评估挽回效果，并且应在评估完成后向所有参与客户挽回工作的机构、部门共享相关资料。

二、认识客户流失挽回成本

企业为挽回客户必然会投入人力、物力等成本。流失客户的挽回成本，又称挽回费用，是指为挽回流失客户而发生的费用，包括礼品费用、沟通费用、人工费用、折让费用等。

一个客户对于企业的价值，不仅表现在他自身消费所带来的直接利润，还体现在因其宣传而新增的其他客户利润或因其抱怨而减少的其他客户利润。对于特定客户，企业可以利用其挽回终身价值来做出是否挽回的决策，即通过企业收益的变化与挽回成本的比较来确定是否挽回客户。

客户挽回并非一定会成功，因此，企业还需要计算挽回成功的概率。综合客户剩余价值、客户新剩余价值和成功概率 3 个条件，企业就可以计算出挽回客户的收益，其公式表示为：

挽回收益＝客户新剩余价值×成功概率－客户剩余价值

计算出挽回收益后，企业就能够做出恰当的决策。当挽回收益大于客户挽回成本时，企业应进行客户挽回；当挽回收益小于客户挽回成本时，企业应放弃客户挽回。依靠这种决策方式，企业就能够使客户挽回的预期收益始终为正。

三、把握客户流失挽回策略

一般而言，企业应从以下几个方面对流失客户实施挽回策略。

（一）着眼于当前的应急性措施

1. 正确处理客户抱怨或客户投诉事件，预防或减少客户流失

（1）调查原因，缓解不满。对于突发争议事件，企业需要公平、公正地了解客户流失的原因，了解问题具体缘由，虚心听取客户的诉求，缓解客户不满情绪，给他们反映问题的机会。

（2）处理客户抱怨及投诉。基于客户的实际诉求反馈，企业需要提出相应具有针对性的解决办法，满足不同客户的需求，正确处理客户的抱怨及投诉，消除客户流失隐患。

2. 访问已流失的客户，争取流失客户的挽回

企业要积极与流失客户联系，访问流失客户，具体方法包括以下六种：

（1）设法记住流失的客户的名字和地址。

（2）在最短的时间用电话联系或直接访问。访问时，企业相关人员应诚恳地表示歉意，送上鲜花或小礼品，并虚心听取客户的意见。

（3）在不愉快和不满消除后，记录客户的意见，了解其流失的原因，与其共商满足其要求的方案。

（4）有针对性地解决客户问题，提供超出预期的服务和补偿。例如，企业额外提供产品或服务、给予优惠、续费减免等，充分表达歉意和诚意，最大限度地对流失客户进行挽回。

（5）制定措施，改进企业工作中的缺陷，预防问题再次发生。

（6）想方设法比竞争对手做得更多、更快、更好一些。

3. 做好分类分层，区别对待不同级别的客户流失

在资源有限的条件下，企业应根据客户的重要性，对不同级别的客户流失采取不同的态度，有差别地进行资源分配与投入来挽回客户。流失客户挽回的重点应是那些最能盈利的关键客户，从而达到挽回效益的最大化。针对不同级别的流失客户，企业应当采取的基本态度是：对重要客户要极力挽回，对主要客户要尽力挽回，对普通客户的流失可见机行事，基本放弃对小客户的挽回。

4. 甄别客户价值，勇于放弃不值得挽回的流失客户

通过甄别客户价值，企业应该勇于放弃一些流失客户，不值得挽回的流失客户有以下几种：不可能带来利润的客户；无法履行合同规定的客户；损害员工士气的客户；声望太差，与之建立业务关系会损害企业形象的客户。对于这些不值得挽回的客户，企业要果断放弃。

同步案例

海底捞的一次客户流失危机

海底捞一直是中国餐饮界的头部品牌，以优良的服务在火锅市场中独树一帜。可是在2017年8月25日，一直主打“安全美味”的海底捞爆出了后厨“老鼠门”事件，引起了舆论轩然大波。海底捞陷入舆论谷底，饱受公众质疑。一时间，海底捞的卫生问题再次站到了风口浪尖，海底捞面对着客户流失的极大风险。

面对卫生质疑，海底捞做了三件事：

1. 第一时间表态，承认问题，向公众致歉

在事件爆发后几个小时之后，海底捞就在官方微博发布声明，承认所爆出的安全问题属实，并向公众道歉。声明中，海底捞完全没有回避自己的卫生问题，承认自己在工作和管理上的漏洞，表示自己愿意承担一切责任，承诺整改，并会对调查结果进行公示。海底捞强调公司一直在坚守社会责任的底线，而对于管理漏洞深表自责。因此，海底捞的致歉信一定程度上平息了公众的怒火。

2. 快速处理，给公众吃下“定心丸”

道歉之后，海底捞又发布了这次事件的处理通报。事件处理中，海底捞采取了以下措施：

（1）涉事门店立即停业整改，邀请第三方机构进行排查；

（2）对全国所有门店立即开展排查，打消公众顾虑；

（3）与政府展开合作，主动向相关部门汇报情况；

（4）邀请顾客和媒体前往门店检查、监督；

（5）详尽地列举相关责任人的信息和联系方式；

（6）董事会承担事件的主要责任。

3. 后续跟进，对症下药，挽回形象

事件发生过后，针对顾客对海底捞安全问题的顾虑，海底捞进行了一系列相应的整改与升级。海底捞原本用来显示叫号的屏幕上多了一个区域，该区域显示的是餐厅后厨的情况。不仅如此，在海底捞用来点菜的 iPad 上也有了一个专门的区域——视频监控“明厨亮灶”。顾客只要点击就可以看到后厨的镜头，并可以切换多个画面，能看到洗碗间、出菜区、小菜间等多个位置。同时，海底捞将后厨向社会大众开放，邀请顾客及社会各界人士参观后厨。海底捞明确表示，“随到随接待”，参观者可以在参观区域内拍摄，并积极接受顾客反馈。

在卫生因素使海底捞陷入谷底后，面临客户信任度下降、大量流失的风险，海底捞不回避问题，积极解决，终于成功渡过危机，绝地求生。

请查找资料并总结和分析：

（1）此次事件中客户流失的类型是什么？

（2）客户流失产生的原因是什么？

（3）海底捞采用了哪些方法解决客户流失风险？

（二）着眼于长远的永久性措施

1. 塑造企业品牌形象

企业品牌形象是企业在市场和公众心中的个性特征，反映了公众特别是企业客户对企业或品牌的评价和认知。通过塑造正面的品牌形象，企业可提高核心竞争力，培育客户忠诚度，从而降低客户流失风险，促进流失客户回流。

2. 保障企业产品及服务质量

企业提供令客户满意的产品及服务，满足或超越客户的需求和期望，是挽回流失客户的基本要求。质量是产品实体价值的体现，也是客户购买产品的原因。通过把控产品及服务质量、制定全方位的客户产品及服务解决方案、建立产品及服务矩阵、加强产品及服务创新和优化产品及服务流程等方面，企业可以有效控制因质量问题导致客户流失的可能性，提升客户流失的挽回概率。

3. 培育和积累客户关系

企业和客户应该是双赢关系，而不仅仅是买卖关系。企业通过走访客户，了解客户需求，倾听客户心声，建立双向沟通机制，积极培养潜在客户和积累客户资源，提升客户黏性。企业应该尊重客户，认真对待客户提出的各种意见和抱怨，让客户感觉自己是被尊重的。同时，企业要与客户深入交流，加强对客户的了解，并善于倾听客户的意见和建议，收集客户对企业产品、服务及其他方面的意见、建议，并将其融入企业各项工作的改进之中，促使企业更好地发展。

4. 加强企业管理、创新与改革

企业通过加强内部自身管理和外部客户管理，以赢得更多的客户与市场，获得更大的经济效益。同时，企业还要积极推动创新与改革，以应对瞬息万变的市场环境，迎合个性化、多样化的客户需求。通过加强管理、创新与改革，企业可以有效避免客户因企业内部管理、产品落后等问题而导致的客户流失，从而能够持续发展与壮大。

项目小结

本项目的主要训练内容是围绕客户保持和客户流失挽回的问题。首先，本项目介绍了客户保持的内容与方法。其次，本项目分析了客户流失的类型与原因，阐释了客户流失的客观性以及相应的预警与防范策略。最后，本项目介绍了客户流失挽回的流程与挽回策略。

理论知识测试

一、单选题

1. 客户保持与（　　）是相对概念。

A. 客户满意　　B. 客户忠诚　　C. 客户流失　　D. 客户服务

2. 一般而言，流失前能够给企业带来较大价值的客户，被挽回后也能继续给企业带来较大的价值。因此，（　　）应是流失客户管理的重点。

A. 关键客户　　B. 普通客户　　C. 小客户　　D. 劣质客户

3. 企业应彻底放弃不值得挽留的（　　）。

A. 关键客户　　B. 普通客户　　C. 小客户　　D. 劣质客户

二、多选题

1. 流失客户的挽回成本，又称挽回费用，是指为挽回流失客户而发生的费用，包括（　　）。

A. 固定成本　　B. 礼品费用　　C. 沟通费用　　D. 人工费用

E. 折让费用

2. 下列情形是由于企业原因而导致客户流失的有（　　）。

A. 怠慢客户　　B. 产品质量差　　C. 客户需求升级　　D. 服务水平低

E. 地理位置不便

三、判断题

1. 客户保持就是与新客户建立关系。（ ）

2. 客户流失是自然现象，企业可以不用干涉，任其发展。（ ）

3. 企业应对不同级别客户的流失采取不同的态度。（ ）

4. 企业伦理道德、社会责任缺失，但只要提供高质量的产品，客户就不会流失。（ ）

5. 客户一旦流失就不会再回来，因此企业必须重视客户的流失。（ ）

6. 对于所有的小客户，企业采取的办法应该是坚决摒除。（ ）

项目实训

客户流失管理活动认知

实训要求：

以小组为单位，选择一个有较高知名度的企业进行深入调查，对该企业客户流失情况进行分析与诊断，收集该企业客户流失管理方面的真实典型事例，并了解该企业是如何应对的，总结其客户流失的原因及其挽回流失客户的措施。

实训内容：

1. 分小组收集企业客户流失的真实事例，每小组所收集的企业不能相同。

2. 针对特定企业的客户流失事例进行分析。

3. 根据小组讨论分析，要求以事件介绍、流失原因、挽回措施、事件总结四个部分进行小组 PPT 呈现。

成果及评价：

1. 每组提交一份 PPT。

2. 教师对每组学生的汇报评定成绩，对有代表性的 PPT 进行点评。

参考文献

［1］王国玲，王辉，许艳华．客户服务与管理［M］．3版．北京：中国人民大学出版社，2022.

［2］吕梁．客户服务与管理［M］．北京：人民邮电出版社，2022.

［3］马宝龙，李晓飞，姚卿．客户关系管理［M］．北京：清华大学出版社，2023.

［4］栾港．客户关系管理理论与应用［M］．3版．北京：人民邮电出版社，2023.

［5］赵轶．客户关系管理［M］．北京：人民邮电出版社，2021.

［6］王永贵，马双．客户关系管理［M］．2版．北京：清华大学出版社，2020.

［7］吴敏，蒋娅娜，张涛．客户关系管理［M］．北京：人民邮电出版社，2021.

［8］苏朝辉．客户关系管理：客户关系的建立与维护［M］．5版．北京：清华大学出版社，2021.

［9］张慧锋．客户关系管理实务［M］．2版．北京：人民邮电出版社，2014.

［10］王瑶，黄芳．客户关系管理项目式教程［M］．北京：人民邮电出版社，2019.

［11］沈凤池．商务数据分析与应用［M］．2版．北京：人民邮电出版社，2023.

［12］方玲玉．客户服务与管理：项目教程［M］．3版．北京：电子工业出版社，2018.

［13］许巧珍．客户服务与管理［M］．北京：中国人民大学出版社，2021.